LA
Bible des fées

LA Bible des fées

TERESA MOOREY

Guy Trédaniel Éditeur
19, rue Saint-Séverin
75005 Paris

Titre original : The Fairy Bible

© *Octopus Publishing Group 2008,*
pour l'édition anglaise
© *Teresa Moorey 2008, pour le texte*

Traduit de l'anglais par Antonia Leibovici

© *Guy Trédaniel Éditeur 2008,*
pour la traduction française

ISBN : 978-2-84445-919-0

www.editions-tredaniel.fr
info@guytredaniel.fr

Imprimé en Chine

Sommaire

INTRODUCTION	6
LE ROYAUME DES FÉES	42
FÉES DE L'EAU	102
FÉES DE L'AIR	144
FÉES DU FEU	198
FÉES DE LA TERRE	232
FÉES DE LA MAISON ET DE L'ÂTRE	274
FÉES DES FLEURS	298
FÉES DES ARBRES	336
FÉES DU CLIMAT	370
DICTIONNAIRE DES FÉES	386
LECTURES CONSEILLÉES	393
INDEX	394
DANS LA MÊME COLLECTION…	400

Que sont les fées ?

S'il était facile de répondre à cette question, les fées ne seraient pas les êtres magiques, insaisissables, éthériques qu'elles sont ! La connaissance des fées et la conviction qu'elles existent, varient d'une personne à une autre et d'une culture à une autre. De nos jours, beaucoup de gens ne croient pas à l'existence des fées ou se sentent un peu bêtes en admettant y penser éventuellement – juste éventuellement.

C'est facile de dire qu'il n'y a pas d'êtres féeriques quand on est dans une rue affairée à midi, quand on conduit, quand on fait ses courses, quand on parle au téléphone. C'est tout à fait différent quand on se promène loin de tout et qu'on tombe sur un talus tapissé de primevères qui semblent chanter au soleil. Il en est de même quand on est seul sur la lande lorsque le brouillard monte ou dans un bois éclairé par la pleine lune à minuit. Là, les yeux s'ouvrent assurément au pouvoir des fées et on n'a plus de doute – ces êtres magiques sont réels.

Lorsqu'on réfléchit à l'enchantement du monde naturel, on se rapproche d'une définition des fées. Mieux vaut cependant examiner sereinement les différentes croyances concernant les fées, afin de savoir aussi précisément que possible ce qu'elles sont ou ne sont pas.

L'approche logique, « scientifique », nie l'existence des fées, qu'elle tient pour une création de l'imagination dans son sens le plus futile : au mieux, amusante, au pire, tentative ignorante et naïve d'échapper à la réalité (ou, parfois, un produit d'un excès d'« esprit »). Les personnes affichant cette attitude feraient bien de se souvenir que la science et la logique n'expliquent pas tout. Penser

QUE SONT LES FÉES ?

qu'elles le peuvent et le feront est en fait l'exemple même de la certitude absolue. *Croire* que la vision actuelle de l'univers est un quelconque apogée – qu'on a « tout compris » et qu'il ne reste que quelques blancs à remplir pour compléter l'image de l'existence – est présomptueux et suffisant. Cela aveugle et les fées peuvent se laisser aller à des farces.

Certains adoptent une attitude positive envers l'imagination et visualisent les fées comme des symboles significatifs issus de l'inconscient. Vues sous cet angle, les fées sont importantes et appellent à la réflexion, bien qu'elles ne soient pas plus « réelles » que les rêves de la nuit passée. (Les rêves, bien entendu, suscitent eux-mêmes toute une série de questions. Pour le moment, laissons-les de côté.)

ESPRITS, ANGES OU DÉMONS ?

On peut aussi considérer que les fées sont les esprits des défunts ou les ancêtres revenant avec des présents de sagesse ou des mises en garde. Beaucoup de récits parlent de gens emmenés dans le Pays des fées, entrant et sortant à cheval en compagnie des cortèges féeriques des Collines creuses. Les Celtes croyaient que le Pays des fées était aussi le domaine des morts. Les fées étaient définies comme un genre d'esprit des défunts – de ceux restant liés à la terre, qui n'étaient pas encore passés à leur demeure éternelle, quelle qu'elle soit.

Il se peut que les fées soient des anges appartenant aux hiérarchies angéliques inférieures, venus surveiller, guider et protéger les êtres humains. Moins plaisant à envisager, elles peuvent être des démons tentant d'égarer les hommes. Ni anges ni démons, les fées sont une sorte d'esprits inférieurs « piégés » sur le plan terrestre, qui n'ont jamais réussi à atteindre le paradis, ou alors ce sont même des extraterrestres sorties d'un ovni. Plus extravagant encore, elles pourraient être des créatures pygmées, des animaux ou des oiseaux étranges, rarement aperçus (comme le Yeti).

LA VÉRITABLE IDENTITÉ DES FÉES

Les véritables fées ne sont aucune de ces choses, mais des êtres habitant l'Autre monde – dimension d'existence proche de celle humaine, sur laquelle elle empiète de temps à autre et de lieu en lieu. Pour certains, l'Autre monde et ses résidents féeriques sont toujours présents. Esprits naturels qui s'occupent de tout ce qui pousse, les fées sont les entités élémentaires de l'air, du feu, de l'eau et de la terre, les déesses et les dieux anciens. Elles sont aussi des anges – messagers spirituels porteurs de sagesse – et peuvent être des créatures maléfiques. Beaucoup sont puissantes et impressionnantes, certaines, terrifiantes, beaucoup, utiles et enjouées, toutes captivantes.

Les fées imposent le respect et le méritent. Pour mieux les connaître, il faut apprendre leur manière d'être.

Le cas des fées de Cottingley

Cette introduction présente de nombreux récits traditionnels de rencontres avec le Petit Peuple. Toutefois, le cas des fées de Cottingley est relativement récent et assurément plus controversé.

En 1917, Elsie Wright et sa cousine Frances Griffiths ont affirmé avoir rencontré des fées dans le jardin de leur maison de Cottingley, dans le comté anglais de Yorkshire. En 1920, l'écrivain Arthur Conan Doyle a publié un article dans le magazine *Strand* traitant des photographies de fées prises par les deux fillettes. Beaucoup de gens, y compris certains penseurs respectés, étaient persuadés de l'existence des esprits de la nature. Inutile de le dire, les sceptiques les ont critiqués avec dédain.

Nul n'a pu prouver avec certitude quoi que ce soit, jusqu'à ce que les cousines – devenues de vieilles dames – admettent avoir truqué quatre des cinq photographies. Bon nombre de gens pensent que la dernière photo était elle aussi fausse. À la fin de sa vie, Elsie a prétendu n'avoir jamais cru aux fées. Frances, toutefois, infirmière dans une école de garçons, était réputée pour son honnêteté. Sa fille a toujours soutenu que sa mère était incapable de mentir.

QUESTION DE CRÉDIBILITÉ

Les histoires de rencontres avec des êtres surnaturels posent souvent problème. Tout d'abord, les gens préfèrent ne pas croire leurs yeux, et supposent que ce qu'ils voient est le fruit de leur imagination. Ils refusent d'affronter le

LE CAS DES FÉES DE COTTINGLEY

fait que leur vision de la « réalité » peut être totalement fausse. D'aucuns seront tentés de falsifier les preuves pour les rendre plus vraisemblables, car les rencontres surnaturelles ont un certain prestige susceptible d'encourager la dramatisation. Le sujet étant déconcertant à l'extrême, les personnes impliquées dans ce genre d'incidents ont tendance à se comporter en dépit du bon sens. Peu surprenant, car les fées sont d'ordinaire des créatures espiègles, capables de tout embrouiller !

La rencontre de Cottingley a été décrite en 1997 par le livre *The Case of the Cottingley Fairies* de Joe Cooper et le film *Fairy Story*. Y avait-il réellement eu des fées dans le ruisseau de Cottingley ? Si oui, elles sont encore là, visibles à toute personne dotée du cœur pur et du regard innocent de l'enfant.

Les fées de Findhorn

L'idée moderne d'esprits de la nature a émergé principalement des expériences d'une communauté de Findhorn, Écosse, qui arrivait à faire pousser des plantes merveilleuses sur un sol aride. Un récit complet est paru dans To Hear the Angels Sing, an Odyssey of Co-creation with the Devic Kingdom *par Dorothy Maclean (1990).*

Suite à une série de hasards, Dorothy et ses amis Eileen et Peter Caddy se sont retrouvés dans un emplacement de caravanes à Findhorn Bay, près du Moray Firth (Écosse). Leur caravane était entourée d'ajoncs, seuls capables de survivre dans le sol rocailleux. Les récits locaux parlaient d'un garçon de la région ayant vendu son âme au Diable, ce qui avait recouvert le sol de vase apportée par les tempêtes. L'hiver fut dur et les vents, incessants. Au printemps, Peter s'est mis à bêcher le sol pour y cultiver des plantes.

Dorothy avait l'habitude de méditer. Lors de ces méditations, elle a commencé à recevoir des messages concernant l'harmonie avec les forces de la nature : si les hommes s'accordaient avec les esprits de la nature, l'aide des grands et des petits leur serait acquise.

En réalisant qu'elle était entrée en contact avec des créatures de joie et de lumière, Dorothy les a désignées par le

terme sanskrit « deva » – « les rayonnants ». Elle a contacté un esprit qu'elle a appelé « ange du lieu ». Peu à peu, les trois amis sont venus à comprendre que la vie est un réseau énergétique géré par ce genre d'êtres. Le jardin de Findhorn a prospéré. Quand le sol a été testé scientifiquement, il s'est révélé bien équilibré en substances nutritives, à la différence des terrains environnants. Findhorn est actuellement une communauté qui attire des gens portés sur la spiritualité. On dirait qu'il s'agissait là d'une sorte de « projet pilote » des devas, montrant aux hommes ce qui peut être fait quand les forces de la nature coopèrent avec eux et sont dirigées par l'amour.

La sérénité émerge de la compréhension que les hommes sont une partie de l'« identité » de l'univers, qui encadre et informe les esprits de la nature, ainsi que toutes leurs actions. Les devas se servent de mantras et de sons, suscitant des inspirations et faisant s'élever des vibrations. Ils sont un élément de l'« essence » d'un lieu donné. Si l'homme arrive à ouvrir son mental à l'idée que l'existence est un réseau vibratoire, il pourra revenir à la sagesse instinctive et vivre en harmonie avec la nature. Pour paraphraser T.S. Eliot, l'homme doit continuer à explorer et revenir finalement à son point de départ, capable de voir clairement.

Sources des connaissances sur les fées

Traditionnellement, les hommes ayant choisi de vivre près de la terre et d'interagir avec les fées ont été la première source de connaissances les concernant. Contrairement à ce qu'on pourrait supposer, les pouvoirs paranormaux ne sont pas confinés dans les pièces obscures. En fait, la meilleure manière de mettre en branle l'intuition et d'acquérir « la vision » est d'être dans la nature, où l'Autre monde n'est jamais loin. Le poète irlandais W.B. Yeats le disait : les fées se montrent aux agriculteurs et aux bûcherons, pas forcément aux poètes et aux peintres.

Beaucoup de fées sont l'esprit même de la Terre et sont liées à l'essence d'un lieu. Le concept de la fée tient principalement à la perception occidentale. Toutes les cultures comportent des traditions de ce genre, souvent amalgamées aux idées

de dieux et d'ancêtres, mais en Occident, la notion de fée est plus proche de celle d'« esprit de la nature ».

THOMAS LE VRAI

La rencontre de Thomas le Rimeur avec les fées est un classique. De son véritable nom Thomas Rymour de Erceldoune, surnommé Thomas le Vrai, il vivait dans l'Écosse du XIIIe siècle. Son histoire censée être vraie a été naturellement embellie. Elle a subsisté dans deux poèmes, dont le premier, la « Romance de Tristan » rédigé au cours du siècle suivant sa mort, est en partie son œuvre, et la « Ballade », plus romanesque, mise sur papier au XIXe siècle. Cette dernière raconte l'amour de la Reine du pays des Elfes pour Thomas et l'expérience qu'il avait faite de sa facette ténébreuse et effrayante ainsi que de son aspect

magique et sensuel. Elle avait conduit Thomas en Faërie, le libérant après 7 ans, quand le tribut au Diable était dû, craignant qu'il ne soit choisi. Thomas était revenu dans le monde humain avec le don de « prophétie » et celui de ne

D'AUTRES TEXTES IMPORTANTS

Robert Kirk, ministre écossais (1644-1692), a rédigé un guide détaillé des croyances des Highlanders : *La République mystérieuse des elfes, faunes, fées et autres semblables* où il décrit les amoureux des fées et dévoilé beaucoup d'autres secrets. Lorsque son corps a été découvert à côté de la Fairy Knowe d'Aberfoyle, les gens du cru ont dit que le cadavre n'était pas le sien, mais un substitut, car Kirk avait été enlevé par les fées. Kirk était apparu par la suite à son cousin et lui avait dit qu'on le retenait au Pays des fées. Pour le libérer, ce cousin devait lancer son dirk (dague) sur sa forme fantomatique lors du baptême de son enfant posthume. Kirk s'était matérialisé au baptême, mais le cousin avait raté sa cible et le ministre était resté prisonnier. L'espoir de voir Kirk libéré a subsisté jusqu'au XXe siècle. Son siège est encore dans le presbytère d'Aberfoyle.

pouvoir dire que la vérité. Devenu célèbre dans toute l'Écosse, son cœur était cependant resté à Faërie. Un jour, alors qu'il festoyait avec ses amis, il entendit dire qu'une biche et une hase étaient sorties de la forêt. Thomas se leva sans un mot et les suivit. Nul ne le revit jamais. Toutefois, ceux qui se rendent dans le Pays des fées dans un état de méditation disent avoir rencontré Thomas qui les avait guidés sur les plans subtils.

En plus d'être poète et de médium, George William Russell, clairvoyant irlandais du XIXe siècle se désignant par le chiffre « A.E. », était un économiste extrêmement pragmatique et un expert en agriculture. Ses récits en prose et ses peintures des fées, montrent celles-ci comme des êtres étincelants puisant leur énergie dans la terre. Ces êtres sont assimilés au peuple préceltique des Sidhes, passés dans une autre dimension lorsque les humains se sont emparés de leurs terres. L'œuvre d'A.E. a influencé grandement les idées quant aux fées, car ses contemporains pouvaient accepter la manière dont il les présentait et s'en inspirer, comme l'a fait ensuite la postérité.

Un corpus détaillé de preuves a été compilé par W.Y. Evans Wentz au début du XXe siècle : *The Fairy Faith in Celtic Countries*. À époque celte, l'existence de fées était largement acceptée, probable vestige d'une croyance universelle ancienne. Ce livre réunit de nombreuses anecdotes d'Écosse, d'Irlande, du Pays de Galles, des Cornouailles, de Bretagne, de l'île de Man et détaille une bonne partie de ce qu'on « sait » sur les fées.

Les fées sont susceptibles d'être mécontentes du regard indiscret et de se fâcher face aux suppositions erronées. Un cœur ouvert favorise toujours la meilleure connaissance des fées.

Pourquoi inviter les fées dans sa vie ?

Les stress de la vie moderne sont bien connus, pourtant ils s'accroissent année après année. « Nous n'avons pas le temps de nous tenir debout et de regarder le monde qui nous entoure », note le poète gallois W.H. Davies, ou même de réaliser notre véritable nature, sentiments et préférences. Dans les maisons chauffées, les saisons ont peu de signification.

Qui a besoin de s'inquiéter de la récolte, quand les rayonnages du supermarché sont chargés de produits venant du monde entier ? Qui s'émerveille encore face à un bois parsemé de campanules, quand on peut acheter toute l'année des fleurs – forcées à une croissance qui n'a rien de naturel ? Qui fait encore pousser ses propres fines herbes, regarde les phases de la lune ou hume l'air pour sentir la tempête qui arrive ? On sait vaguement, ou peut-être même parfaitement, que quelque chose manque, mais comme il est difficile de savoir quoi faire à ce propos, souvent on ne fait rien.

Bien entendu, on ne voudrait pas renoncer aux avantages de la vie actuelle – mais est-on conscient du prix qu'on paye en permanence ? On échoue souvent dans les pensées, on s'éloigne du terreau de son propre être, on a l'impression que la vie n'a pas de sens, malgré ses conforts modernes. La dépression est habituelle, car il est très difficile de se sentir une partie intégrante de quelque chose d'inspirant. Pour bon nombre de gens, la religion a perdu son

attrait, car les dogmes ne semblent pas pertinents. La vie apparaît quelque peu vide de sens.

RENOUVELER LA RELATION AVEC LA NATURE

Il n'y a pas si longtemps, les gens ne pouvaient pas faire autrement que d'être conscients de la nature et de ses pouvoirs, dont dépendait leur vie. Jadis, le monde naturel était tenu pour être animé par les esprits – dieux et déesses dont le contentement devait être entretenu pour que les ruisseaux se remplissent de saumons, les arbres portent des fruits et l'eau des lacs reste potable. La colline, le bosquet, le fleuve, la montagne, étaient vivants, peuplés d'êtres merveilleux, qui (avec un peu de chance) aidaient les hommes qui le leur demandaient poliment. Cette façon de voir le monde semble illogique à la conscience moderne. Cependant, même la science est une manière de « considérer le monde ». Elle répond à quantité de choses, mais pas à tout, et n'offre pas le sentiment d'émerveillement, d'appartenance à un monde vibrant et fascinant. Les gens qui vivaient près de la nature savaient-ils des choses que l'homme moderne a choisi d'oublier ?

En renouvelant la relation avec les fées et le respect qui leur est dû, on pourrait s'en souvenir. Sous une forme ou une autre, ces êtres sont souvent

l'essence même du monde naturel. En s'ouvrant à eux, une perspective différente sur sa propre existence se présentera, même si ce sentiment est difficile à traduire en paroles. Les cadeaux des fées sont divers et nombreux. En leur compagnie, le monde devient bien plus qu'une machine laborieuse ou que les myriades d'atomes tournant dans leur course prédéterminée. Il acquiert une âme.

APPRENDRE À SE RELAXER ET À SE CONNECTER

En plus d'aider à voir la nature, les fées favorisent aussi sa perception affective. Comme le poète William Wordsworth, on peut voir le monde « revêtu de lumière céleste » – ou éprouver l'élargissement de son être, le sentiment

de relaxation et de retour « chez soi ». Bien entendu, ces jours-ci on peut se permettre d'être sentimental à propos de la nature, voyant seulement son côté beau et nourrissant et oubliant son côté destructeur. Il n'y a pas de mal à être positif à propos des choses. On doit toutefois préciser que les fées peuvent montrer aussi l'aspect négatif et permettre de ressentir un véritable respect pour les pouvoirs échappant au contrôle humain.

Les fées incarnent la connexion avec la nature et offrent simultanément d'autres dons. Elles aident à intensifier l'imagination et la créativité, à se relaxer, à rire, en sachant que rien ne compte *énormément*. Les fées ont assisté à tous les aléas des temps ! Si les hommes se trompent, elles les guident vers la bonne direction, s'ils sont enlisés, elles les libèrent et leur confèrent le sens des possibilités, s'ils sont tristes, elles offrent espoir et consolation, s'ils sont déçus, elles éclairent leur vie de leur magie.

Qu'attendez-vous ? Lacez vos chaussures de marche, allez dans les bois et rapprochez-vous des fées.

Percevoir la présence des fées

Devenir conscient de la présence des fées implique de s'accorder à des parties de soi-même qu'on a probablement appris à ignorer, autrement dit, se fier à ses instincts et être relaxé. C'est une mauvaise idée d'aller à la « chasse » aux fées, ce qui implique un effort excessif. Plus important, on focalise l'intellect sur un objectif particulier, genre de chose qui risque de rendre les fées peu coopératives, espiègles même.

Naturellement, on désire être conscient de la présence du Petit Peuple, et il y a bien des façons de l'inviter à s'approcher. Une attitude joyeuse permet de garder les yeux ouverts. Pour commencer, il faut faire appel à l'imagination – quelle serait la meilleure place pour percevoir la présence des fées ? Y a-t-il un vallon, un talus verdoyant, un parterre de fleurs ou un arbre particulier où elles aimeraient vivre ? La vision sera vraie, car le subconscient a déjà saisi la présence des fées à cet endroit.

SITES ET MOMENTS « INTERMÉDIAIRES »

Traditionnellement, les fées sont censées favoriser les « sites intermédiaires », où le modèle énergétique change, devenant plus approprié pour elles. Les fées sont elles-mêmes des créatures de « transition », car tout en étant des esprits elles sont proches de la terre.

Les fées sont très occupées aux sites de « transition » : carrefours, spécialement dans la campagne et la lande, haies et clôtures, clairières, tournants des routes, ponts. D'autres sites féeriques se trouvent sur les rivages, à côté d'un lac ou d'un ruisseau, spécialement là où celui-ci se divise en deux, près des fontaines et cascades, à proximité des flaques d'eau laissées par la marée, les petites îles. Dans la maison, les fées se tiendront près du seuil, dans le vestibule, sur les escaliers ou les paliers, parfois dans les placards et les recoins.

Il est plus inspirant de chercher les fées dehors, car dans la maison on suit certaines habitudes qui rendent la quête plus difficile. La nature a ses façons d'atteindre l'âme et de l'ouvrir. Les meilleurs moments pour rencontrer les fées sont, bien entendu, les instants de « transition », crépuscule, aube, midi et minuit. Les fées aiment aussi l'éclat de la lune. Certains moments de l'année, lors du changement des saisons, sont aussi préférés. Ceci sera examiné de plus près aux pages 62 à 77 traitant des fêtes féeriques. De nombreux points de passage saisonnier existent, où on se dit : « Ah ! Le printemps a vraiment commencé aujourd'hui ! », où on hume le premier arôme de l'automne porté par la brise. Ce sont là des époques préférées des fées. L'équinoxe d'automne (21 septembre dans l'hémisphère nord et 21 mars dans l'hémisphère sud) est le moment où le voile entre ce monde et l'Autre monde est le plus mince.

APPRENDRE JUSTE À « ÊTRE »

Quand le moment semble approprié et quand on est relaxé, on peut se rendre l'endroit de son choix et se laisser

« être », en restant cependant très conscient de son corps, car souvent l'intuition arrive à travers les sensations physiques, généralement ignorées. Froid ou chaud ? Le trac ? Les membres frémissent-ils, les paumes démangent-elles ? Une brise, un picotement ou une saccade se font-ils sentir ? On note toute sensation, sans la juger, de même que les émotions. Est-on content, joyeux, expansif, un peu mal à l'aise, comme si on était surveillé ou un mélange de tout cela ? En faisant appel à l'imagination, de quoi auraient l'air les fées, si elles étaient là ? L'intuition se fera connaître une fois de plus. En commençant à être conscient de la présence des fées, on saisira pour la première fois un mouvement du coin de l'œil, sans rien voir quand on se retourne. Il faut apprendre à ne plus se « retourner », juste à « être ».

Les fées se manifestent aussi par un murmure dans les feuilles, une agitation dans l'herbe, une ride sur l'eau, une immobilité fébrile dans l'air, une étrange disparition du temps. Elles font aussi glousser ! Sentir les fées ne veut pas dire « prouver » qu'elles sont là – c'est se sentir sublime, enchanté et excité quant à la vie. Là, on peut être certain que les fées sont tout près.

Joindre les fées

Beaucoup de fées se méfient, à juste titre, des êtres humains, qui sèment la pagaille sur la planète qu'elles soignent avec tendresse – et qui nient leur existence même. Les fées peuvent se montrer timides, grognonnes, espiègles et distantes – souvent, elles se désintéressent totalement des humains. C'est aux hommes de prouver qu'ils ont quelque chose à offrir.

Tout être vivant a envie d'être aimé et respecté. Offrir amour et respect est une excellente manière de faire la connaissance des fées. Si on s'occupe avec amour d'un bout de terre, les esprits de la nature seront attirés. Passer du temps dans la nature, en revenant maintes fois au même endroit, communiquera son intérêt et sa révérence aux fées demeurant là. Entretenir un lieu négligé, ramasser les déchets, nettoyer un ruisseau, enlever les racines et les ronces est un acte d'amour envers les fées. Les esprits du lieu seront assurément très contents. Aussi, laisser un endroit du jardin à l'état sauvage invitera les fées à y venir et à y jouer. D'ordinaire, le Petit Peuple apprécie la prise de conscience quant au mauvais traitement du monde naturel et l'effort d'améliorer les choses en recyclant, en réutilisant et en faisant de son mieux pour vivre en prenant soin de l'environnement. De même, les fées sont aussi attirées par les gens généreux, sincères et honnêtes.

Les fées de la maison réagissent à des soins affectueux. Le travail domestique n'est pas une occupation « à la mode », mais les fées détestent une maison sale, mal entretenue et désordonnée. Inutile de tout faire briller, car un peu d'effort, un peu d'huile de coude et un peu d'ordre favoriseront leur présence. Il faut faire comme si elles étaient là – leur parler et demander leur aide. Les plantes d'intérieur attirent les fées – il faut leur trouver une place et les soigner bien. Dans le jardin, les fées feront fleurir splendidement les roses, dans la cuisine, se lever les gâteaux. À la fin de tout repas particulier, il faut placer une petite offrande de nourriture à l'extérieur de la maison. Elles ne prendront pas la nourriture (pas d'ordinaire), mais absorberont son essence et apprécieront la délicatesse de cette action.

La créativité est un aimant pour les fées. On n'a pas à être particulièrement talentueux pour leur plaire. Jouer d'un instrument, peindre, dessiner, tricoter, composer des poésies, cuisiner – ces activités et bien d'autres les attireront. Chanter est particulièrement merveilleux. Entretenir la vie de son enfant intérieur fera venir les fées en foule.

UTILISER LA MÉDITATION POUR SE RAPPROCHER

Méditer sur l'un des sites de « transition » déjà mentionnés est comme élever sa conscience sur le plan féerique. Des instructions plus détaillées pour la méditation sont données aux chapitres suivants. La méditation commence par la relaxation et l'entrée dans un état de rêvasserie. Il est intéressant de regarder aux profondeurs d'un ruisseau ou d'un lac, ou fixer du regard une fleur, une feuille ou un endroit éclairé par le soleil. On peut aussi se concentrer sur un symbole spécial représentant la paix, cercle ou étoile, librement choisi. À mesure que la méditation s'approfondit, les fées se rapprochent. Parfois, un cadeau féerique est apporté par un esprit du vent, une bouffée de fragrance vient de la fée d'une fleur, un oiseau se rapproche pour chanter, un caillou ou un coquillage apparaît. Les fées peuvent aussi inspirer d'autres personnes à offrir des cristaux ou des plantes.

En restant assis et en notant ce qui vient à l'esprit, comme décrit à la page 27, il faut essayer de comprendre ce que désirent les fées. Les vêtements en matières naturelles, coton ou laine, sont préférables. Les métaux (surtout le fer) sont à éviter, car certaines fées les détestent (l'argent, l'or et les cristaux n'entrent pas dans cette catégorie). On doit demander aux fées ce qu'elles désirent, mentalement ou à haute voix. On « entendra » une voix dans sa tête ou on aura brusquement une certitude quant à ce sujet. Si on est vraiment doué, une voix argentée écartera le moindre doute. En faisant de son mieux pour satisfaire leur requête, un lien entre les hommes et les fées sera généré.

Comment utiliser ce livre

Le royaume des fées, fugace et inspirant, ne se prête pas à une approche intellectuelle. Pour être conscient de l'existence des fées et bénéficier de leur présence on n'a pas à apprendre et à retenir quantité d'informations les concernant. Mieux vaut se plonger à sa guise dans ce livre, en laissant son intuition – et les fées elles-mêmes – guider vers les pages significatives au moment de la lecture.

Ce livre est un compagnon, un guide pratique et une source d'informations. Il est préférable de se familiariser avec cette introduction et le royaume des fées (voir pages 42 à 101), spécialement si on aborde pour la première fois ce monde. On trouvera là quelques notions de base qui faciliteront l'accord avec le domaine féerique. Des méditations, des charmes et des exercices de guérison sont proposés, à choisir en fonction de ce qui semble approprié.

UN VOYAGE DE DÉCOUVERTE

Ces pages ne renferment aucun dogme. Ce guide est aussi détaillé que possible, cependant affirmer qu'il est définitif serait manquer de respect à la subtilité des fées. De plus, chacun peut nouer une relation personnelle avec les fées, et nul livre (si bien écrit soit-il) ne pourra décrire précisément les faits, pas plus qu'on ne peut connaître un paysage en regardant une carte.

La meilleure façon d'aborder ce livre est probablement de le tenir pour un portail s'ouvrant sur la découverte de nouveaux mondes et de nouvelles expériences. On peut éventuellement faire de la consultation de ce livre une sorte de rituel, en allumant une bougie ou en brûlant des huiles aromatiques propices à l'altération de la conscience. Mieux vaut être serein en l'ouvrant, ce qui permettra de se plonger plus facilement dans l'état de rêve pendant lequel les fées se rapprochent. Encore mieux, le livre trouvera sa place dans le sac à dos lors des balades dans la campagne. Avec un peu de chance et une pincée de poudre magique, il sera consulté pour découvrir des choses concernant les fées rencontrées en chemin.

Apprendre à se détendre

Afin de faire le meilleur usage des exercices de méditation présentés dans ce livre, on doit se relaxer, tant physiquement que mentalement, ce qui sera déjà très bénéfique en soi. La capacité de se détendre est aussi une excellente préparation au contact avec les fées, car la tension est la principale barrière entre ce monde-ci et l'Autre monde.

Lorsqu'on se sent détendu, on est plus capable d'effectuer des voyages intérieurs qui, paradoxalement, peuvent aussi avoir pour destination l'Autre monde. Comme bien des choses, la relaxation est surtout question d'habitude. Si on réserve dix minutes par jour à la relaxation, toujours au même moment, le subconscient recevra le message.

LE PROCESSUS DE RELAXATION

Il est préférable de s'allonger, geste qui suggère aussitôt la relaxation. Conscient de son corps, on vérifie mentalement tous les muscles. Une sensation de chaleur imaginaire, partant du sommet de la tête et descendant sur tous les muscles du cuir chevelu, du visage et du cou, élimine toute tension à mesure de son avancée. Elle passe par les épaules, les bras, les mains, les doigts, puis par la poitrine et l'abdomen, par le dos et la colonne vertébrale, tourne autour du bassin et, pour finir, descend en douceur par les jambes, les chevilles, les talons, les pieds et les orteils, laissant le corps détendu et « flottant ».

Chaque muscle peut être contracté à son tour, en partant des orteils et en montant lentement et minutieusement par les jambes et le torse, puis les épaules, les bras, les mains et les doigts,

ensuite sur le cou, la mâchoire, le visage et la tête. Après la contraction, chaque muscle est détendu complètement. Le corps est parcouru deux fois, sans contracter excessivement les muscles, pour éviter les crampes.

Les pensées vont et viennent, insignifiantes. On doit se laisser absorber dans la relaxation. Une sensation de bien-être s'installera rapidement, favorisant la méditation. Il est conseillé d'enregistrer la visualisation sur cassette, pour l'écouter et voyager dans son propre monde magique intérieur.

Régulièrement pratiqués, la relaxation, l'écoute, l'expérience, le voyage, rendront la vie de tous les jours plus sereine et maintiendront les choses en perspective – premier cadeau des fées.

S'organiser

Se rapprocher des fées est une question spirituelle. Cependant, un peu d'esprit pratique et de planification s'avéreront très utiles.

En premier, avant de partir en randonnée dans les lieux fréquentés par les fées, il faut s'assurer d'avoir des chaussures de marche adaptées et si possible imperméabilisées – les baskets ne suffisent pas pour de longs parcours sur des terrains difficiles ou rocailleux. Mieux vaut les porter un peu avant la randonnée pour les assouplir. Bien entendu, les fées peuvent aussi être trouvées plus près, dans la maison même ou le jardin.

INSTALLER UN AUTEL

Une étagère ou le haut d'un placard convient pour installer un autel des fées (des suggestions spécifiques sont proposées pour les différents types de fées). L'autel n'est pas consacré à un dogme religieux, il est un simple centre d'observation, permettant de garder le mental focalisé. Par ailleurs, l'autel est une affirmation de la qualité « spéciale » des fées et de la place qu'on leur réserve dans la vie. Un choix de bougies, de bâtonnets d'encens et/ou un brûleur d'huile et quelques huiles essentielles sont appropriés, de même que les objets qui attirent ou qui suggèrent une ambiance féerique.

Les cristaux sont un choix évident, tout comme des objets trouvés pendant les promenades : pierres, plumes, rameaux de formes curieuses, même de vieilles clés, pièces de monnaie ou morceaux de bijoux, éventuels cadeaux des fées. Parfois, les fées demeurent dans les objets – par exemple, dans un ourson chéri. Tout ce qui semble approprié peut être posé sur l'autel.

ENREGISTREMENTS VISUELS ET ÉCRITS

Un album sur les fées n'est pas un loisir, mais un rappel des signes de leur existence : images, poèmes, feuilles et fleurs séchées, coupures de presse, photos – en fait, tout et n'importe quoi. Le nombre de trouvailles s'accroît à mesure que le mental s'ouvre.

Plus important, il faut placer à portée de main un bloc-notes où inscrire pensées et sentiments quant aux fées. Lorsqu'on pratique les visualisations guidées proposées dans ce livre, toutes les expériences sont à noter, enrichissant ainsi le trésor du savoir féerique, donc la vie même.

Protection contre les fées maléfiques

Toutes les fées ne sont pas bien disposées envers les humains. Cela ne veut pas dire que toutes sont méchantes – juste qu'elles ont des normes morales différentes des standards des hommes. Les fées peuvent tenir pour importantes des choses qui n'ont rien à voir avec le bien-être du genre humain, cependant très nécessaires dans le schéma global des choses. Par exemple, les plantes toxiques ont leur place dans le monde, tout comme la mort et le délabrement y jouent un rôle. Les fées sont liées à ces processus naturels, que les hommes préfèrent ignorer.

Les fées ont été accusées d'enlever les humains jeunes, beaux ou doués – spécialement pour la musique. Les jeunes mères étaient aussi visées, pour allaiter les bébés des fées. Et les bébés mêmes encouraient des risques, surtout avant d'être baptisés. Apparemment, les fées s'emparaient de la personne réelle et la remplaçaient par un « double » féerique, le cas échéant, un « enfant changé ». Plus sinistre encore, on croyait que les fées enlevaient des humains pour les offrir en tribut au diable.

On incriminait par ailleurs les fées de tirer des « flèches » à tête de silex sur certaines personnes ou animaux, suscitant la maladie de la cible atteinte. Un type de fée pouvait s'attacher à une personne et absorber toute l'essence de sa nourriture, si bien que l'infortunée était toujours affamée et mal nourrie.

La liste des fées tenues pour maléfiques est bien trop longue pour être mentionnée ici, mais elle inclut les gobelins, les hobgobelins, le Kelpie (à l'apparence d'un cheval qui fait monter les voyageurs fatigués sur son dos, pour les noyer dans les eaux profondes) et le Phooka (aussi à l'apparence d'un cheval hirsute qui détruit les cultures). Certaines fées sont méchantes et malfaisantes, et toutes sont simplement capricieuses et retorses. « La peur des fées » peut assaillir toute personne se trouvant seule dans un lieu désert.

L'ÉGLISE CONTRE LES FÉES

Une bonne partie de la mauvaise presse des fées est liée à la dogmatique chrétienne, pour qui tout ce qui n'entre pas dans ses normes représente le « mal ». La tendance à regarder tout ce qui n'est pas totalement « bon » comme totalement « mauvais » s'est installée. Mais l'univers n'est pas ainsi fait. Cette crainte de l'Église pendant le Moyen Âge et après a donné naissance à quantité d'attitudes réprobatrices envers les fées. Le diable est un concept chrétien, alors que les fées sont bien plus anciennes que le christianisme et vivent sur Terre depuis très longtemps. À l'époque païenne, les esprits de la nature étaient honorés, mais lorsque le christianisme a gagné du terrain, les dieux des religions anciennes ont été diabolisés, laissant les fées dans une sorte de limbe profane. C'est triste, car les fées aiment la terre, et la terre est notre mère à tous.

Ayant dit cela, il y a des époques où on peut avoir besoin – seulement besoin – d'une certaine protection contre les fées. Dans les rares occasions où on perçoit une puissante présence maléfique, *il faut quitter le lieu et s'en tenir à l'écart.* Si c'est impossible, un talisman protecteur (voir ci-après) fera l'affaire.

TALISMANS PROTECTEURS

Si on éprouve la crainte des fées, mieux vaut ne pas s'enfuir et se perdre parmi les ronces. Il est aussi préférable de ne pas pénétrer dans les lieux où on se sent indésirable. En restant calme, on s'en va lentement et on offre de l'amour. Parmi les symboles de dissuasion contre les fées on compte la croix et l'eau bénite (si l'on croit que les fées sont sataniques). Des protections plus naturelles existent : arborer une marguerite, un millepertuis, un rameau de sorbier ou un trèfle à quatre feuilles. À sa manière, chacun symbolise l'équilibre de la nature.

La plus utile est la visualisation d'un œuf protecteur de lumière dorée autour du corps. Cet « œuf » permet d'émettre de l'amour, empêchant tout ce qui est négatif de pénétrer sa coquille. Imprégné d'énergie positive, un symbole d'une signification particulière pour l'individu ou un talisman (n'importe quoi, d'une fleur séchée à un ours en peluche). Quelques minutes par jour à imaginer l'enveloppe dorée et à visualiser le symbole protecteur tenu devant soi – suffiront à se protéger si nécessaire, à se charger d'amour et à susciter des pensées positives. Lorsqu'on vient vers elle en toute confiance, les fées font bon accueil aux visiteurs.

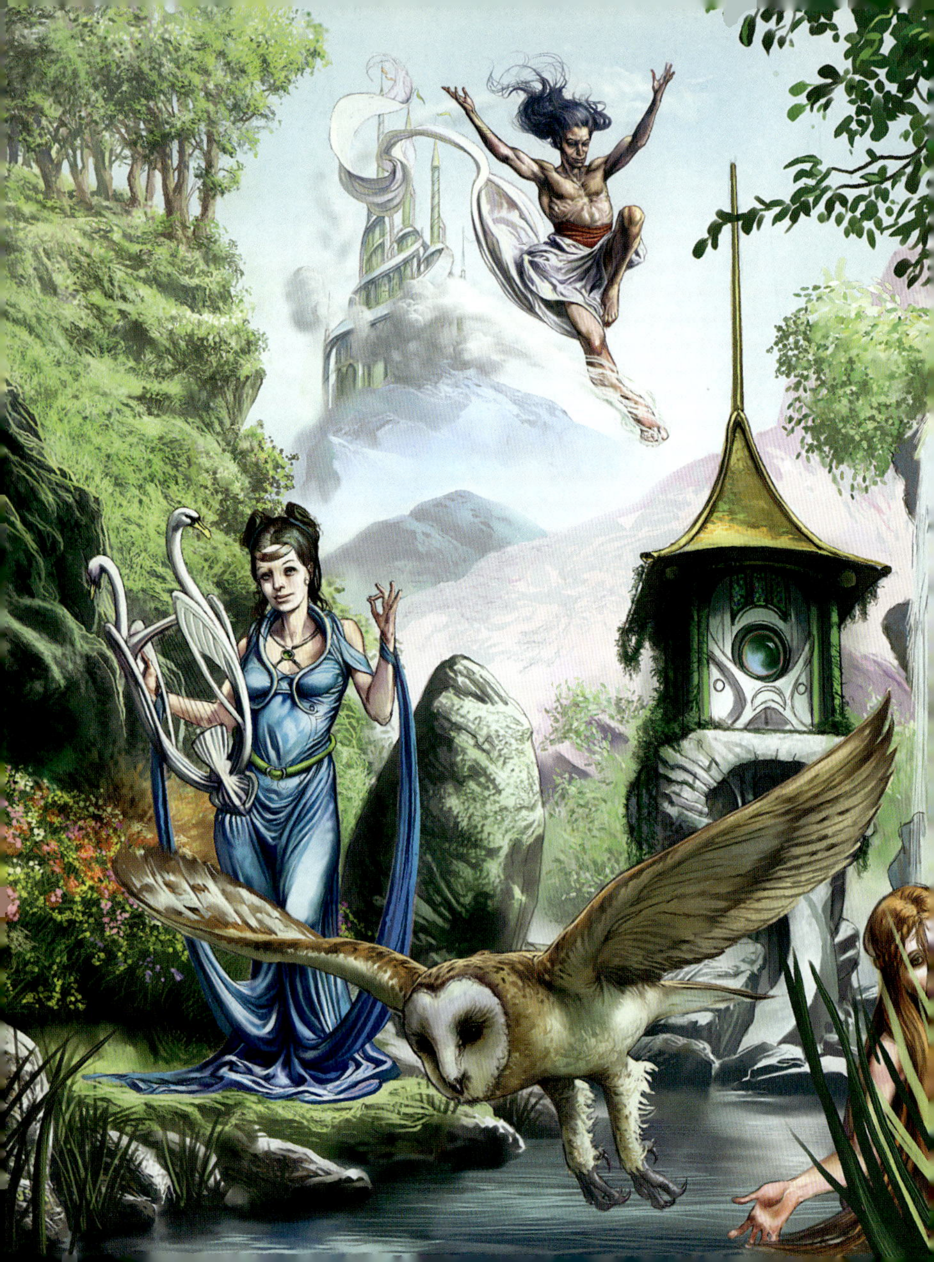

Le royaume des fées

Où se trouve le royaume des fées?

Où est le Royaume des fées? Ici, là… quelque part… juste derrière le coin, sous un bouton de rose, dans le creux d'un arbre, aux profondeurs de la forêt éclairée par la lune, voilée par le brouillard matinal s'accrochant aux collines – dans une autre dimension, pas trop éloignée de celle humaine, en fait, très proche. Le monde des fées interpénètre le monde des hommes. Toutefois, comme il vibre à une fréquence différente, seuls les hommes chanceux et sensibles l'aperçoivent à certains moments et à certains endroits.

De nombreuses traditions parlent du Royaume des fées. Certains disent qu'il est situé dans les Collines creuses, les tumulus vers lesquels sont partis les habitants préceltiques de l'Irlande, la tribu des Tuatha dé Danann. Leurs descendants sont appelés les Sidhes – terme désignant en gaélique tant un tumulus que le « surnaturel ». Le Royaume des fées peut aussi se trouver au fond d'un lac, où ces êtres magiques se sont retirés, sur le pic d'une montagne, dans les marais ou dans les clairières des bois. Ses portes peuvent apparaître et s'ouvrir en grand devant certains, tout en restant totalement invisibles à d'autres.

LE PARADIS DE TIR-NAN-OG

Tir-nan-og, un autre concept celte du pays des fées, la « Terre des jeunes », est situé à l'ouest, au-delà de la mer. Sur cette terre d'amour et de gaieté, où la mort n'existait pas, tout était beau, l'herbe, toujours verte, les arbres, chargés en permanence de fruits et de fleurs.

OÙ SE TROUVE LE ROYAUME DES FÉES ?

Il y a certains endroits sur Terre qui semblent magiques, signalés parfois par une pierre levée ou des arbres étranges, souvent proches de l'eau. On perçoit de temps à autre dans une maison ou un bâtiment la présence d'endroits « froids », qui donnent la chair de poule ou laissent une sensation sinistre. Mieux vaut les éviter. D'autres lieux marquent un point où, pour une raison inexplicable, ce monde-ci empiète sur le Royaume des fées.

Quoi qu'il en soit, il y a un endroit où ce royaume est visible – dans le cœur de l'homme. Si sa pureté est entretenue, les portes du royaume s'ouvriront en grand.

Royaumes distinctifs des fées

Les mondes spirituels ont de nombreux plans, tous habités. Certains sont proches de cette Terre, comme Tir-nan-og, d'autres sont trop subtils pour qu'on puisse les imaginer, d'autres encore se trouvent entre les deux. On peut se rendre dans ces endroits la nuit, en utilisant ce que les occultistes appellent « corps astral », un corps subtil occupant le même espace que le corps matériel, mais capable de s'en séparer pendant le sommeil. Tout en restant connecté au corps matériel par une corde d'argent, il peut aller très loin, que ce soit dans ce monde-ci ou dans l'Autre monde. Les hommes peuvent donc visiter le Royaume des fées dans leurs rêves.

Bien des choses concernant le Royaume et les activités des fées ne sont pas tout à fait en harmonie, partiellement parce que l'idée que l'existence doit être ainsi est un produit de la rationalisation humaine. Les fées et leur monde sont notoirement irrationnels et inconstants – on peut les connaître néanmoins en se fiant à ses instincts et à ses perceptions.

LES QUATRE ÉLÉMENTS

Lorsqu'une conviction ou une idée est profondément ancrée dans la psyché humaine, il s'agit probablement d'une réalité sur les « plans astraux ». Ceux-ci sont suscités en partie par l'imagination et/ou c'est l'imagination qui est engendrée à partir d'eux. L'occultisme occidental est profondément imprégné du concept des quatre éléments : air, feu, eau et terre. Pour les anciens, toute substance était littéralement constituée de ces éléments. Plus symboliquement, ces éléments ont des significations notables et sont associés aux énergies essentielles, auxquelles l'homme peut faire appel ou qui peuvent attirer l'homme. Les fées sont elles aussi associées à ces éléments, et la plupart de celles présentées dans ce livre sont censées appartenir à un élément particulier.

Quatre merveilleuses cités féeriques se trouvent sur le plan astral, chacune liée à l'un des quatre éléments : air, eau, feu et terre, à son tour connecté respectivement à l'est, au sud, à l'ouest et au nord. Ce sont là des portails secrets des énergies élémentales, telles qu'elles pénètrent sur le plan d'existence humaine. Ces cités sont aussi les demeures de plusieurs êtres féeriques qui se sentent là chez eux, ou de ceux qui, pour leurs propres raisons, désirent leur rendre visite. Les hommes peuvent les visiter dans les rêves ou par la visualisation.

LA CITÉ FÉERIQUE DE GORIAS

Gorias est la cité de l'air et de l'est. Un ruisseau cristallin, alimenté par plusieurs cascades scintillantes tombant des cimes vertigineuses, serpente à travers une vallée d'émeraude. Des bâtiments blancs rectangulaires s'accrochent aux flancs des montagnes environnantes, les toits ornés d'oriflammes multicolores flottant dans la brise. Dans la vallée, on voit un bâtiment carré au toit étincelant d'or pur. L'atmosphère de tranquillité et de paix prédomine, les fleurs sont abondantes, les champs sont pleins de laboureurs souriants.

À l'intérieur du bâtiment carapaçonné de métal précieux, des tapisseries brodées d'or représentent des créatures belles, terrifiantes et enchanteresses. Plus loin, dans une salle plus sombre, il y a une statue d'une seule pièce, d'un or si pur qu'il éclaire les lieux. La statue représente un homme, épée tirée dans sa main droite, fleur dans sa main gauche. Cette « statue » est, en fait, le maître féerique enseignant à ce pays. L'épée qu'il tient symbolise le pouvoir qu'a l'intellect de transpercer l'ignorance. La fleur annonce que cette action est tempérée par la douceur. L'air est l'élément le plus associé à la pensée.

LA CITÉ FÉERIQUE DE FINIAS

Finias est la cité du feu et du sud. Les sables baignés par le soleil s'étirent au loin, une oasis abrite un groupe de bâtiments anciens. Enjambée par une arche impressionnante, une route conduit dans le désert, son sol aride se désintégrant en poussière. Des arbres argentés ombragent l'oasis, dont les habitants sont chaleureux. Ici, la lumière est éternelle, la nuit ne descend jamais. La route se dirige vers le cœur de la cité, vers une vieille bâtisse décrépite, couverte de symboles mystérieux.

Son intérieur est frais et accueillant. Sur le plancher se trouve une spirale. Si on marche dessus, on est rempli de l'envie de danser et de devenir un élément du réseau de la vie. Dans une autre salle sans fenêtres, un bâton est planté dans le sol. Pendant qu'on le regarde, des branches et des fleurs poussent dessus. Des senteurs agréables remplissent la salle, et tout semble possible. Le maître féerique qui enseigne à Finias transmet tout ce qu'il est possible de transmettre, car le feu est l'élément le plus associé à l'imagination et à l'intuition. On est invité à devenir une partie intégrante de cette vibration.

LA CITÉ FÉERIQUE DE MURIAS

Murias est la cité de l'eau et de l'ouest, située sur les rivages d'un océan occidental. Derrière elle, s'élèvent des collines vallonnées. Les gouttes de pluie sont portées par le vent, faisant scintiller au crépuscule les rues pavées. Les négociants s'affairent à vendre des fruits luisants et des tissus somptueux. Beaucoup de navires féeriques, chargées de produits étrangers, se balancent à l'ancre dans le port. Des arbres luxuriants poussent parmi les bâtiments au toit en tuiles rouges, leurs feuilles montrant de riches nuances rouille et or signalant l'approche de l'automne.

Une grande cathédrale est bâtie sur une élévation, un sentier conduisant à son portail occidental. Son intérieur faiblement éclairé resplendit de sculptures étranges, suggérant une sagesse ineffable. À son extrémité, une merveilleuse rosace brille dans le soleil couchant. Pendant qu'on regarde, elle commence à scintiller et à s'ouvrir, comme une véritable rose. Le cœur du visiteur s'ouvre à son tour. Sur l'autel est posé un calice en or parfait. Le maître féerique qui enseigne à Murias veut ouvrir le cœur du visiteur à ses propres sentiments et à ceux des autres, car l'eau est l'élément des émotions.

LA CITÉ FÉERIQUE DE FALIAS

Falias est la cité de la terre et du nord. On l'approche dans les ténèbres envahissantes. Ses tours sont faites de métal et surmontées de joyaux éclatants qui scintillent comme des phares. La cité est massive et solide. On ne voit pas d'habitants, mais elle respire une vie animée. Familière, elle évoque le plan de toutes les villes terrestres.

En son centre, un immense morceau de roche météorique émet une aura d'infinie ancienneté. Une lumière subtile danse autour de la pierre, accompagnée d'une multitude de souvenirs, de ce monde-ci et de l'Autre monde, personnels et collectifs, ainsi que de la conscience de vies sans nombre et de la profonde sagesse inhérente à la cité. Le maître féerique de Falias désire que le visiteur soit conscient de sa connexion avec la terre et touche cette roche, afin de comprendre l'ancienneté de son âme. La terre est l'élément connecté à la réalité, à l'expérience et à la source de l'existence.

ROYAUMES DISTINCTIFS DES FÉES

Paysages, cercles et sentiers des fées

Dans la nature, il y a d'innombrables traces des fées, souvent proches des zones bâties ou à leur intérieur même. Rapidement, on arrive à identifier intuitivement l'œuvre des fées : un arbre bizarrement tordu, un monticule broussailleux, un tas de cailloux, un bouquet de fleurs sauvages. Il faut noter la présence de tout signe inhabituel ou de tout ce qui semble mystérieux, et spécialement tout endroit doté de sa propre « atmosphère ». Les yeux se feront une joie de regarder les collines parsemées de boutons-d'or, de pâquerettes et d'herbe d'un vert émeraude, les berges couvertes de roseaux des fleuves et les bois riches en campanules, en sachant que les fées sont proches.

CERCLES DES FÉES

Les « cercles des fées » sont des cercles d'herbe d'une teinte plus foncée, causés par la propagation d'une moisissure. Ce n'est pas là le seul type de cercle trouvé dans la nature. Les « crop circles » sont un phénomène naturel très connu, et d'autres végétaux, y compris l'herbe, peuvent être trouvés en une formation circulaire. La mousse pousse parfois en cercle, la base des arbres est entourée d'un bout de sol vide, de forme plus ou moins circulaire. Tous ces lieux sont fréquentés par les fées, qui aiment y danser. Les récits parlent de voyageurs arrivés là en suivant une musique douce, disparus à tout jamais dans le Royaume des fées. Si on médite dans un tel cercle, on entre forcément en harmonie avec les fées.

SENTIERS DES FÉES

Les sentiers des fées sont assez nombreux. Ce sont des chemins étroits sortant apparemment de nulle part et s'achevant soit brusquement, soit près d'une pierre ou d'un monticule. Ce genre de sentier signale une interface entre ce monde et l'Autre monde. Les êtres subtils qui l'empruntent sont plus facilement visibles là, spécialement si le regard va au-delà, sans fixer directement le chemin, aperçu du coin de l'œil. Les sentiers de ce type existent aussi dans les maisons. Les « fantômes » qui semblent les emprunter disparaissent apparemment là où le sentier – et le lien entre les mondes – s'achève.

Nourritures et boissons des fées

On sait depuis longtemps qu'il est très dangereux de manger ou de boire ce que les fées offrent quand on se trouve dans leur royaume. Les plats semblent savoureux, mais ce ne sont pas des aliments « réels » selon les standards humains. Il s'agit plutôt de « séduction » féerique, sans véritable substance, ou simplement de racines et de cailloux. En tendant la main vers le plat tentant, le voyageur enchanté risque d'être déçu. Pire encore, si les aliments féeriques sont consommés (et probablement savourés), la personne reste à tout jamais captive dans le monde des fées.

Les aliments sont, bien entendu, de l'énergie – et l'énergie des fées est différente de l'énergie humaine. Ce qui nourrit les fées ne peut pas nourrir le corps humain, car l'essence est différente. En fait, essayer de consommer de la nourriture féerique c'est tenter de réduire le magique à l'ordinaire – peu étonnant que cela suscite le malheur. Le cas des personnes qui, selon la légende, sont mortes d'avoir mangé de la nourriture de fée est évidemment très différent, car, en cas de réussite, elles seraient devenues la substance même du Royaume des fées et n'auraient pas pu revenir sur la terre des vivants. Traditionnellement, un tabou interdit aux personnes enlevées par les fées de manger quoi que ce soit. Parfois, les fées peuvent même s'emparer des substances nutritives des aliments humains, les dépouillant de toute valeur nourrissante, même si extérieurement rien ne change. Les fées se lavent parfois les pieds dans le lait ou le vin, si une maison qu'elles visitent est sale et manque d'eau courante. L'attitude des fées à l'égard de la nourriture est capricieuse et détachée des contingences de ce monde.

OFFRES EN REMERCIEMENT

Tout ce qui se rattache aux fées et à la nourriture n'est pas négatif. Pour les remercier de leur aide, les fées offrent des gâteaux délicieux aux humains. Ceux-ci peuvent être mangés sans danger, comme l'a fait le gentil laboureur de Wick Moor, qui avait réparé la bêche d'une fée. Les fées écossaises empruntent parfois de la nourriture humaine – d'habitude de l'orge (probablement parce qu'il est sacré pour la déesse de l'amour Vénus) – qu'elles rendent en la doublant.

Mieux, les gentils Brownies aident les humains amicaux à s'acquitter de leurs corvées de cuisine. En retour, ils apprécient un bol de lait et un gâteau, spécialement au miel – c'est peu à demander. Lorsqu'on est trop fatigué pour faire la vaisselle, il faut laisser une offrande pour les Brownies – on ne sait jamais !

Atours des fées

Les vêtements sont importants pour les fées, qui savent que les atours disent beaucoup sur celui qui les porte et ont des significations symboliques. Certaines fées préfèrent la nudité, tout comme certains païens modernes préfèrent les « habits du ciel » lors de nombre de rituels, signe que tous les gens sont nus face aux dieux et marque de respect pour la nature.

LES HABITS, SIGNE DE POUVOIR

D'autres êtres féeriques sont, quant à eux, très tatillons en matière d'habits, préférant les beaux et les chers. Dans de nombreuses cultures, les vêtements définissent le statut et le métier de celui qui les arbore, et sont donc le signe extérieur d'une réalité intérieure. Le monde moderne s'est affranchi quelque peu de ces signes, mais les fées sont très conscientes de la nature symbolique de toutes les choses. Certaines, privées de leurs habits, restent captives dans le monde des mortels tant qu'elles ne les ont pas récupérés. La fée perse Péri en est un exemple, car ses habits représentent son pouvoir magique.

Un récit parle du fils d'un riche marchand, qui se reposait sur la berge d'un lac. Quatre colombes se sont posées et se sont transformées sous ses yeux en Péries. Se débarrassant de leurs robes, elles ont plongé dans le lac. Le jeune homme a profité pour cacher leurs habits. Réalisant ce qui était arrivé, les Péries se sont affolées. L'une a accepté de l'épouser pour que les autres puissent s'en aller et le jeune homme a alors rendu leurs robes à trois des Péries. La quatrième est devenue sa femme. Dix ans après, l'homme est reparti sur les routes, laissant la précieuse robe sous la garde d'une vieille femme. Pendant son absence, la Péri a persuadé la vieille de la laisser remettre sa robe une minute – et a disparu sur-le-champ.

Nombre d'esprits prennent délibérément une apparence déguenillée, comme les Brownies. Si on leur offre des vêtements, ils s'en offusquent néanmoins au point de disparaître à tout jamais. J.K. Rowling s'en fait l'écho dans ses livres sur Harry Potter, où un elfe de maison est affranchi par un don d'habits. Pour les fées de maison traditionnelles, les vêtements sont un cadeau vide de sens, qui ne correspond pas aux normes de leur royaume.

LA SIGNIFICATION DE LA COULEUR

La couleur est aussi une considération importante, le rouge et le vert étant préférés. Les deux évoquent le pouvoir de la nature : le rouge est la couleur du sang (et de la mort, à laquelle sont liées certaines fées), le vert, la couleur des feuilles et de l'herbe. Les Leprechauns irlandais sont ordinairement vêtus de vert, en plus des tabliers en cuir, des souliers à boucle en argent et des tricornes, sur lesquels ils peuvent se tenir tête en bas et tourner. En fait, en

Irlande le vert est tellement lié au Petit Peuple qu'il est néfaste de l'arborer. Quelques fées ont même la peau verte. Les esprits de la nature sont le type les plus connecté à la couleur verte et au monde végétal.

Le rouge a des associations magiques. Parfois, l'idée que les sorcières sont rousses et portent des capes ou des chapeaux rouges prévaut. Le rouge est aussi associé à la mort – à l'époque préhistorique, les morts étaient souvent enduits d'ocre rouge qui leur conférait une vitalité nouvelle. Le soleil « meurt » en descendant dans un éclat rougeoyant. De nombreuses fées portent une cape rouge ou ont la peau rouge. Les manteaux rouges peuvent être associés au chamanisme et à l'amanite tue-mouche induisant la transe (voir page 81).

LES HABITS EN TANT QUE SYMBOLES

Les vêtements humains servent, de temps à autre, d'arme capable de rompre un enchantement féerique. Lorsqu'on est égaré par les fées dans la nature, la meilleure chose à faire est de retirer son manteau et de le retourner, doublure vers l'extérieur, les distrayant ainsi assez longtemps pour s'échapper. C'est là une manière de canaliser toutes les forces du conscient en vue de réfléchir avec logique.

Si des fées gênantes perturbent le sommeil, les chaussures placées près du lit, pointe dirigée vers l'extérieur, chaussettes au-dessous, les éloigneront. Les gants sont des symboles encore plus notables. Un gant jeté dans un cercle de fée stoppe toute activité qui s'y déroule.

Un récit de Cornouailles raconte qu'un fermier appelé Noy avait jeté son gant dans une assemblée des fées – toutes avaient disparu, ainsi que la maison et le verger. « Jeter le gant » était un défi médiéval, accepté si l'objet était ramassé. La main humaine a suscité bien des changements dans le monde naturel, peu étonnant que les fées connaissent le symbolisme du gant.

Rien n'est pas juste ce qu'il paraît : toutes les choses ont une signification cachée, tout comme les vêtements. Si les hommes ne s'en rendent pas compte, les fées sont là pour le leur enseigner.

Musique et langage des fées

Les fées aiment la musique plus que tout, car elles incarnent la vibration et l'harmonie, l'essence de la création, et ont la capacité de relier tous les plans de l'être. Elles sont susceptibles de modifier les plans de conscience – le contact avec les fées est souvent entamé par leurs mélodies. Les sirènes ont une voix si enchanteresse que les marins et les promeneurs sur la plage risquent de se laisser attirer vers leur mort. Néanmoins, les sirènes étaient liées à l'inconscient et aux sentiments, si on respecte ceux-ci, on les trouvera plus inspirantes que dangereuses.

COMPTES RENDUS HISTORIQUES

Les musiciens talentueux sont favorisés par les fées, qui tentent de les faire revenir au Royaume des fées pour qu'ils jouent lors de leurs fêtes. Thomas le Rimeur, par exemple, avait été attiré par la reine des fées parce qu'il était un excellent poète et musicien (voir page 17). Les musiciens capables d'entendre la musique des fées sont spécialement inspirés. Des morceaux de musique sont réputés être d'origine féerique, comme le « Londonderry Air » et « The Fairy Dance of Scotland ».

L'antiquaire anglais John Aubrey, (1626-1697) de Chippenham dans le Wiltshire, racontait qu'en 1633 le vicaire local était tourmenté par les fées, qu'il avait vues danser dans un cercle sur les Downs. Elles chantaient, fredonnaient et émettaient toutes sortes de bruits étranges. Un pouvoir surnaturel l'avait figé sur place, jusqu'à ce que les fées l'aperçoivent. Tombé sur le sol, elles l'avaient pincé et avaient chantonné au-dessus de lui. Il s'était évanoui alors et était resté jusqu'au matin couché dans l'herbe.

Au XVIIe siècle, les personnes ayant aperçu des fées, comme le vicaire d'Aubrey, tendaient à dire que leur langage était incompréhensible et indistinct, au contraire des récits plus anciens (comme celui de Thomas le Rimeur), qui décrivaient sa clarté. La difficulté à comprendre les fées vient du blocage du mental conscient, « rationnel », car bon nombre s'adressent directement au cœur et à l'âme et d'autres se servent du langage de la terre à laquelle elles sont rattachées.

En se promenant dans la nature, il faut tendre l'oreille pour entendre la musique enchanteresse des fées portée par la brise.

Fêtes féeriques

Les fêtes des fées prennent place aux points de transition des saisons. Les équinoxes et les solstices sont déterminés par la position du soleil, les quatre autres fêtes étant célébrées quand le moment semble approprié, si bien que les dates ci-dessous sont approximatives.

Il y a aussi d'autres fêtes, comme la veille de Noël, Noël et le Nouvel an. Toute fête humaine des traditions anciennes, depuis le Ramadan à la fête japonaise des fleurs, est une fête féerique. En célébrant ces fêtes et en faisant l'effort de s'accorder au domaine des fées, on se rapproche de leur monde. Si un repas spécial a lieu, il faut laisser dehors une petite offrande à l'intention des fées.

IMBOLC
2 février dans l'hémisphère nord
31 juillet dans l'hémisphère sud

Imbolc est le moment où la vie s'agite dans le ventre de la terre. La gelée scintille et la lumière pâle se prolonge davantage tous les soirs, rappelant que le printemps approche. Imbolc est le point délicat où on passe des profondeurs de l'hiver à la Nouvelle année. C'est un festin de lumière et de brillance, mais aussi un moment de purification visant à faire de la place à ce qui arrive. La Vieille

Ce festin (la Chandeleur), est consacré à sainte Bridget, qui a succédé à la déesse païenne Bride, gardienne de la flamme sacrée de la vie éternelle. Patronne de la poésie, de la forge, de l'accouchement et de la guérison, fée puissante, on l'invite dans la maison en allumant autant de bougies que possible. On peut lui demander de protéger tous les projets pour l'année à venir et en retour s'engager à une action particulière d'entretien du monde naturel, afin de sceller le pacte à la mort de l'année.

femme, déesse ou fée des ténèbres, laisse la place à la Jeune fille, rayonnante.

Les fées aiment la propreté et l'ordre. Un nettoyage hivernal, en préparation à l'activité nouvelle, est conseillé. Tandis que les fées s'affairent à faire sortir les perce-neige et les crocus du sol gelé, on peut réaliser quelque chose de créatif soi-même, tricoter, peindre, composer une poésie, en demandant aux fées de prêter un peu de leur magie en laissant à leur intention une offrande, morceau de laine ou poème.

ÉQUINOXE DE PRINTEMPS
21 mars dans l'hémisphère nord
21 septembre dans l'hémisphère sud

Lors de l'équinoxe de printemps, les fées sont très occupées à surveiller les fleurs en train de s'épanouir. Les fées scandinaves deviennent actives, le Domovoi, esprit russe du cellier, se débarrasse de sa peau épaisse et en endosse une plus légère pour l'été, les Rousalki, fées russes des eaux, sont aperçues près des lacs gonflés par la fonte des neiges.

À cette époque, planter des arbres est une activité très amicale à l'égard des fées. Une mise en ordre saisonnière du jardin est aussi conseillée. Lorsqu'on y travaille, bêchant et enlevant les branches mortes, on entre facilement dans une sorte de transe. Associée à l'enchantement du monde naturel environnant, elle engendre un état d'esprit particulièrement approprié à la vision des fées. Celles-ci sont assurément tout près, favorisant le travail grâce à leurs énergies. En plantant quelques graines de son choix, on demande l'aide des fées. Yeux fermés, on les visualise s'occupant des graines, les soignant avec amour. Si cette aide est demandée à haute voix, on peut chanter ou fredonner en plantant les graines. En touchant le sol tendre de ses mains, on établit un contact avec la terre.

En demandant la bénédiction des fées, on remplit d'eau un vase en céramique ou en verre (le plastique et le métal sont à éviter) et on le laisse au soleil de midi. On les imagine dansant autour et le touchant de leurs doigts étincelants. Cette eau offrira aux plantes d'intérieur une bénédiction spéciale de printemps.

L'Homme vert, puissant esprit de la nature aperçu par bien des gens, est représenté dans de nombreuses églises sous la forme d'un visage de feuillage. Une théorie affirme que les maçons avaient des sympathies cachées pour le culte païen de la nature, d'où sa présence. Son emblème apparaît maintenant sur les bancs des parcs et sur certains monuments. Un véritable contact avec l'Homme vert est établi en se promenant seul dans les bois, qu'il surveille de sa sagesse éternelle. On peut l'apercevoir derrière le tronc des arbres ou dans l'enchevêtrement des branches, on peut entendre ses pas derrière soi. Il est le souffle même de la nature – sa force émerge au printemps.

BELTAINE
30 avril dans l'hémisphère nord
31 octobre dans l'hémisphère sud

De toutes les fêtes, Beltaine est la plus joyeuse et sensuelle, car la nature éclate de beauté et d'excitation. C'était le début celte de l'été, marquant par ailleurs une importante transition pour le Petit Peuple, car à cette époque les Celtes Milésiens avaient accosté sur les rivages de l'Irlande du sud-ouest. Le dernier peuple magique, la tribu des Tuatha dé Danann dont descendent les Sidhe, s'était retiré du monde des humains dans les Collines creuses. Toutefois, comme d'autres esprits, ils n'étaient pas allés très loin. On peut les voir danser dans un bois parsemé de campanules ou sautiller au soleil, à l'abri d'une haie verdoyante. Beltaine est l'époque où les bonnes fées règnent en maître et où les fées maléfiques se retirent. Les fées sont très actives. Certaines tentent de voler du beurre ou des étincelles des quelques feux rituels encore allumés sur le sommet des collines par les païens modernes.

C'est la saison du mât enrubanné, mais la danse peut se dérouler autour d'un arbre ami. En se donnant les mains, les gens créent spontanément le genre de geste qui était normal à l'époque où apercevoir des fées était chose ordinaire : s'attarder, se promener et parler au grand air, loin de la télévision, des ordinateurs et des autres distractions modernes.

De nombreux récits parlent de belles fées épousant des mortels. Les histoires finissent habituellement en tragédie, car les fées et les humains ne peuvent jamais s'unir véritablement. Mieux vaut emprunter un grain d'enchantement à la fée en pratiquant un peu de sa propre magie ! Il faut se lever de bonne heure le 1er mai et se laver le visage dans de la rosée ou marcher dans la rosée. Comme le dit la chanson :

La belle fille qui, le premier mai,
Va dans le champ à l'aube
Et marche dans la rosée depuis l'aubépine
Sera toujours charmante.

Les légendes galloises racontent que le héros Pwll avait vu à Beltaine Dame Rhiannon le dépassant à cheval. Après l'avoir poursuivie, il avait remporté la course. Rhiannon est un aspect de la reine des fées, chevauchant entre les mondes sur sa monture blanche. Assis dehors, silencieux, dans le crépuscule de la fin du printemps, en tendant l'oreille on peut entendre le son des sabots de son cheval, en plus de voir son manteau chatoyant bleu de mer. Quand Rhiannon touche le cœur, elle le remplit d'amour et d'inspiration.

SOLSTICE D'ÉTÉ
22 juin dans l'hémisphère nord
22 décembre dans l'hémisphère sud

C'est l'un des moments les plus magiques de l'année, quand les fées sont très actives et visibles, jouant des farces et même, dit-on, enlevant les jeunes et les beaux pour les conduire dans les Collines creuses. Le soleil est maintenant à l'apogée de sa force. C'est un point important de transition, de ceux qu'aiment les fées. Au solstice d'été, le soleil reste immobile avant de commencer à décroître à mesure de l'avancée dans la seconde moitié de l'année.

Les fleurs sont colorées et luxuriantes, un jour radieux semble s'amalgamer au suivant lorsque le crépuscule tardif se fond dans les premiers rayons de l'aube. Le monde naturel n'est jamais aussi accueillant qu'à cette époque. On peut y participer en partant dans de longues promenades, même en campant avec un minimum d'équipement, pour se rapprocher du mystère environnant, et en particulier du Petit Peuple.

La rose est assurément la fleur la plus sensuelle et, à cette époque, la plus resplendissante. Les roses du jardin sont spécialement susceptibles d'attirer des fées. L'eau distillée à partir des pétales de rose est ajoutée au bain, en demandant aux fées de lui conférer un soupçon de leur magie pour attirer l'amour. Une tisane de boutons de roses est bue pour accroître les pouvoirs paranormaux, un buisson de rose est planté en compagnie d'un ami pour affirmer l'amour qui unit le couple et inviter les fées dans sa vie.

Le millepertuis brise tout charme négatif et éloigne la dépression. Pour rester joyeux, il faut en ramasser quelques brins le jour du solstice d'été et les porter constamment. Pour le désir de grossesse, on doit le faire en se promenant toute nue dans le potager !

On aperçoit parfois près des ruisseaux des nymphes aquatiques, sur les rivages, des ondines (ou des esprits de l'eau, voir page 104) – ou même la Dame du Lac, montant des profondeurs lumineuses. On disait jadis que ces êtres n'avaient pas d'âme. C'est plus près de la vérité de dire qu'ils sont dépourvus de morale humaine. Les conventions dissimulent souvent les sentiments, mais la beauté des fées aquatiques permet d'accéder aux mouvements de l'inconscient : en les voyant, on se laisse transformer.

LAMMAS
31 juillet dans l'hémisphère nord
2 février dans l'hémisphère sud

Lammas est la variante chrétienne d'une fête bien plus ancienne, Lugnasad, la « fête de Lug », dieu celte, seigneur de la tribu des Tuatha dé Danann. Son nom signifie « l'éclatant ». Lugnasad est une grande fête des fées, qui deviennent actives pendant cette période. Le Polevik russe éveille d'un coup de pied les moissonneurs endormis. C'est aussi l'époque où les fées se déplacent en prévision de l'hiver. Des processions féeriques forment une ligne de lumières scintillantes se déplaçant entre les collines.

À Lammas, les champs prennent la couleur dorée des blés et sont parsemés de coquelicots rouges. C'est un moment de détente, de vacances et d'abondance, mais le thème sous-jacent de mort est aussi présent, car l'Esprit du blé doit être sacrifié pour moissonner la récolte. Si on marche dans un champ de blé mûr, on peut ressentir la colère des esprits de la nature quant à ce qui sera pris à la terre, même si c'est une partie naturelle du cycle de la vie. Pour préparer un charme à accrocher au-dessus de l'âtre en vue de l'hiver à venir, il faut ramasser quelques épis de blé et les attacher ensemble, tout en s'engageant à entretenir la terre : nettoyer une zone négligée du voisinage ou du jardin, planter un arbre. Ce sera le payement symbolique de ce que soi-même – et tous les autres – prennent à la terre.

Lorsqu'on pétrit son propre pain, la montée de la pâte sert de charme assurant la prospérité de l'ensemble de la vie : « Comme cette pâte, ma fortune s'accroîtra ». Pour faire monter son pain, on sollicite l'aide du Brownie (esprit de la maison) – sans oublier ensuite de laisser dehors quelques miettes de pain à son intention.

Selon certains, Lug est le seigneur de l'année en déclin, et sa danse – à travers les blés ondoyants et bruissants – est une danse de mort, rappel que toutes les choses arrivent en cycles et que tout se confond en amour et en beauté. En se tenant à la lisière d'un champ de blé caressé par le soleil et en percevant le chatoiement et le balancement qui trahissent la présence de Lug, on doit consacrer quelques minutes au sentiment de respect pour la terre et à la compréhension de la Roue de la vie.

ÉQUINOXE D'AUTOMNE

21 septembre dans l'hémisphère nord
21 mars dans l'hémisphère sud

Lors de l'équinoxe d'automne, la nature se tient entre la lumière et l'obscurité, néanmoins les ténèbres gagnent du terrain. Le voile entre ce monde et l'Autre monde est le plus mince en ce moment, et les visites des esprits en tous genres sont plus fréquentes.

Les haies sont chargées de baies, et le brouillard subsiste dans les vallons. Parfois, le vent souffle de nulle part et fait bouger les branches dénudées. D'autres jours, le soleil doux effleure les champs de ses doigts obliques. C'est une époque de réflexion, mais aussi de travail, pendant laquelle on préparait jadis les conserves pour l'hiver et on invoquait l'aide du Petit Peuple.

On peut absorber l'atmosphère de la saison en allant cueillir des mûres. Dans les pays celtiques, il y a parfois un tabou quant à la consommation des mûres, qui appartiennent aux fées. Toutefois, si on ramasse les mûres avec respect, sans dépouiller totalement les ronces, les fées ne s'y opposeront pas. Encore mieux, en laissant à leur intention un peu de gâteau aux mûres, ou de vin de mûres, elles seront très contentes. À la fin de septembre, les mûres ne sont plus comestibles. Il faut chercher une ronce en forme d'arche – de préférence orientée d'est en ouest, à l'exemple du passage du soleil. En traversant cette arche trois fois lors d'un jour ensoleillé, tous les maux physiques, spécialement les rhumatismes et les affections dermiques, disparaîtront.

À cette époque mystérieuse, la reine Mab, qui suscite des rêves et des visions, doit être honorée. Sous son déguisement automnal de femme sage et de Dame de la magie, elle est l'une des nombreuses manifestations de la déesse, liée aux idées anciennes de souveraineté – le roi tirait son pouvoir de la terre, et Mab dirigeait.

À la pleine lune la plus proche de l'équinoxe, on doit verser du vin de bonne qualité dans un verre ou un calice au pied fin et placer celui-ci dans le jardin ou dans un endroit isolé. En levant le verre à la Lune, on porte un toast : « Mab, je t'honore » et on verse un peu de vin sur le sol, puis on en prend une gorgée : « Mab, je bois avec toi ». Revenu dans la maison, on allume une bougie vert vif et en regardant la flamme, on prie : « Mab, accorde-moi la sagesse ». Après avoir placé un peu d'huile de jasmin ou de rose sur l'oreiller, on éteint la bougie et on passe dans le Royaume des fées. Ce petit rituel peut être répété à chaque pleine lune.

SAMHAIN
31 octobre dans l'hémisphère nord
30 avril dans l'hémisphère sud

Cette vieille fête celte marquant le début officiel de l'hiver est devenue la Toussaint chrétienne – époque du souvenir des morts. Samhain a toujours comporté un aspect ténébreux, car des sacrifices visant à survivre au froid de l'hiver devaient être faits. Pour se concilier les esprits, des animaux étaient tués, et d'après certains, des hommes aussi. Le sacrifice est un détournement du culte de la nature – la vie est déjà assez difficile et le respect suffit.

Les tumulus, enveloppés de brouillard, sont particulièrement sinistres à Samhain. Si on ose s'en rapprocher, il faut garder le silence et tendre l'oreille pour saisir le bruit étrange, lointain, de la musique des fées ? Peut-être le monticule s'ouvrira-t-il et une lumière surnaturelle éclairera les champs déserts. Après Samhain, la terre est livrée aux pouvoirs des ténèbres et de la décadence. Aucune culture ou baie ne doivent plus être récoltées, car le Phooka, esprit irlandais maléfique, les rend non comestibles. La véritable signification suggère que la mort et la décomposition ont une place dans l'ordre naturel, qu'il faut les honorer et les respecter pour qu'elles ne se déchaînent pas à fond.

Traditionnellement, c'est le début de la saison des contes. Quand le vent siffle, quand le brouillard descend, la famille et les amis se réunissent autour de l'âtre. La cheminée peut être remplacée par de grandes bougies allumées. Assis là, les gens parlent du passé et des disparus. On peut prier ceux-ci d'être là (ce *n'est pas* une séance, et les proches disparus sont *invités*, pas appelés). Les gens rient, racontent des histoires drôles, font la fête et boivent.

Cerridwen est la déesse de l'Autre monde la plus associée à cette époque.

Dans son chaudron magique, elle prépare la boisson conférant inspiration. On partage avec les amis une soupe épaisse de racines comestibles ou de potiron, puis on allume une bougie noire en priant Cerridwen de montrer le chemin à travers les ténèbres vers la lumière, où on sera plus en sécurité et plus sage.

YULE
22 décembre dans l'hémisphère nord
22 juin dans l'hémisphère sud

Yule est le solstice d'hiver. Le soleil semble de nouveau immobile, mais cette fois-ci la saison est prête pour le retour de la lumière. Les célébrations de la naissance du Christ ont été superposées à la fête bien plus ancienne du solstice.

En installant l'arbre de Noël, il faut se rappeler que les arbres à feuilles persistantes sont un symbole de la vie résistante de la nature. Bien entendu, il est surmonté d'une fée, marque de la fête du Petit Peuple se réjouissant de la renaissance du soleil. La décoration de l'arbre est un acte magique important, car les décorations sont des charmes. Chaque membre de la famille doit accrocher au moins un charme lui appartenant, afin qu'un vœu devienne réalité.

Dans le froid, le Bonhomme Hiver décore les fenêtres de dentelles compliquées. En Russie, on l'appelle Père Hiver, l'âme de cette saison, qui recouvre les arbres de glace. On ne doit pas reculer devant l'esprit de l'hiver, mais admirer son œuvre – ce qu'il récompensera par l'espoir et la joie, tout comme en Russie le Père Hiver apporte des présents aux enfants lors de la Nouvelle année.

Le Père Noël est le plus connu et puissant esprit de Yule, caractérisé de nos jours par ses habits rouges. Jadis, il arborait du vert et d'autres couleurs. Comme on l'a déjà vu, le rouge est la couleur de la vie et de la mort portée par beaucoup de fées. Le rouge chaleureux du Père Noël signale qu'il n'appartient pas à cette terre. Le monde entier le connaît, il est l'essence du mystère de Yule, la joie et le renouveau. Comme d'autres esprits traditionnels, il entre et sort par la cheminée.

Quand tout est paisible à la veille de Noël, on doit se préparer à devenir le Père Noël – en allumant une bougie et en regardant les étoiles. On s'engage à offrir un cadeau à un ami, un autre au monde, et on demande ce qui tient le plus au cœur. Le désir est inscrit sur un morceau de papier et posé sur la cheminée, ou brûlé à la flamme de la bougie. Entend-on les clochettes du traîneau ?

Arbres des fées

Beaucoup de fées sont liées à un arbre ou à une plante unique, ou à un groupe d'arbres. Les arbres sont très spéciaux – les Amérindiens les appellent le « Peuple debout ». Souvent, en tombant sur un arbre, on devient très conscient de son esprit, habituellement chaleureux, sage et accueillant. La proximité de tels arbres s'avère très curative. À l'occasion, un arbre est moins bien disposé envers les humains (comme le constatent les Hobbits du Seigneur des anneaux *auprès du Vieux Saule pleureur), – mieux vaut garder ses distances.*

Jadis, la terre était recouverte de forêts. Quand on s'aventure dans les profondeurs des bois, on se retrouve en présence d'êtres infiniment anciens, car chaque arbre incarne la sagesse cumulée des temps. La forêt primitive est aussi une métaphore pour les pulsions et les désirs les plus cachés, profonds et primordiaux. Les fées des arbres enseignent à l'individu beaucoup de choses sur lui-même, s'il a le courage d'écouter. Lorsqu'on est seul dans la nature, on entend plus clairement ses pensées et ses sentiments, on est plus facilement honnête avec soi-même. Il y a longtemps, beaucoup d'arbres étaient tenus pour être la demeure des oracles, la déité murmurant doucement à travers les feuilles.

LA TRIADE DES FÉES

Le chêne, le frêne et l'aubépine sont une triade féerique. On aperçoit souvent des fées à l'endroit où ils poussent. Nombre de fées sont réputées vivre dans le chêne majestueux. En abattre un, c'est risquer le courroux des divinités d'antan – des fées. Le culte des druides était pratiqué dans des bosquets sacrés, ceux de chênes étant particulièrement appréciés. Porté comme bâton ou baguette, le frêne protège contre les fées mais offre aussi un portail entre les mondes. L'arbre auquel le dieu scandinave Odin était resté pendu tête en bas pour apprendre le secret des runes était un tel portail. La forme tordue de l'aubépine est réellement magique, surtout quand cet arbre pousse sur un tumulus ou dans un groupe de trois. Endommager un tel arbre, c'est courir au désastre. Même s'assoupir sous un tel arbre risque de déplaire aux fées. Les arbres ont été maltraités, tout comme une bonne partie de la nature. Pour garder la bienveillance du Petit Peuple, on doit leur témoigner du respect.

Fleurs et plantes des fées

Essentiellement, chaque plante appartient à une fée, qui s'en occupe, mais quelques-unes sont particulièrement notables. Dans les Balkans, on dit que les fées sont nées dans les fleurs, pour les soigner à mesure qu'elles s'épanouissent, puis fanent.

L'idée des fées des fleurs a été popularisée par Cicely Mary Barker (1895-1973), qui a illustré une série à succès des livres montrant une fée pour chaque fleur, vêtue d'atours évoquant celle-ci. Même si cela semble de la fiction, elle s'inspire des mondes subtils (comme beaucoup d'œuvres de l'imagination) – chaque fleur a une fée qui, lorsqu'elle apparaît, montre plusieurs des caractéristiques de la plante.

La rose sauvage, la primevère, la campanule, le populage, le souci, la digitale et le compagnon rouge sont parmi les fleurs particulièrement associées aux fées. En même temps belles et utiles, les fines herbes sont parmi les préférées des fées. Porter du thym aide à voir les fées.

Les orties et les ajoncs sont censés faire reculer les fées, hormis bien entendu celles appartenant à ces plantes. Les fées vivent par ailleurs dans les tiges de la paille servant à façonner des amulettes. Un trèfle à quatre feuilles, particulièrement propice, doit être gardé précieusement. Sept grains de blé disposés sur un trèfle à quatre feuilles permettent d'apercevoir les fées.

CHAMPIGNONS DES FÉES

Une plante particulièrement associée aux fées est l'amanite tue-mouche (*Amanita muscaria*), champignon rouge tacheté de blanc. Les fées sont souvent représentées assises sur ce champignon – le bonnet rouge qu'arborent certaines est probablement lié à cette plante. L'amanite tue-mouche est psychotrope (affecte le mental, les émotions ou le comportement). Les chamans européens l'ingéraient pour induire des visions. Quelques-unes des visites au Pays des fées – avec leurs couleurs intensifiées, leur étrange musique et leur déformation temporelle – ressemblent à des « trips » suscités par les drogues. L'idée de fées serait-elle apparue suite à l'utilisation des drogues ? Correctement utilisée, l'essence de certaines plantes peut-elle conduire dans le monde vibrant et magique de la nature ? Bien entendu, il serait extrêmement dangereux d'expérimenter. Les chamanes amérindiens expérimentés, ainsi que ceux d'autres traditions, se sont servis de ces plantes depuis des temps immémoriaux. Il y a là plus que de la chimie à l'œuvre – l'âme de la plante se combine avec ce que les humains appellent être et révèle au voyageur un monde magique : le Pays des fées.

Animaux des fées

Jadis, les animaux étaient tenus pour les maîtres, les gardiens et les compagnons d'âme de l'humanité. Dans la tradition chamanique, un animal peut être un totem, un emblème unificateur, un « animal de pouvoir » agissant comme une sorte de « hotline » pour une certaine forme d'énergie. Les animaux proches de la nature sont d'ordinaire sincères et fidèles à eux-mêmes. Peu étonnant que beaucoup soient aimés des fées, qui prennent de temps à autre leur forme.

Les « familiers » des sorcières sont une puissante connexion avec le monde des esprits. Le chat, « familier » préféré, peut effectivement être une fée métamorphe, si l'on en croit le folklore irlandais et européen. Les chats de l'île de Man, dépourvus de queue, étaient élevés par les fées – le roi des chats se comporte en chat ordinaire le jour, mais la nuit se rend en procession royale pour tirer vengeance de tous ceux qui l'ont blessé. À des époques de persécution, les chats ont souvent subi le sort de leur maître. Qui peut donc blâmer le roi des chats ?

ANIMAUX AUX SABOTS FENDUS

Les fées ont une affinité particulière pour les vaches, probablement parce que ces créatures offrent généreusement leur lait et sont associées de près à la Déesse Mère. Les fées sont accusées de voler le lait des vaches, soit à distance, soit en prenant la forme d'un hérisson ou d'un lièvre tétant son pis. Ces fées exploitent la force vitale de la vache, plutôt que le lait même. Des récits parlent des vaches aux oreilles rondes ou rouges de l'Autre monde, qui errent au bord de la mer, s'étant

83

ANIMAUX DES FÉES

éloignées de leur domaine féerique d'au-dessous des vagues. Leur lait est merveilleux.

Le cerf, l'une des formes du dieu cornu, était un animal sacré pour les Celtes, incarnant le lien mystique entre chasseur et proie. Les deux protègent et sélectionnent les créatures sauvages de la forêt. Lorsque les anciens dieux païens ont été diabolisés par le christianisme, le dieu cornu est devenu le diable. Toutefois, il n'est en rien démoniaque et est plus justement regardé comme le roi des fées dans l'un de ses aspects les plus singuliers. Les esprits féminins assument souvent la forme d'un cerf rouge. En général, les fées détestent les chasseurs et tirent sur eux de minuscules flèches à tête de silex.

Certaines fées se transforment en chèvres, ou sont munies de pattes et de sabots de bouc. Le dieu grec de la nature, Pan, mi-homme mi-bouc, démontrait que les hommes renferment en eux des instincts et des connaissances du monde animal. Pan (et, avec lui, le bouc) a aussi été diabolisé. Le folklore anglais affirme que le bouc ne peut pas être visible 24 heures à la file, car il doit aller rendre hommage au diable – ou aux fées.

CHEVAUX ET CHIENS

Les chevaux sont censés être capables de galoper entre les mondes, portant leur cavalier vers le Pays des fées. Les fées aiment ces créatures délicates et gracieuses. Les Sidhe gardent dans les Collines creuses des chevaux magiques, faits de flamme et aussi rapides que le vent. Les esprits aquatiques écossais, les Kelpies, assument souvent la forme de chevaux gris, créatures malfaisantes qui attirent le voyageur sur leur dos pour le conduire à sa mort dans une tombe d'eau.

Les esprits chiens guident les humains dans l'Autre monde et peuvent se montrer autant amicaux qu'hostiles. D'innombrables histoires de chiens noirs hantant les terres britanniques et apportant la malchance. En fait, ce « chien noir » peut représenter métaphoriquement la dépression, reconnaissance inconsciente du pouvoir de ce genre d'apparitions. D'autres chiens sont blancs ou verts, avec des oreilles rouges. Les légendes parlent d'une meute de chiens spectraux chassant les âmes des morts au cours de la Chasse sauvage (voir ci-dessous et page 91).

OISEAUX

Certains oiseaux sont associés aux fées. Le coucou annonce le printemps après avoir passé l'hiver dans les tumulus des fées. Les hiboux sont liés aux fées des ténèbres, comme Gwyn ap Nudd, seigneur des enfers, qui conduit la Chasse sauvage pour ramener des âmes dans son royaume. Les corbeaux gardent le trésor des fées. La déesse de la mort, Morrigan, prend l'apparence d'un corbeau. Les fées et les humains enchantés peuvent endosser la forme des cygnes. Le petit roitelet est un oiseau féérique.

GRENOUILLES

Les fées apparaissent aussi en tant que grenouilles. Des hommes ont été transformés en grenouilles en punition de diverses transgressions. Les fées gardiennes des puits se présentent parfois comme des grenouilles, amphibien sacré pour les Celtes, qui l'associaient à la guérison. On n'a pas à embrasser une grenouille pour recevoir la bénédiction des fées. Il suffit de leur montrer qu'on aime et respecte le monde naturel dans toutes ses étonnantes manifestations (même celles laides en apparence).

Le temps dans le Pays des fées

Dans le Royaume des fées, le temps passe différemment, car c'est une autre dimension où les lois et les mesures sont méconnaissables. Les gens pénétrant dans le Pays des fées pensent d'ordinaire n'y avoir fait qu'un bref séjour, pour constater en ressortant que tout ce qu'ils connaissaient a disparu depuis longtemps et que nul ne se souvient d'eux. À l'inverse, ils ont parfois l'impression d'avoir passé avec le Petit Peuple des jours ou des années, pour s'apercevoir qu'ils n'ont été absents que quelques instants.

On raconte qu'un jeune Gallois du Pembrokeshire avait aperçu des fées alors qu'il gardait les moutons sur le flanc d'une colline. Oubliant toute prudence, il avait pénétré dans leur cercle pour danser. Il s'était retrouvé immédiatement dans l'Autre monde, si magnifique et beau que toute idée de revenir chez lui l'avait abandonné. Il y a passé d'innombrables années à faire la fête et à danser avec les fées. Celles-ci l'ont averti de ne pas boire l'eau d'une certaine fontaine, cependant l'idée l'obsédait. Pour finir, il a plongé dans les eaux interdites, se retrouvant à l'instant auprès de ses moutons – seulement quelques minutes du temps mortel s'étaient écoulées.

LA LÉGENDE D'OISIN

La légende irlandaise d'Oisin, très différente, est partiellement une métaphore de ce qui est arrivé quand les hommes ont cessé de croire à la magie et au pouvoir de la nature. Oisin était le fils du puissant Fion mac Cumhail, chef des

guerriers de Fianna, et de la déesse biche Sadb. En chassant dans la forêt, il rencontra la belle fée Niamh à la Chevelure d'or, fille du dieu de la mer Manannan. Elle le choisit pour amoureux et l'a prié de l'accompagner à Tir-nan-og, la Terre de la jeunesse éternelle, au-delà des mers occidentales. Ils vécurent heureux pendant 300 ans, puis Oisin désira revoir sa maison. Niamh lui offrit un cheval magique pour le voyage, l'avertissant de ne pas toucher la terre de ses pieds. Quand Oisin retourna en Irlande, il fut attristé de voir que le christianisme l'avait conquise et que les hommes étaient plus faibles. En voyant trois hommes s'efforçant de déplacer un rocher, il se pencha pour les aider. À ce moment-là, la courroie de sa selle glissa et il tomba sur le sol. Oisin devint sur-le-champ décrépit et aveugle, et son cheval disparut. Saint Patrick vint et tenta de le convertir au christianisme, mais Oisin ne voyait aucun intérêt à une vie éternelle sans fêtes ni belles femmes, si bien qu'il resta païen.

Dans cette histoire, la vision païenne et la vision chrétienne du monde s'opposent, la première apparaissant comme vibrante et puissante, mais privée de force face au manque de révérence pour la terre et le Petit Peuple. Le brusque vieillissement d'Oisin suggère aussi que Tir-nan-og est la terre des morts et que le contact avec la terre rappelle la réalité de la mortalité. Ce phénomène affligea de nombreux voyageurs dont le corps est tombé en poussière à leur retour du Pays des fées, signe qu'ils étaient effectivement morts.

Des légendes similaires à celles d'Oisin existent dans le monde entier, Japon y compris. Une variante italienne

CROISEMENTS TEMPORELS

L'allure du temps dans ce monde-ci et dans le Pays des fées diffère, néanmoins ces mondes semblent s'emboîter. Les danseurs dans le cercle des fées sont généralement sauvés après une année ou une année et un jour. Un mois dans le Pays des fées peut correspondre à une centaine d'années dans le monde humain, une heure, à un jour, et vice-versa. Les saisons sont très importantes, (voir page 62). Lors des transitions saisonnières, l'entrée du Pays des fées s'ouvre, comme à certains moments du jour : aube, crépuscule, midi et minuit.

Dans le monde ordinaire, le temps est un concept qu'on s'efforce de comprendre. Il a une qualité mystérieuse et à des moments semble passer vite ou lentement. Peut-être le temps n'est qu'une illusion générée par la mortalité humaine, dont les fées affranchissent parfois les hommes.

parle d'un héros épousant la jeune fée Fortune. Lorsqu'il désire retourner chez lui, elle l'accompagne, l'empêchant ainsi de faire les erreurs d'Oisin. Découvrant que sa mère est morte depuis longtemps, le héros retourne avec Fortune au Pays des fées, où ils vivent heureux à tout jamais. C'est là un rare exemple d'union heureuse entre un mortel et une fée.

Processions, voyage et transport des fées

La cohorte se précipite entre la nuit et le jour
Et où y a-t-il espoir ou acte si beau ?
Caoilte secouant sa chevelure de flamme,
Et Niamh appelant : Là-bas, viens-t'en là-bas.

W.B. YEATS, « L'APPEL DES SIDHE »

Le Petit Peuple a la réputation de se déplacer en une magnifique cavalcade, suivant leur roi et leur reine. En Écosse, une telle procession est appelée la Fairy Rade. Certains esprits – par exemple, les Tuatha dé Danann – ont une carrure humaine, mais sont d'une beauté éthérée, hypnotique. Ils sont censés chasser et pratiquer la fauconnerie. Leurs chevaux blancs sont superbes, des clochettes d'argent ornent leur selle et leur bride. De tels esprits, les « Esprits héroïques », ce sont les plus nobles entre tous. Ce sont les anciens dieux et déesses, ressemblant à des chevaliers médiévaux et à des dames de la même époque (c'est ainsi qu'ils résonnent dans le cœur et le mental humains), toujours vivants et puissants dans les terres.

Dans ses *Irish Fairy and Folk Tales*, le poète W.B. Yeats décrit deux types d'esprits, les esprits solitaires et les esprits grégaires. Un troisième groupe existe, les esprits domestiques. Les esprits de groupe ont toutes les tailles et formes, sont bons ou maléfiques. Ils sont ordinairement en vert, au contraire des esprits solitaires qui préfèrent le rouge. Parfois, ils sont très petits, hauts de 30 à 60 cm, parfois ils ont une taille humaine ou sont même plus grands, comme les Esprits héroïques.

Fin Bheara (Finvarra) est le Roi des fées d'Ulster, de même que le roi des Morts. À la Toussaint, un pêcheur irlandais l'avait vu se rendre à une fête féerique dans un carrosse tiré par quatre chevaux blancs. Les chevaux des fées et leur rapidité pareille au vent étaient renommés.

L'une des cavalcades donnant le plus le frisson est la Chasse sauvage, menée par le roi gallois des enfers, Gwyn ap Nudd, qui rassemble les âmes des défunts et une armée de démons dans son royaume souterrain. Gwyn ap Nydd est censé demeurer sous le Glastonbury

Tor du sud de l'Angleterre. Dans les années 1940, on avait entendu à la Toussaint la Chasse sauvage près de Taunton. Il semble qu'on l'ait vue ou entendue dans bien des endroits.

LIGNES LEY ET INTERFACES

Les processions féeriques sont les plus susceptibles d'être aperçues sur les sentiers des fées (voir page 53), suivant les lignes ley, lignes d'énergie subtile. Généralement rectilignes, ces lignes passent entre des points significatifs, comme sommet d'une colline, site mégalithique, église (les églises ont souvent été bâties sur les anciens sites de culte païen) ou arbre ancien. Les fantômes et les apparitions en tous genres sont plus fréquents le long de ces lignes, interface probable entre ce monde-ci et l'Autre monde.

Les processions féeriques sont souvent la scène de rencontres notables entre mortels et fées, comme dans la « Ballade de Tamlane » du sud-est de l'Écosse. Tamlane était un jeune esprit séduisant qui vivait dans le bois de Carterhaugh. La jolie fille du roi, Janet, en tomba amoureuse et découvrit qu'il était en fait un mortel enlevé par les fées. Pour le faire revenir dans le monde des hommes, elle devait le saisir dans la cavalcade féerique, à minuit, à la croisée des chemins, et s'accrocher à lui durant une série terrifiante de métamorphoses suscitées par la reine des fées. Janet y parvint avec bravoure et Tamlane fut libéré pour devenir son époux.

Les fées irlandaises voyagent plus souvent par des moyens surnaturels. Certaines chevauchent sur des gerbes de végétaux, comme les sorcières leur balai. D'autres se déplacent en un clin d'œil en prononçant un mot magique. Les fées se servent rarement de leurs ailes pour voyager. Les ailerons vaporeux symbolisent juste que les fées peuvent se déplacer sans être entravées par le temps, l'espace et la gravité. Les fées peuvent aussi faire se lever dans les airs les humains, les animaux et même les bâtiments.

Au début du XIXᵉ siècle, près de Glen Eathie, un frère et une sœur ont vu la dernière procession des fées. Lorsqu'une cavalcade de petites créatures les a dépassés, le garçon a demandé qui elles étaient et où elles allaient. On lui avait répondu qu'elles n'étaient pas de la race d'Adam, et que les Hommes de paix ne seraient plus jamais vus en Écosse. Avec les débuts de l'industrialisation et des Lumières, les fées n'y avaient apparemment plus leur place. Toutefois, tant que les fleurs poussent et les chansons résonnent, il y aura toujours des fées autour.

L'or et les cadeaux des fées

Les fées ont des trésors sans nombre dans leurs monticules et palais. Les murs et le sol sont en argent et en or, des pierres précieuses sont serties dans les décorations. Des trésors que les hommes ont perdus ou cachés et oubliés ornent les salles. Lorsqu'un navire échoue, les fées aquatiques s'emparent du butin. Tous les minéraux et les joyaux de la terre sont leurs en premier lieu. Quelques chanceux sont conduits par les fées jusqu'à leur trésor et se voient offrir des présents merveilleux. Certaines fées mènent les mineurs jusqu'aux gisements. Néanmoins, le malheur guette l'être humain qui tente de voler aux fées ce qui leur appartient.

Les nains sont des esprits nordiques qui gardent toutes les richesses souterraines de la Déesse Mère. Beaucoup sont bien disposés envers les humains, et les aideront à réunir les outils et la vaisselle pour les mariages et les baptêmes. Forgerons experts, les nains façonnent des agrafes de cape compliquées, des bracelets et des torques pour les autres fées. Robert Kirk (voir page 18) dit qu'ils étaient faits de l'or le plus fin orné de gemmes. Les Sidhe aiment particulièrement ces ornements magnifiques, y compris les épées magiques, très légères, à la poignée sertie de gemmes. L'or des fées est parfois trompeur et, ramené dans le monde des mortels, se transforme en poussière ou en fumée.

DONS ABSTRAITS

Les présents les plus notables des fées sont, toutefois, d'un type intangible. Les fées préfèrent les hommes sincères, gentils et honnêtes, ni prétentieux ni trop matérialistes. Elles aiment le luxe, la propreté et la générosité, et bien entendu elles doivent être traitées avec respect. Le cas échéant, les fées offriront à l'élu beauté et richesses, chance ou amour d'une personne particulière. Elles peuvent lui sauver la vie, lui conférer des facultés curatives ou la connaissance des plantes, le rendre irrésistible au sexe opposé. Les guérisseuses tiennent souvent leurs pouvoirs curatifs et magiques des fées.

DONS PRATIQUES

Les fées offrent par ailleurs des cadeaux pratiques. Les Ellyll des Cornouailles et du Pays de Galles, minuscules elfes, sont connus pour cela. On raconte qu'un fermier gallois appelé Rowli Pugh était renommé parmi ses voisins pour sa malchance. Découragé, il avait décidé de s'en aller. Alors qu'il était assis à réfléchir tristement à ce plan, un minuscule homme est apparu devant lui. « Ne t'inquiète pas, je connais tes problèmes, dit l'elfe. Je peux arranger les choses. Dis à ta femme de laisser une bougie allumée quand elle ira dormir, et ne dis à personne qu'on a parlé. » Puis il disparut et Rowli rentra chez lui et fit ce qu'on lui avait demandé. Sa femme balaya l'âtre et rangea. Depuis lors, les elfes vinrent toutes les nuits et s'occupèrent de la cuisine, de la couture, de la lessive et du soin de la maison. Rowli décida donc de rester et sa ferme prospéra. Après un temps, sa femme, curieuse, se leva au milieu de la nuit et aperçut les elfes par une fente de la porte, qui dansaient et riaient en travaillant. En les voyant, la jeune femme ne put étouffer son rire. Les elfes l'entendirent et disparurent, pour ne jamais revenir. Toutefois, ils n'emportèrent pas la chance, car la ferme de Rowli continua à prospérer.

LES BONNES FÉES

Bien entendu, dans de nombreux contes, comme *Cendrillon* et *Blanche Neige,* les bonnes fées sont celles qui offrent le plus de présents. En Italie, la bonne fée est la Fata. En Irlande, son nom est Befind, Disir en Scandinavie, Holdaen en Allemagne, Rozanica en Pologne, Udelnicy en Russie, etc. Le nombre trois, nombre créatif (comme dans Mère/père/enfant), est associé à la bonne fée. On peut voir trois bonnes fées, celles-ci apparaissent trois jours après la naissance, et bien d'autres variantes. Les bonnes fées sont invitées à s'approcher en nettoyant la maison et en leur offrant du miel ou des pièces de monnaie. Elles apportent toutes sortes de cadeaux, bien que l'un d'entre eux, la prédiction de l'avenir de l'enfant, soit parfois néfaste. Les bonnes fées sont assimilées aux Parques qui tissaient le sort du genre humain. Elles se montrent aussi lors des mariages ou des décès, de par leur lien avec les transitions de la vie.

Les présents des fées doivent être traités avec prudence et respect. Ils viennent rarement de ce monde, sont souvent éphémères, et parfois il faut en payer le prix. Ils sont aussi volatiles et mystérieux que les fées, et enrichissent le plus ceux qui s'en approchent doucement.

Protocole des fées

Le protocole des fées est transgressé à chaque page de ce livre, car les fées n'aiment pas qu'on les appelle ainsi ! Plusieurs autres appellations les désignent, dont le Petit Peuple, les Bonnes Gens, la Petite noblesse, les Petits Êtres, les Gens honnêtes, le Peuple des collines, les Bons voisins, les Hommes de paix, etc.

Il n'y a pas si longtemps, de telles dénominations étaient utilisées par les gens persuadés que les fées écoutaient leurs dires et qui craignaient d'éveiller leur ressentiment. En général, les fées détestent que les gens soient trop curieux à leur égard. Raconter ses expériences avec les fées, c'est encourir leur déplaisir. Les dons des fées tendent à disparaître s'ils sont pris à la légère.

Le Petit Peuple tient énormément à son intimité. L'espionner ou parler de leurs rencontres est la pire des erreurs. Les histoires élisabéthaines parlent de dons d'or, disparus lorsque leur origine avait été publiquement révélée. D'après la tradition, ceux qui espionnent les fées risquent de perdre la vue. Parfois, des sages-femmes étaient enlevées pour aider les fées à accoucher. Si elles utilisaient sur elles-mêmes le baume dont elles devaient enduire les yeux du bébé (supposé mi-humain) afin qu'il puise voir les fées, les sages-femmes devenaient aveugles. Une interprétation symbolique de ce fait est que la mauvaise utilisation des dons paranormaux risque de détruire ceux-ci.

Les amoureux des fées préfèrent rester discrets, car en parler, c'est risquer de tout perdre. Un récit du XIIe siècle raconte l'histoire de sir Launval, chevalier tombé amoureux de la belle fée Tryamour (nom signifiant « Épreuve d'amour »), qui lui avait fait des cadeaux

PROTOCOLE DES FÉES

inestimables en plus de son affection. Quand il s'était laissé provoquer à parler d'elle, ces dons étaient devenus poussière et Tryamour ne s'était plus montrée. Par amour, elle avait fini par lui pardonner et était revenue – rare fin heureuse d'une idylle entre un homme et une fée.

Les fées sont enclines à croire que ce qui appartient aux humains leur appartient. L'idée n'est pas si arbitraire qu'elle le semble, car tout ce que les hommes ont sur la terre est en fait prêté et ne peut pas être emporté lors de la mort. Les fées accordent une grande importance à la vérité. Même les fées maléfiques ne mentent pas de but en blanc – elles évitent les questions et tendent à parler de manière ambiguë.

OFFRANDES AUX FÉES

Pour attirer l'attention bienveillante des fées, mieux vaut s'assurer que son environnement est propre et rangé. Les fées aiment disposer d'un endroit douillet près du feu. Si une cheminée existe, il faut laisser couver les braises pendant la nuit pour que les fées puissent en profiter. Elles aiment aussi trouver du lait, du vin ou toute autre boisson laissée à leur intention. Si on cultive ses propres légumes ou fruits, quelques-uns doivent rester dans le sol ou sur les tiges, offrande aux fées. Jadis, quand les vaches étaient traites, les premières gouttes de lait allaient sur le sol pour les fées. Cette attitude est logique en termes du culte de la nature, car on rend à la Terre Mère un peu de ses dons, en signe de respect.

On ne doit jamais offrir aux fées des vêtements, qui les font fuir. Il est aussi important de ne pas les remercier pour leurs cadeaux, car cela

fée déguisée. On doit toujours se montrer gentil envers les mendiants, s'occuper des personnes âgées, être même doux avec les grenouilles ! Une fée – sous l'apparence d'une vieille femme ou d'un pauvre homme – peut demander de l'aide pour un outil cassé ou s'enquérir de son chemin. En offrant de l'aide, on est susceptible d'être récompensé, en la refusant, les conséquences risquent d'être désastreuses. Le film de Disney *La Belle et la Bête* raconte le sort d'un prince arrogant ayant refusé de donner abri à une vieille femme, en fait une puissante fée. Elle l'avait transformé en bête jusqu'à ce que quelqu'un puisse l'aimer malgré sa laideur et lui montrer que les apparences ne sont pas tout.

Le comportement des fées envers les mortels transmet des concepts éthiques et symboliques (ainsi que des choses apparemment dépourvues de sens). Cela doit rendre l'homme humble face à ses perspectives étroites et à sa compréhension peu adéquate. L'un des dons des fées est d'intriguer, afin que la conscience s'accroisse.

les fâche. L'offrande ne doit pas dépasser ce qu'elles ont donné (ou prêté), pour ne pas les insulter. Surtout, il ne faut pas supposer que les fées agissent selon les standards humains.

MORALE DES FÉES

On ne sait jamais avec certitude si une personne dans le besoin est ou non une

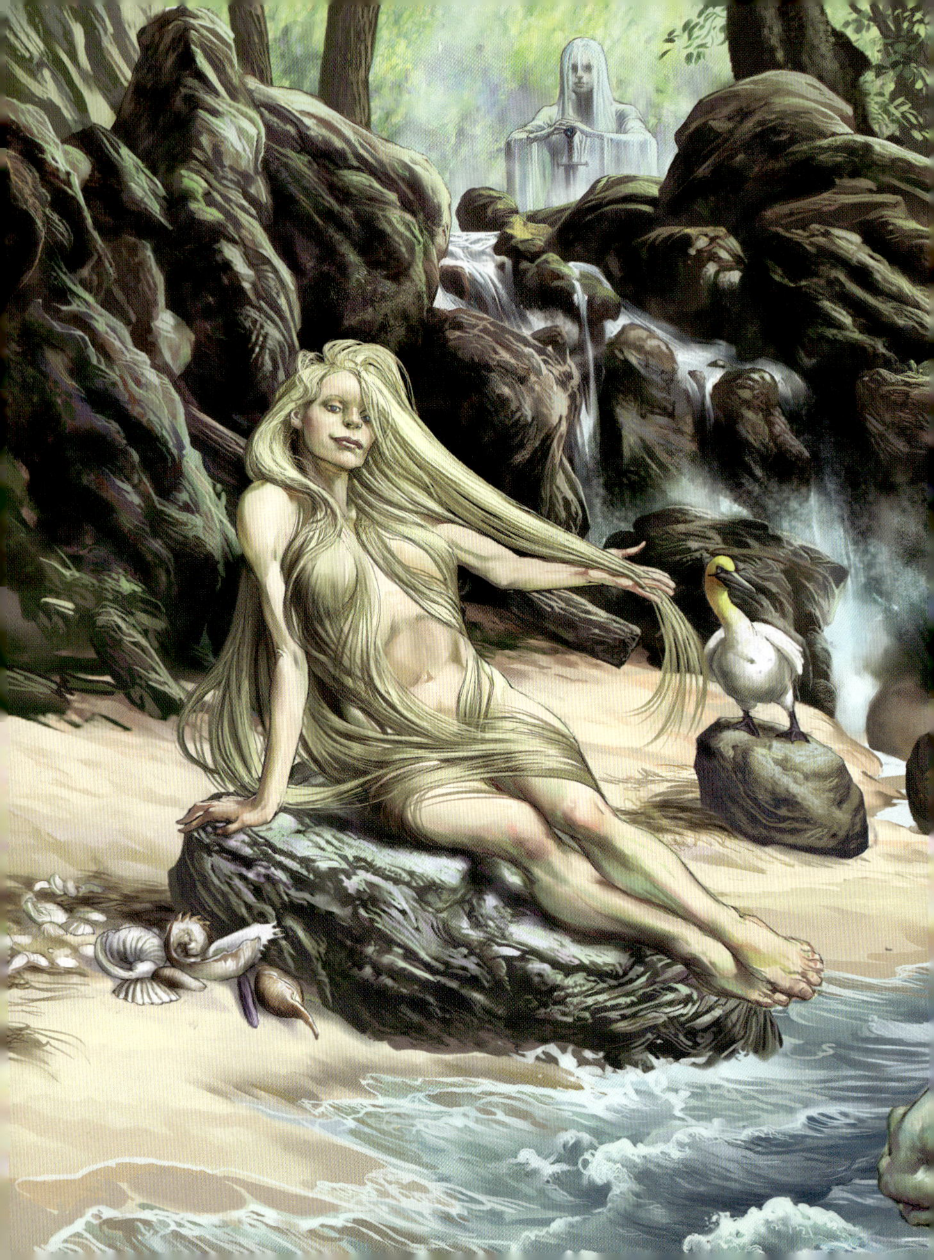

Fées de l'eau

L'élément eau

Pour les anciens, l'ensemble de la Terre était constitué de quatre éléments de base : terre, feu, air et eau. Ces éléments sont décrits aux pages 46 et 47, où ils sont associés aux quatre cités féeriques.

On peut considérer que les éléments ont leurs propres « compartiments » ou plans dans le monde des esprits. Bien entendu, ils existent aussi dans le monde humain, véhiculant avec eux certaines propriétés subtiles et symboliques, en plus des propriétés physiques bien connues. De nombreuses fées ont une affinité pour un élément particulier. Les occultistes pensent que certains esprits, les « élémentaux », expriment spécifiquement l'énergie de l'élément qui leur est associé dans la nature.

Le nom générique des élémentaux de l'eau est « ondine ». (C'est par ailleurs le nom d'un autre esprit, l'Ondine, présenté aux pages 112 et 113). Les ondines sont des pures manifestations de l'esprit de l'eau, tandis que les autres fées aquatiques, tout en montrant une attirance particulière pour l'eau, ont leur propre personnalité, habitudes, dons, histoires et traditions.

Les fées de l'eau sont probablement le genre le plus nombreux du monde des esprits, car il leur est plus facile de se manifester là où l'air est moite. L'eau a des propriétés mystérieuses et garde les impressions et les images, comme l'affirme le professeur T.C. Lethbridge de Cambridge dans son livre *Ghost and Ghoul*, publié en 1961. Certains peuvent considérer qu'il s'agit d'un sujet à la lisière de la science et de la psychologie, cependant les personnes connaissant le monde féerique réalisent que là où il y a de l'eau, une fenêtre entre les mondes peut exister.

L'eau est associée aux émotions, aux désirs inconscients et aux peurs refoulées, fait visible dans l'apparence des fées aquatiques, souvent très séduisantes et extrêmement belles. Comme les hommes tendent à être moins en contact avec leurs émotions que les femmes, ces fées se manifestent généralement sous une forme féminine exquise. Les esprits aquatiques sont moins définis, car le monde des émotions est menaçant pour le mental rationnel.

Qu'en est-il du monde quotidien aride que la « rationalité » a créé et où l'homme demeure sans se poser des questions ? Est-il un environnement satisfaisant et significatif ? Ou l'homme aspire-t-il à autre chose de plus mystique et énigmatique ? Peut-être vaut-il la peine de plonger et de suivre les habitants des eaux dans leur demeure chatoyante.

La Selkie

Autrefois, dans le froid territoire du nord, un chasseur fatigué rentrait chez lui tard dans la nuit. Son voyage le mena près du bord de la mer, où la pleine lune éclairait les vagues et le sable brillait, aussi blanc qu'une perle. S'étant frayé un chemin parmi les buissons, il vit avec étonnement trois belles femmes dansant nues, les vagues passant sur leurs pieds délicats.

Hypnotisé, le chasseur regarda et eut l'impression d'entendre une musique étrange portée par la légère brise marine. Il vit sur le sable trois peaux de phoque, une pour chacune des danseuses gracieuses. Le chasseur avait entendu parler de femmes-phoques, dont l'âme humaine se reflétait dans leurs yeux expressifs. Solitaire, il désirait ardemment une épouse pour partager ses nuits. Après un autre regard aux belles danseuses, il s'empara impulsivement de l'une des peaux et la cacha dans son gilet.

La danse touchait à sa fin. Avec des rires argentés, les femmes vinrent récupérer leur peau de phoque, s'y glissèrent et plongèrent dans les vagues. L'une, la plus belle, ne trouva pas sa peau et se mit à la chercher de plus en plus paniquée, lorsque le chasseur se montra.

« J'ai ta peau, lui dit-il. Viens avec moi et épouse-moi. Je te rendrai ta peau après sept ans, et tu feras ce que tu voudras. » En secret, le chasseur pensait que la femme-phoque serait si heureuse avec lui qu'elle renoncerait à l'océan froid pour la chaleur de son âtre. Il ne comprenait rien à l'appel des vagues et à leur musique obsédante.

Que pouvait faire la pauvre Selkie ? Elle accepta et vint vivre avec le chasseur, menant avec lui une vie assez heureuse.

LA SELKIE

Elle fit tout ce qu'on attendait d'elle. Seuls ses immenses yeux gris étaient distants, se tournant de temps à autre vers la mer. Elle donna au chasseur un fils, qu'elle aima profondément, mais sa peau était sèche et craquelée, et son beau visage, triste. À la fin des sept ans, elle pria son mari de lui rendre sa peau, mais celui-ci se fâcha. « Voudrais-tu abandonner ton fils ? la défia-t-il. Veux-tu le laisser et plonger dans les vagues ? »

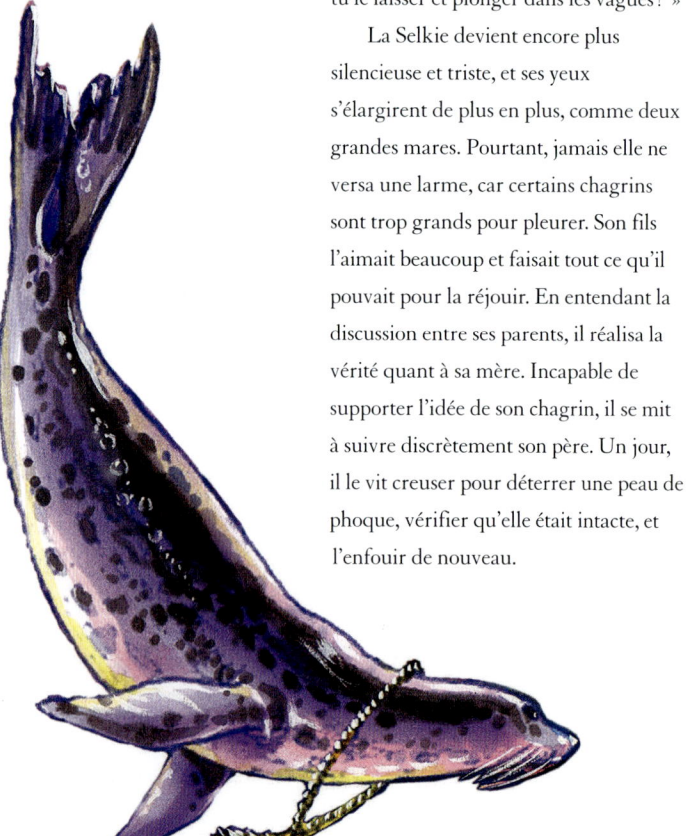

La Selkie devint encore plus silencieuse et triste, et ses yeux s'élargirent de plus en plus, comme deux grandes mares. Pourtant, jamais elle ne versa une larme, car certains chagrins sont trop grands pour pleurer. Son fils l'aimait beaucoup et faisait tout ce qu'il pouvait pour la réjouir. En entendant la discussion entre ses parents, il réalisa la vérité quant à sa mère. Incapable de supporter l'idée de son chagrin, il se mit à suivre discrètement son père. Un jour, il le vit creuser pour déterrer une peau de phoque, vérifier qu'elle était intacte, et l'enfouir de nouveau.

Le garçon était submergé par la joie, car il pouvait maintenant faire sourire sa mère. Il attendit que son père parte chasser et retourna là où la peau était enfouie. Il la déterra rapidement et courut l'apporter à sa mère. Les yeux gris de celle-ci brillèrent en voyant sa peau. S'arrêtant à peine pour embraser son garçon, elle courut vers le rivage, où elle se glissa dans sa peau et se dirigea vers l'eau. Le garçon courut après elle, en pleurant : « Mère, ne me quitte pas, prends-moi avec toi ! » La femme-phoque hésita un instant, puis attrapa son fils, fit pénétrer en lui son souffle magique et l'emporta sous les vagues.

Dans le monde sous-marin, le garçon apprit bien des choses merveilleuses, absorbant la sagesse et la grâce du peuple de sa mère. Il savait cependant qu'il ne pouvait rester là à tout jamais, car son destin était dans le monde terrestre, avec son père. Le moment venu, sa mère le ramena sur le rivage et, l'embrassant une dernière fois, lui fit des adieux attristés.

Le chasseur anéanti fut heureux de revoir son fils et l'aida à s'adapter une fois de plus à la vie sur la terre ferme. Mais à chaque fois que le garçon regardait la grève éclairée par la lune, il percevait la présence de sa mère. À la longue, il devint un musicien renommé. Son plus grand plaisir était de s'asseoir sur la plage et de jouer pendant que les Selkies s'ébattaient au loin dans les vagues.

SIGNIFICATION DE L'HISTOIRE

L'histoire de la Selkie est originaire des îles écossaises des Orcades et Shetland. Plusieurs variantes existent, légèrement différentes, mais sur le même thème. Les Selkies d'une beauté hypnotique étaient connues pour épouser à l'occasion des humains et éveiller en eux le désir de connaître l'Autre monde. Inévitablement, l'union finissait mal, car la Selkie devait retourner dans sa demeure marine et, si piégée, finissait par s'échapper, juste comme l'eau s'écoule entre les doigts de la main.

L'histoire signale que le plus grand don naissant d'une union entre humains et fées est l'inspiration créative. C'est une erreur de tenter de contrôler et d'emprisonner la magie fugace de la fée, ce qui détruira la chose même qu'on aime. De plus, c'est courir au désastre que de rompre une promesse, comme l'a fait l'époux chasseur. Néanmoins, les dons des fées sont achevés chez le fils du chasseur et de la Selkie, capable de jouer la musique la plus enchanteresse, l'un des moyens permettant de combler le fossé entre ce monde-ci et l'Autre monde.

La mer représente les émotions. Ce ne sont pas là juste des émotions personnelles et des liens humains ordinaires, mais des désirs nostalgiques de l'humanité – les souvenirs et les sentiments, trop accablants, trop profonds pour être rejetés par un être aussi sensible que la Selkie. Celle-ci appartient au réservoir collectif d'émotions et doit danser la danse de la vie – elle a mérité les joies simples du mariage et de la maternité. Pour les hommes, la Selkie représente l'envie qu'a l'âme de connaître sa véritable demeure, qui peut être très lointaine et très différente de son habitat ordinaire. La Selkie enseigne à écouter le chant le plus profond du cœur et à suivre ses aspirations, car c'est seulement ainsi qu'il trouvera la paix.

Le message de la Selkie est là – dans le gris et le vert, le pourpre et le bordeaux de l'océan nordique, à mesure qu'il tourne autour de rochers d'étain et envoie des rides vers l'horizon brumeux. On doit écouter l'appel de son propre cœur, mais comprendre d'abord qu'on doit être honnête envers soi-même. Si on ne montre que des apparences afin de se sentir en sécurité et accepté, le prix à payer sera trop lourd. Il faut revêtir sa peau de phoque et avoir le courage de plonger dans les vagues.

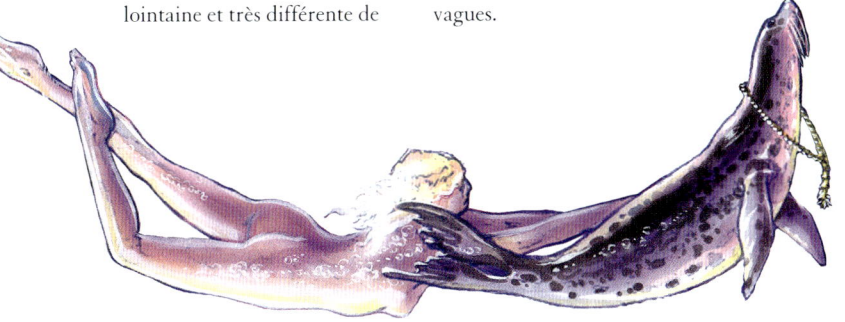

L'Ondine

Le terme « ondine » vient d' « onde ». Les ondines sont les génies marins de la Grèce antique, apparaissant dans la mer Égée sous forme d'hippocampes à visage humain. Plus habituellement, elles prennent l'apparence d'un bel humain, quoi que dépourvu d'âme. Le concept chrétien d' « âme » est lié à la damnation et au salut – le fait que les ondines n'ont pas d'âme les place en dehors des lois humaines.

Le beau chevalier Huldebrand était tombé amoureux d'Ondine, qu'il avait rencontrée dans un bois enchanté. Il l'avait ramenée chez lui et épousée, mais de l'eau jaillissait sous ses pieds délicats à chaque pas et les rumeurs enflèrent, affirmant qu'elle n'était pas humaine. Huldebrand se tourna vers son ancien amour, Bertalda, que les autres fées de l'eau se mirent à tourmenter. Ondine piégea les fées dans un puits, et Huldebrand lui revint. Toutefois, pour rembourser une babiole que les fées avaient volée à Bertalda, Ondine sortit un collier de corail du Danube. En voyant cela, son époux l'accusa d'être toujours une fée, qui n'avait pas sa place parmi les humains. Malheureuse, Ondine disparut tristement sous les eaux. Huldebrand et Bertalda décidèrent de se marier. Le matin des noces, on vit le futur époux embrasser une forme brumeuse près du bord de l'eau, puis tomber raide mort.

Ici, comme dans bien des récits, l'union avec une fée de l'eau s'avère fatale pour l'humain. Ce fait a plusieurs significations. C'est vrai que le contact avec les fées peut être « fatal » (ou presque) pour le regard moderne, rationnel, car le monde magique n'opère pas ainsi. Cela est plus dangereux pour les hommes, plus tentés par la magie, à l'opposé de leur manière habituelle de penser et d'être. Toutefois, les contes reflètent aussi la crainte suscitée par le christianisme face aux anciens dieux et déesses de la nature. Les ondines sont souvent prêtes à faire des concessions, mais les hommes doivent accepter la réalité du monde fluide de celles-ci, où les images se dissipent dans un prisme d'eau et rien n'est ce qu'il paraît. Ils doivent laisser les ondines leur enseigner la beauté et le mystère, sans jamais s'attendre à les « comprendre ». Paradoxalement, c'est ainsi qu'on arrive à les connaître au tréfonds de son âme.

Le Ningyo

Le Ningyo est un esprit japonais des eaux, dont les larmes sont des perles. Certains disent que le Ningyo a la tête d'un humain et le corps d'un poisson. D'autres pensent qu'il est revêtu de robes en soie qui flottent autour de lui comme des vagues. Les Ningyos demeurent dans des palais superbes sous la mer, et sont très séduisants.

Urashima Taro était un gentil jeune pêcheur. Un jour, en revenant chez lui, il tomba sur des enfants tourmentant une tortue. Ne réussissant pas à les persuader d'arrêter, il leur proposa d'acheter la créature. Les enfants saisirent l'argent et s'enfuirent. Le pêcheur plaça la pauvre tortue dans l'eau et la regarda se remettre et s'éloigner. Le lendemain, dans son bateau, Urashima entendit quelqu'un appeler son nom. En abaissant le regard, il vit la tortue qu'il avait sauvée et fut étonné de l'entendre l'inviter à visiter le palais du roi, en dessous des vagues. Urashima monta sur son dos, et la tortue devint bien plus grande et le conduisit à un palais magnifique. Des poissons étincelants le firent entrer et il se retrouva devant la belle princesse de la mer, qui lui dit que c'était elle en fait la tortue sauvée. Le pêcheur tomba follement amoureux. Ils vécurent trois jours d'extase. Urashima s'inquiéta ensuite de ses parents et insista pour les visiter. Son épouse lui donna une petite boîte comme talisman, lui disant de ne pas l'ouvrir. Urashima promit d'obéir. En revenant dans son village, il fut consterné, car tout était différent. Les gens lui parlèrent d'un jeune pêcheur disparu 300 ans plus tôt. N'ayant plus rien, Urashima pensa revenir au palais sous-marin, mais se reposa d'abord sur le rivage, déconcerté. En cherchant des réponses, il sortit la boîte talisman et l'ouvrit. Un brouillard violet l'enveloppa, et il tomba en poussière.

Ce récit avertit – comme bien d'autres – que le temps passe différemment dans le Pays des fées, et que si on oublie son monde humain, le retour sera problématique. Il met en garde contre une immersion trop longue dans le monde féerique, mais aussi, dans un sens, contre une plongée trop *brève*. Son manque de foi et son mental humain inquisiteur qui ont tué Urashima. L'erreur est d'essayer d'avoir le beurre et l'argent du beurre !

La Gwargedd Annwn

La Gwargedd Annwn est un esprit aquatique gallois, d'habitude femelle, blonde et élancée. De par leur beauté, ces esprits sont irrésistibles pour les hommes et se montrent des épouses fidèles – si le mari mortel en est digne.

Un récit gallois raconte l'histoire d'un fermier qui avait aperçu une superbe jeune fille se peignant dans un lac de montagne. Il lui avait offert de son pain, qu'elle avait trouvé trop dur, puis avait disparu sous les eaux. Le lendemain, la mère du fermier lui donna un pain moelleux, que la fille refusa de nouveau. Le troisième jour, elle en accepta un autre, plus moelleux encore. Son père, le Seigneur du Lac, consentit au mariage avec le fermier, lui donna une bonne dot, mais imposa une condition : si celui-ci frappait trois fois sa femme, il la perdait. Le couple se maria et vécut très heureux. La fée, bonne épouse, lui donna trois fils. Cependant, son comportement était bizarre, car elle se mettait à pleurer lors des événements heureux ou à rire lors des funérailles. Par deux fois, son mari la poussa fortement du coude. Quand il le fit une troisième fois, elle l'accusa de l'avoir frappée trois fois et s'en alla au fond du lac, avec tous les animaux de sa dot. Toutefois, elle rendit fréquemment visite à ses fils, leur enseignant les secrets de la médecine des plantes, car la Gwargedd Annwn est très bénéfique pour l'humanité.

La Dame du Lac de la légende arthurienne était une Gwargedd Annwn. Elle avait volé le bébé Lancelot à sa mère humaine et l'avait élevée comme le sien dans le royaume sous-marin, le préparant avec amour à son avenir héroïque. Elle avait offert à Arthur son épée magique, Excalibur, dont le fourreau préservait de tout mal son propriétaire. On l'appelait aussi Vivienne, Nimue et Niniane.

Parfaitement inoffensive et généreuse, la Gwargedd Annwn offre au genre humain tous les bienfaits de la magie féerique. C'est triste, mais les hommes échouent trop souvent à comprendre les valeurs et la sagesse des fées et à utiliser comme il convient les présents reçus. Ces esprits aquatiques continuent d'espérer que les hommes arrivent à les rejoindre dans leur monde d'enchantement et de lumière. La tâche des hommes est de continuer à s'exercer.

La Sirène

Les sirènes sont bien connues dans le folklore et l'art comme des créatures à la tête et au buste d'une belle femme et au corps d'un poisson. Cependant, les récits écossais affirment qu'elles cachent des jambes sous leurs écailles. Leur voix est enchanteresse, et leur chant vogue sur les vagues lorsqu'elles peignent leur chevelure en se regardant dans un miroir, assises sur les rochers.

Les esprits marins irlandais sont appelés « merrows » – les femelles ont des doigts palmés, sont belles et gentilles, les mâles ont des dents vertes, un nez rouge et un tempérament jovial. Les merrows arborent un bonnet rouge caractéristique, dont la perte leur interdit le retour dans la mer. Merrymaid est l'équivalent en Cornouailles, Meerfrauen ou Meerjungfern, l'allemand, Meerminnen, le hollandais, Meerweiber, le scandinave.

De nombreux contes de pactes entre humains et sirènes, et d'unions entre eux, existent. Un clan écossais affirme descendre d'une sirène et un pêcheur. Parfois, la sirène promet des choses pour récupérer son peigne ou son miroir, sans lesquels elle est coincée sur la terre ferme : exaucer trois souhaits, ou même se marier avec un humain. Néanmoins, il y a toujours un prix à payer et, après une certaine période – généralement, trois, sept ou neuf ans – le récipiendaire des cadeaux de la sirène doit la revoir et descendre pour toujours dans les profondeurs. Mais, d'ordinaire, la sirène préfère attirer vers une tombe aquatique tout humain peu méfiant qui la rencontre.

Les sirènes grecques sont un type de nymphe marine. En plus d'enchanter par sa beauté physique, elle a le don du chant magique – si irrésistible qu'il rend les gens fous et les pousse à échouer leurs bateaux sur les rochers. Les sirènes vivaient sur l'île d'Anthemoessa. Ulysse a été le seul homme à avoir résisté à leur chant, car il avait ordonné qu'on le ligote au mât de son navire pour ne pas y succomber. Ses marins, oreilles bouchées avec de la cire, dirigeaient pendant ce temps le navire au-delà de l'île. Le « chant de la sirène » est devenu synonyme de séduction dangereuse.

Les sirènes sont liées à l'ancienne déesse créatrice. Dans le mythe grec, le miroir et le peigne sont liés à la vulve. Les anciens regardaient pour la plupart la sexualité comme sacrée – les sirènes s'en font l'écho.

Le Kelpie

Alors que tous les esprits aquatiques peuvent se montrer retors, pour la plupart ils sont charmants – ce n'est pas le cas du Kelpie. Cet esprit se montre sous la forme d'un cheval gris, au premier abord amical, mais seulement pour attirer sur son dos le voyageur fatigué. Une fois monté, le malheureux est « collé » magiquement et le Kelpie galope dans l'eau, noyant son cavalier.

Certains Kelpies, comme le « Noggle » de Shetland, sont plus malicieux que malfaisants, quoi que toujours dangereux pour les humains. Même les autres esprits gardent leurs distances avec le Kelpie. Le voir est un présage de mort.

Le Kelpie hante surtout les rivières écossaises. Souvent, on l'entend gémir avant l'arrivée des tempêtes. Certains récits parlent de Kelpies harnachés de brides magiques que peut utiliser tout humain assez téméraire pour les voler. Une bride ordinaire peut par ailleurs être placée sur le Kelpie, tâche cependant extrêmement dangereuse et difficile. Une fois la bride en place, le Kelpie doit se plier aux ordres reçus. Graham de Morphie avait réussi à brider un Kelpie et lui avait fait transporter des pierres pour bâtir son château. Une fois la construction achevée, Graham avait libéré le Kelpie contusionné et meurtri. Celui-ci avait galopé dans le fleuve, s'arrêtant seulement pour maudire Graham et son clan. Le clan des Morphies ne s'est jamais senti à l'aise dans sa nouvelle résidence et n'a connu que des malheurs.

Parfois, un Kelpie prend l'apparence d'un beau jeune homme, pour attirer les jeunes filles. Le Kelpie est reconnaissable aux coquillages et au cresson de fontaine pris dans sa chevelure. De temps à autre, il se métamorphose en homme primitif à la chevelure hirsute et saute derrière les cavaliers suivant le fleuve, tentant de les écraser dans son étreinte. Plus généralement, le Kelpie est l'esprit même du fleuve : imprévisible, affamé et cruel.

Le Kelpie véhicule l'idée que la nature a un côté sauvage et doit être respectée. Le cheval a aussi d'autres significations, comme le « voyage entre les mondes » – le Kelpie peut être le coursier d'un chamane, conduisant celui-ci dans le périple périlleux dans l'Autre monde, où il apprendra une grande sagesse ou affrontera la mort. Tous les esprits ne sont pas inoffensifs – seuls les très sages ou les fous se mettent à dos le Kelpie.

Le Nix

Le Nix est un esprit aquatique allemand, très difficile à apercevoir, car il plonge avec célérité dans les profondeurs quand on l'approche. Comme les merrows, il arbore parfois un bonnet rouge.

Au XVIᵉ siècle, un Nix a été apparemment vu lors d'une foire à Laibach, en Allemagne. Tous les villageois dansaient sur la place, près de la fontaine, lorsqu'un bel étranger les avait rejoints. Ceux qui lui avaient serré la main l'avaient trouvé curieusement moite et fraîche. Peu de temps après, il avait invité à danser la jeune fille la plus délurée, Ursula. Tous se sont arrêtés pour admirer la maîtrise et la grâce avec laquelle le jeune homme dirigeait sa gracieuse compagne. Ils tournoyaient de plus en plus vite, jusqu'à ce que les gens aient le vertige en les regardant. Avant qu'ils soient presque au bord du fleuve, nul n'avait remarqué qu'ils se rapprochaient de l'extrémité de la place. Brusquement, l'étranger plongea dans l'eau avec sa compagne, qu'on ne revit plus jamais. Plusieurs pêcheurs racontèrent avoir aperçu par la suite le Nix. Depuis lors, les habitants de la ville se méfièrent de tout étranger aux mains froides.

Les Nixen ne sont pas toujours mortels, quoi que leur chant étrange puisse provoquer la folie. Ils enlèvent parfois des bébés humains, les remplaçant par des changelins. S'ils s'accouplent avec un humain, l'enfant de l'union est appelé « oursin ». Les Nixen avertissent à l'occasion les humains des dangers cachés par les eaux. Ils enseignent aux téméraires qui se lient d'amitié avec eux à jouer du violon à la manière des fées. Toutefois, apprendre « The Elf King's Tune », c'est se condamner à tout jamais à jouer du violon, sauf si un ami arrive et coupe les cordes de l'instrument par-derrière. La femelle, la Nixes, se comporte de façon aussi séduisante et inquiétante que le Nix.

Il est intéressant de noter que les esprits aquatiques féminins préfèrent tenter les hommes vertueux, alors que les Nixen masculins se sauvent en compagnie de femmes volages ! Y a-t-il là un double standard ? En tout cas, il n'est pas partagé par les fées de l'eau. Les Nixen symbolisent en fait la sexualité humaine, parfois refoulée, susceptible d'induire en erreur ou de trahir. Comme les Nixen ont leurs propres plaisirs, les hommes doivent suivre eux aussi leur cœur s'ils veulent trouver la magie. Mais l'alliance humain-fée est toujours périlleuse – on doit composer sa propre musique, mais protéger ses oreilles du chant du Nix.

Mélusine

On trouve des récits sur Mélusine en Écosse, en France, au Luxembourg, en Allemagne et dans bien d'autres pays. Voici la variante française de son histoire.

Le comte Raymond et son ami Emmerick chassaient le sanglier dans la forêt royale. Emmerick précédait Raymond sur le sentier. Celui-ci arriva et le vit se battre avec la bête, qu'il tua. Par erreur, il tua dans le même mouvement son ami. Accablé par le chagrin, Raymond erra pendant des jours dans la forêt, incapable de supporter la pensée de ce qu'il avait fait. Misérable, en loques, il arriva à une fontaine merveilleuse, près de laquelle était assise la plus belle femme qu'il avait jamais vue. Elle le réconforta, lava son front dans les eaux curatives et lui offrit la sagesse. Raymond tomba follement amoureux et lui demanda sa main. Elle accepta, mais posa une condition : les samedis lui appartiendraient et Raymond ne devait jamais lui demander ce qu'elle faisait ni où elle allait ces jours-là.

Raymond y consentit sur-le-champ, et Mélusine se servit de ses pouvoirs magiques pour leur bâtir un palais magnifique autour de sa fontaine magique. Avec le temps, Raymond devint curieux. Un samedi, il suivit son épouse dans ses appartements et l'espionna pendant qu'elle se baignait, la moitié inférieure de son corps devenue un serpent. Ne voulant pas la perdre, Raymond garda le secret. Cependant, lorsque l'un de leurs fils mit le feu à un monastère, Raymond s'emporta contre Mélusine : « Voilà ce que ton mal a causé, serpent ! ». Il réalisa trop tard son erreur. Confrontée à la preuve qu'il avait rompu sa promesse, Mélusine reprit sa forme de serpent et disparut.

Le message central de cette histoire est l'importance perdue du féminin instinctif, fertile, sage et créatif. Pendant des centaines d'années, la Déesse a été rejetée et les femmes – ainsi que leur connexion au monde de la nature et leur intuition – ont été tenues pour inférieures. Dans le monde moderne, les femmes sont les égales des hommes, pourtant beaucoup ne revendiquent pas encore ce pouvoir naturel, primitif et fécond.

Toutes les femmes renferment en elles une Mélusine : une connexion secrète avec les profondeurs et le rythme constant de la mer. Les cycles reproducteurs féminins s'accordent à la Lune, qui guide aussi les marées. Mélusine peut leur enseigner comment récupérer leurs pouvoirs de guérison, de sagesse, de sensualité et de liberté depuis longtemps perdus. Elle promet joie et accomplissement aux hommes qui l'honorent et respectent ses désirs et ses souhaits.

La Naïade

Les Naïades sont les esprits des sources, des fontaines et des puits de la Grèce antique. Apparemment, elles étaient les anciennes déesses des sites sacrés de la nature, regardées par la suite comme plus ordinaires.

Chaque source et chaque ruisseau a ses propres lois, besoins et codes, visant à protéger leur pureté et leur utilité. Chaque plan d'eau donné est gouverné par une naïade, dont il faut demander la permission et observer les rituels avant toute incursion. L'irrespect de ces lois naturelles a mené à la stagnation, à la pollution, à la disparition des poissons et de la vie sauvage à mesure que la vibration des fées a diminué.

Les Naïades et les autres nymphes ont parfois été mères ou nourrices des héros grecs mythiques. Elles sont les gardiennes des dons nourriciers de la Terre Mère, flottant sur les eaux claires entre les roches, rendant le sol fertile. En restant assis près d'un ruisseau ou d'une source, on ressent rapidement la présence douce de la naïade, qui sera contente si on nettoie le coin.

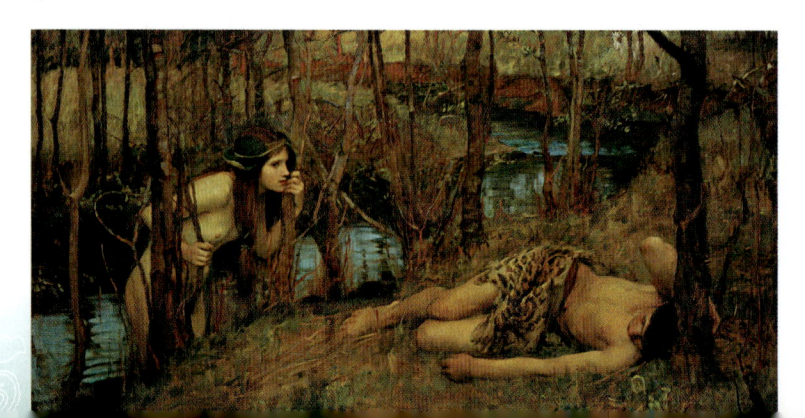

La Néréide

Parfois moins amicales que les Naïades, les Néréides demeurent dans la mer, chacune régnant sur une partie spécifique de l'océan. À l'origine il y en avait 50, filles du dieu marin Nérée. Elles sont coiffées de coquillages et chevauchent des hippocampes, créatures moitié cheval, moitié dauphin.

Comme les sirènes, les Néréides chantent joliment, bien que leur chant soit destiné surtout à plaire à leur père. On dit qu'elles protègent les marins et ne les attirent pas vers leur mort. Toutefois, elles peuvent se montrer susceptibles et infligent à l'humain qui les voit n'importe quoi, depuis la cécité à la mutilation, en passant par la folie ou la noyade. Parfois, elles cachent les bébés humains ou même les tuent. Cependant, une Néréide gentille peut accorder protection magique à un enfant.

Comme les Selkie, les Néréides peuvent revêtir des peaux de phoque. Les habitants de certaines régions de la Grèce prétendent descendre des Néréides. Achille était le fils de la Néréide Thétis. Dès qu'elles le peuvent, les Néréides replongent dans la mer.

Lorelei

Lorelei est une jolie fée aquatique allemande, qui vit dans le Rhin, où elle attire les hommes en jouant de sa harpe et en chantant. Ces créatures sont nombreuses, mais au moins l'une d'entre elles était jadis humaine.

Lorelei était une belle fille, si exquise qu'aucun homme ne pouvait lui résister. Jalouses, les autres femmes ont exigé qu'elle soit exécutée en tant que sorcière. Conduite devant l'évêque pour être jugée, sa douceur et sa beauté impressionnèrent tellement celui-ci qu'il ne put se résoudre à la condamner à mort. Lorelei lui dit qu'elle ne désirait aucun homme, sauf son grand amour, qui l'avait quittée depuis longtemps. En fait, elle voulait mourir. L'évêque décida cependant de l'envoyer au couvent et engagea trois chevaliers pour l'escorter. Lorsqu'ils traversaient un pont enjambant le Rhin, Lorelei se glissa parmi eux pour jeter soi-disant un dernier regard au fleuve. Elle regarda et cria que son amour perdu était dans une barque en bas. Les chevaliers essayèrent de l'arrêter, mais elle leur échappa et se jeta dans le fleuve. Nul ne la revit sous forme humaine.

Le Drac

Les Dracs sont des esprits aquatiques qui vivent sous la Seine dans une cité enchantée. Parfois, ils vivent aussi dans les caves et peuvent être aperçus glissant sur l'eau sur des assiettes en bois.

Le Drac a la forme d'un globe pourpre, mais, comme tout esprit, peut facilement changer d'apparence et devenir une belle femme pour attirer les hommes ou s'élever des vagues sous l'aspect d'un calice d'or. Essayer de l'attraper, c'est risquer d'être saisi par le Drac et tiré sous l'eau.

On croit que les Dracs, comme d'autres esprits, enlèvent les jeunes mères pour qu'elles prennent soin de leurs propres enfants. Gardées prisonnières pendant sept ans, ces femmes sont méconnaissables à leur libération. Au XIIIe siècle, Gervase de Tilbury avait rencontré une femme ayant vécu ce genre d'expérience. L'un de ses yeux avait été enduit d'une pommade lui permettant de voir les fées, qu'elle apercevait encore après sa libération. Par vengeance, un Drac l'avait privée de la vision de l'œil concerné.

Comme les autres contacts de l'Autre monde, la rencontre des Dracs est une expérience initiatique qui change une personne à tout jamais. Le calice est un symbole féminin : la matrice et l'épanouissement.

Trouver les fées de l'eau

On ne doit pas se laisser dissuader par les histoires de séduction, de trahison et de danger concernant ces créatures exquises et ne pas tenter d'approcher les fées de l'eau. La culture moderne, principalement rationaliste et logique, tend à dévaloriser et à refouler l'élément émotionnel. Les sentiments niés peuvent s'avérer dangereux, car ils finissent par devenir accablants. L'eau est alliée aux sentiments, et comme les fées aquatiques sont proches de cet élément, elles peuvent guérir et aider les hommes, si on le leur permet.

Les fées de l'eau symbolisent aussi l'enchantement et l'allure des envies affectives humaines, ce qui a conduit pendant des siècles à leur diabolisation. Peu étonnant que les fées aquatiques soient parfois malignes, car on ne peut pas échapper à sa nature profonde. La sexualité, don de la déesse de la nature, est sacrée en tant que telle. Les fées de l'eau présentent certaines des caractéristiques de la déesse de l'amour Aphrodite, respectée par les hommes et les dieux.

Le premier pas pour se rapprocher des fées aquatiques est l'engagement d'être fidèle à ses principes et de s'ouvrir à ses émotions. Être *conscient* de ses sentiments ne signifie pas qu'il faut agir en se laissant toujours guider par eux. Parfois, il faut affronter la douleur des sentiments impossibles à satisfaire. Au début, ce sera douloureux – seulement en étant honnête avec soi-même on pourra s'en affranchir. Ces fées aident la guérison et permettent d'avancer au fil de la transformation des sentiments.

Sur un plan pratique, on doit être conscient de l'eau et de ses innombrables bienfaits. La planète et le corps humain contiennent plus de 70 % d'eau. On doit réaliser la présence des marées, des profondeurs inexplorées du Pacifique, des rides argentées à la surface des rivières et des ruisseaux se dirigeant vers la mer, suivre la montée du brouillard, la formation des nuages, la danse des gouttes de pluie, surveiller les plans d'eau et les lacs du voisinage, participer aux projets de nettoyage des berges, se promener près de l'eau et réfléchir – dans tous les sens du terme. L'eau potable, ses origines, sa pureté, ses apports au corps et au mental doivent être connus.

L'eau garde les images, est affectée par les pensées et l'environnement, est soignée et protégée par ses propres esprits – les nombreux, divers et éternellement beaux esprits aquatiques. Respectez-les.

Attirer les fées de l'eau chez soi

Même si on désire se rapprocher des fées aquatiques dans leur propre habitat, mieux vaut commencer par affirmer chez soi cette proximité et ce respect. Cette procédure est particulièrement utile si on veut invoquer l'essence spirituelle de l'une des fées décrites aux pages précédentes.

MÉTHODE

Réservez un rayonnage ou le haut d'un placard à un autel pour les fées de l'eau.

1 Placez dessus quelques bougies bleues ou vertes et un calice – un verre à pied particulier, qui honore l'élément eau. Remplissez le calice d'eau d'une source, d'un lac, d'un ruisseau, même d'océan. Une fontaine d'intérieur est une bonne idée. Si vous en avez une, remplissez-la d'eau de source.

2 Ajoutez sur votre autel des cristaux – améthyste, aigue-marine, calcédoine, jade, pierre de lune, saphir. Les coquillages et les pierres façonnées par l'eau sont aussi de bons choix. Une pierre trouée qui symbolise la Déesse Mère est particulièrement appropriée. Des figurines représentant des créatures aquatiques, poissons, dauphins, crabes, ainsi que des fleurs, surtout d'eau, sont appropriées. Les algues, les objets en bois de saule, les images, les statuettes et toute matière rappelant les vagues, les coquillages et les écailles, de même que l'eau, sont parfaits.

3 Brûlez si vous le voulez des bâtonnets aromatisés au jasmin, à la citronnelle, à l'eucalyptus, à la myrrhe, à la rose et à la vanille, plantes associées jadis aux divinités de l'eau.

4 Si vous souhaitez invoquer un attribut particulier de l'un des esprits aquatiques des histoires précédemment racontées, soyez très précis quant à ce que vous voulez. Par exemple, si vous désirez la sagesse et les pouvoirs curatifs de Mélusine, la séduction d'une sirène, la grâce d'une ondine ou le talent de danseuse de la Selkie, placez sur votre autel des symboles de la fée appropriée : l'image d'un phoque pour la Selkie ou un serpent sculpté pour Mélusine. Soyez créatif !

5 Allumez les bougies et asseyez-vous devant l'autel, visualisant clairement le don en train d'arriver et votre vie quand vous l'aurez. Laissez libre cours à votre imagination. Demandez aussi protection, et engagez-vous à honorer les fées de l'eau – plus que tout, votre aspect féminin.

Attirer les fées de l'eau dans la nature

S'approcher des fées aquatiques concerne en premier lieu l'accord à l'endroit où elles sont susceptibles de vivre. Ce n'est pas difficile : tout plan d'eau est assurément une demeure des fées. On peut trouver les fées sur un rivage désert, où les vagues ondulent sur le sable, ou les voir chevaucher les vagues. Elles habitent dans les fleuves et les lacs et s'attardent près des sources. Il faut se fier à son intuition – si on a l'impression qu'elles sont là, elles y sont.

MÉTHODE

1 Avant d'aller à la recherche des esprits de l'eau, buvez une tisane d'algues et de thé vert bio. Si vous n'aimez pas le goût, avalez une seule gorgée pour harmoniser votre corps avec les êtres féeriques concernés.

2 Accordez-vous à la nature et aux eaux en *étant* réellement là. Passez du temps seul avec les éléments, les regardant avec les yeux d'un enfant, jouant dans le creux des vagues, retournant des pierres et passant les mains à travers les rides sur l'eau. Essayez de ne pas laisser vos pensées se tourner vers le travail ou les problèmes familiaux – soyez totalement et consciemment présents dans le moment.

3 Si vous savez jouer d'un instrument, apportez-le au bord de l'eau et jouez un air, car les fées aquatiques sont très attirées par la musique. Si vous savez chanter, laissez votre voix planer au-dessus des eaux. Il est important de frapper la note juste – littéralement et métaphoriquement. Soyez réaliste quant à vos talents, ne gâchez pas les choses par une disharmonie. À l'inverse, si vous êtes vraiment un bon musicien, n'en faites pas trop, car certaines fées peuvent se montrer jalouses.

4 Pour plaire aux fées, aidez les animaux aquatiques comme les loutres et les oiseaux d'eau, ou nettoyez un plan d'eau et sa végétation. Si vous observez les évolutions des poissons ou des grenouilles, vous accorderez au moment présent juste le genre d'attention totale qui favorise la vision des fées.

5 Regardez autour de vous pour tout indice de la proximité des fées et prenez-les très sérieusement. Par exemple, une pierre ou un coquillage de forme curieuse peut être un don des fées. Des rides bizarres sur l'eau peuvent être provoquées par une présence féerique. Le mouvement aperçu du coin de l'œil est assurément une fée. Faites aussi appel à vos sens. Les sons viennent-ils du clapotis de l'eau ? Sont-ils des voix féeriques ? Passez du temps sur les rivages et les berges, et tôt ou tard vous aurez un contact féerique.

Méditation pour se rapprocher des fées de l'eau

En ouvrant le cœur aux fées de l'eau, les frontières de séparation se dissiperont. Une fois qu'on se sent proche d'elles, il sera plus facile de les percevoir dans leur habitat naturel.

MÉTHODE

1 Relaxez-vous complètement, comme décrit dans l'Introduction (voir pages 34 et 35). Imaginez que vous êtes assis près d'un beau lac ou d'une étendue calme de l'océan. Ce peut être un endroit familier que vous aimez, ou un lieu imaginaire. Prenez le temps de bien vous installer, sans négliger les détails de l'environnement. Observez les verts et les bleus chatoyants des eaux et toutes les autres couleurs, réfléchies et réfractées. Regardez le bleu azuré du ciel au-dessus de votre tête. Notez toute plante ou roche, toute caractéristique du paysage – laissez vos yeux reposer dessus. Évaluez la distance jusqu'à l'eau, le lieu où vous vous tenez ou êtes assis, ce que vous portez. Remarquez surtout que vous portez un beau pendentif en émeraude et que la pierre est à plat sur votre poitrine, contre votre cœur.

2 Écoutez les sons qui vous entourent. Pouvez-vous entendre la brise, le chant des oiseaux, le bruit des vagues ? Humez la fraîcheur de l'air et l'odeur véhiculée par l'eau. Sentez l'air pur et humide sur votre visage, le vent léger passant dans vos cheveux. Profitez-en et assurez-vous d'être à l'aise et détendu.

3 Concentrez-vous maintenant sur le centre de votre poitrine, l'emplacement de votre cœur. Inspirez la beauté de ce point et laissez votre cœur se remplir d'amour pour lui, être chaleureux, ouvert et revigoré.

4 Rappelez-vous la superbe émeraude ornant votre poitrine, près de votre cœur. À mesure que vous éprouvez un sentiment de proximité et d'empathie avec la beauté des eaux, l'émeraude se met à étinceler. La chaleur de votre cœur la traverse, et l'émeraude pulse et brille en réaction. Son rayonnement est doux, pourtant extraordinairement puissant. Vous réalisez rapidement que sa lumière merveilleuse s'étend au-dessus des eaux, baignant l'ensemble du vert le plus pur. Le vert émeraude plonge dans les eaux, fusionnant avec elles, et ressort toujours aussi brillant. Les eaux deviennent plus claires et vous commencez à apercevoir leurs profondeurs. Quels dons et trésors merveilleux gisent là ? Quels êtres magiques sont présents ?

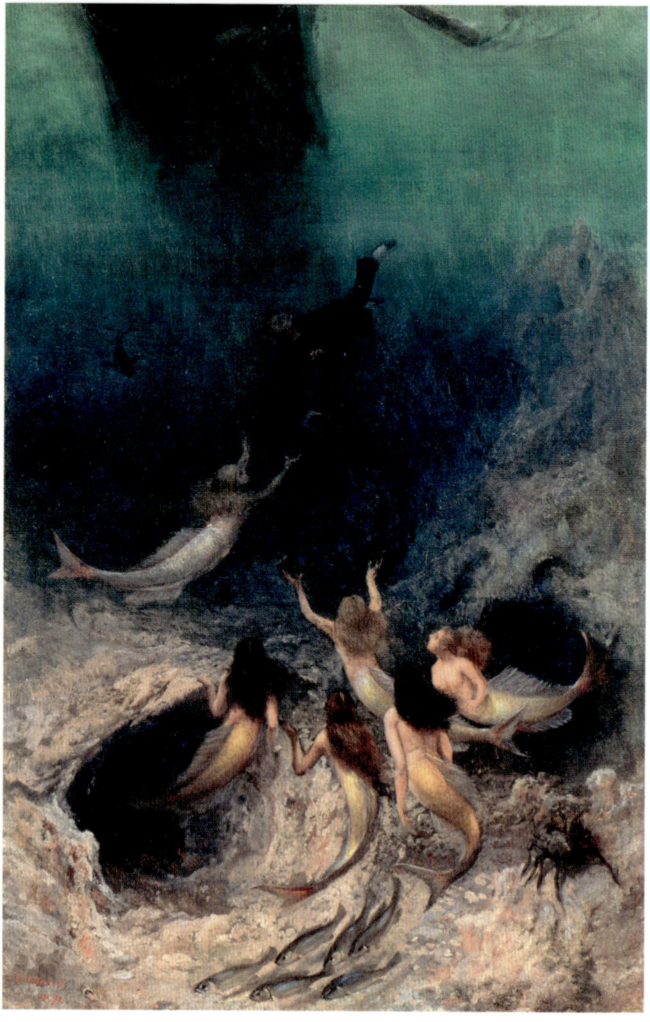

5 Invitées par l'émeraude, appelées par l'amour de votre cœur, les fées émergent peu à peu des eaux. Regardez-les, étranges et belles pour la plupart, ou assumant des formes que vous n'auriez même pas imaginées. Laissez la lumière de l'émeraude briller à partir de votre poitrine, en un accueil chaleureux.

6 Laissez les fées émerger à leur manière. Elles peuvent rester à distance ou s'approcher du bord de l'eau, ou même venir sur la terre ferme. Contentez-vous de les regarder, restez serein et laissez briller la lumière émeraude de votre cœur. Écoutez aussi, car les fées peuvent parler, rire, murmurer ou – le plus probable – chanter.

7 Invitez-les plus près, les priant de parler avec vous. Si vous avez de la chance, l'une s'approchera. Écoutez ses paroles. Vous pouvez même lui poser des questions – par exemple, que pouvez-vous faire pour vous rapprocher des esprits de l'eau dans la vie quotidienne. Les réponses seront étonnamment claires, ou au premier abord dépourvues de sens. N'essayez pas de les comprendre immédiatement.

8 Quand le moment semble opportun, dites au revoir aux fées, rendez leur hommage et remerciez-les pour leur présence. Dites-leur que vous reviendrez les visiter. Laissez la lumière émeraude s'estomper et retourner dans le cristal pendant sur votre poitrine. Affirmez que l'émeraude est close, tout comme votre cœur, du moins pour le moment. Touchez l'émeraude et sentez sa fraîcheur et sa solidité. Retirez-vous de la scène.

9 Revenez à la conscience ordinaire, tapotez votre corps pour vous assurer que vous êtes là. Notez ce que vous avez éprouvé, ainsi que toute pensée dans un bloc-notes spécial.

10 Répétez ce voyage autant de fois que vous le désirez. D'autres questions à poser aux fées vous viendront à l'esprit. Ne soyez pas surpris si les réponses obtenues suscitent davantage de questions, car s'est ainsi qu'agissent les fées et cela fait partie de votre quête. Bon voyage !

Charme de beauté de la sirène

Chaque sirène sait, en regardant dans son miroir, que la beauté est dans l'œil de celui qui regarde ! Si on pense l'être, pas de doute, on charmera la plupart des gens.

MÉTHODE

Pour ce charme, il vous faut un beau miroir – de préférence, à poignée – de l'eau de source, des pétales secs de rose, quelques algues (à acheter dans les magasins bio ou à ramasser soi-même), une bougie rose, un CD romantique (de préférence, de la musique instrumentale) et une éponge naturelle.

1 Préparez une infusion en remplissant une casserole d'eau de source, la portant à ébullition, ajoutant les pétales de rose et les algues, puis la retirant du feu. Pendant que les pétales de rose et les algues infusent, faites couler un bain chaud, allumez la bougie et mettez le CD, pour générer une ambiance appropriée.

2 Passez l'infusion et versez-la dans le bain. (Note : il est toujours mieux de tester les allergies 24 heures avant en plaçant une petite quantité d'infusion sur l'intérieur de votre poignet.) Quand l'eau est à la bonne température, immergez-vous et fermez les yeux.

3 Pensez à votre fée aquatique préférée rencontrée lors de la visualisation précédente (voir pages 136 à 139) et demandez-lui de venir. Vous ressentirez sa présence comme un léger picotement et, si vous avez de la chance, vous la verrez.

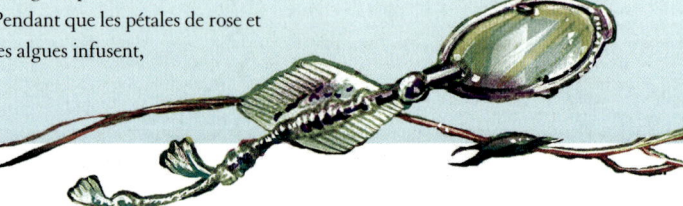

4 Frottez l'ensemble de votre corps avec l'éponge, en savourant la sensation. Dites à votre corps qu'il est beau (même si vous avez l'habitude de penser le contraire) : « Ma vie vient de la mer, mon corps vient de la mer. Je suis belle comme une sirène. » Demandez mentalement à votre sirène particulière de vous remplir de confiance et de joie dans votre sexualité.

5 Prenez le miroir, regardez-vous dans les yeux et dites : « Je t'aime », autant de fois que vous en avez envie, confortablement assise dans le bain. Peut-être votre sirène vous murmurera-t-elle à l'oreille quelque chose d'encourageant.

6 Achevez le charme en remerciant la sirène et en éteignant la bougie avec une goutte d'eau. À mesure que l'eau du bain s'écoule, laissez votre conscience revenir à la normale. Enveloppez-vous d'une grande serviette moelleuse et chouchoutez-vous.

CHARME DE BEAUTÉ DE LA SIRÈNE

Méditation pour la guérison féerique et d'autres dons

Lorsqu'on se sent stressé et malheureux, un voyage intérieur vers les profondeurs apaisantes restaurera la perspective. Les choses ne vont pas si mal ! Si on est triste ou malade, la guérison peut être trouvée auprès des ondines ; et si on a un problème, la reine des eaux dispose d'un trésor sans fond de sagesse.

MÉTHODE

1 Commencez cette méditation comme la précédente (voir page 136). Lorsque les fées se montrent, invitez-en une plus près, puis demandez-lui la permission de l'accompagner dans son monde marin. Tendez la main et elle la prendra.

2 Vous sentirez un changement s'emparer de votre corps. En abaissant le regard, vous verrez des écailles, des nageoires et une queue de poisson. Tiré par l'ondine, plongez sous l'eau.

3 Vous constaterez que vous respirez parfaitement en nageant. Comme c'est merveilleux de se retrouver dans ce royaume ! Les couleurs sont incroyablement belles, et tout autour de vous il y a des créatures fantastiques.

4 La surface est maintenant un souvenir lointain et vous êtes dans les profondeurs. Observez tout ce qui vous entoure. À mesure que la lumière du jour s'estompe, un subtil éclat argenté la remplace.

5 Vous arrivez à un palais merveilleux, fait d'argent et serti de joyaux. À mesure que l'ondine et vous approchez, les portes magnifiques s'ouvrent pour vous laisser entrer.

6 Vous êtes dans un hall superbe. Ce lieu pourrait se trouver sur la terre ferme, sauf qu'il est bien plus beau et riche que tout ce que vous avez jamais vu. Les tables incrustées de nacre sont chargées de bols de fruits succulents. Au centre de chaque table est posé un calice massif, orné de gemmes. Vous remarquez que la plupart de ce que vous voyez suggère l'amour.

7 Devant vous il y a deux trônes en coquillages, tapissés de velours émeraude. La reine des Ondines et son consort y sont assis. Sa longue chevelure rousse ornée d'une couronne de jade et de corail descend sur sa robe verte. La couronne du roi est similaire, mais plus lourde, sa chevelure et sa barbe sont brun foncé.

8 En laissant la main de votre guide, vous approchez des trônes. La reine parle, d'une voix à la fois argentée et douce : « Bienvenue dans le monde des ondines, courageux voyageur ! Approche-toi et dis-moi ce que tu cherches. »

9 Approchez-vous et penchez la tête en signe de respect. Demandez son conseil et, si approprié, la guérison de toute blessure ou maladie (mentale ou physique) pour vous ou pour autrui.

10 Vous saurez quand il faut partir. Remerciez et faites respectueusement vos adieux. Votre guide vous attend à l'entrée. Prenez sa main et laissez-vous reconduire lentement vers la surface. Reprenez votre forme mortelle.

11 Remerciez votre guide et prenez congé. Revenez à la normale comme précédemment (voir page 139), et notez toute l'expérience.

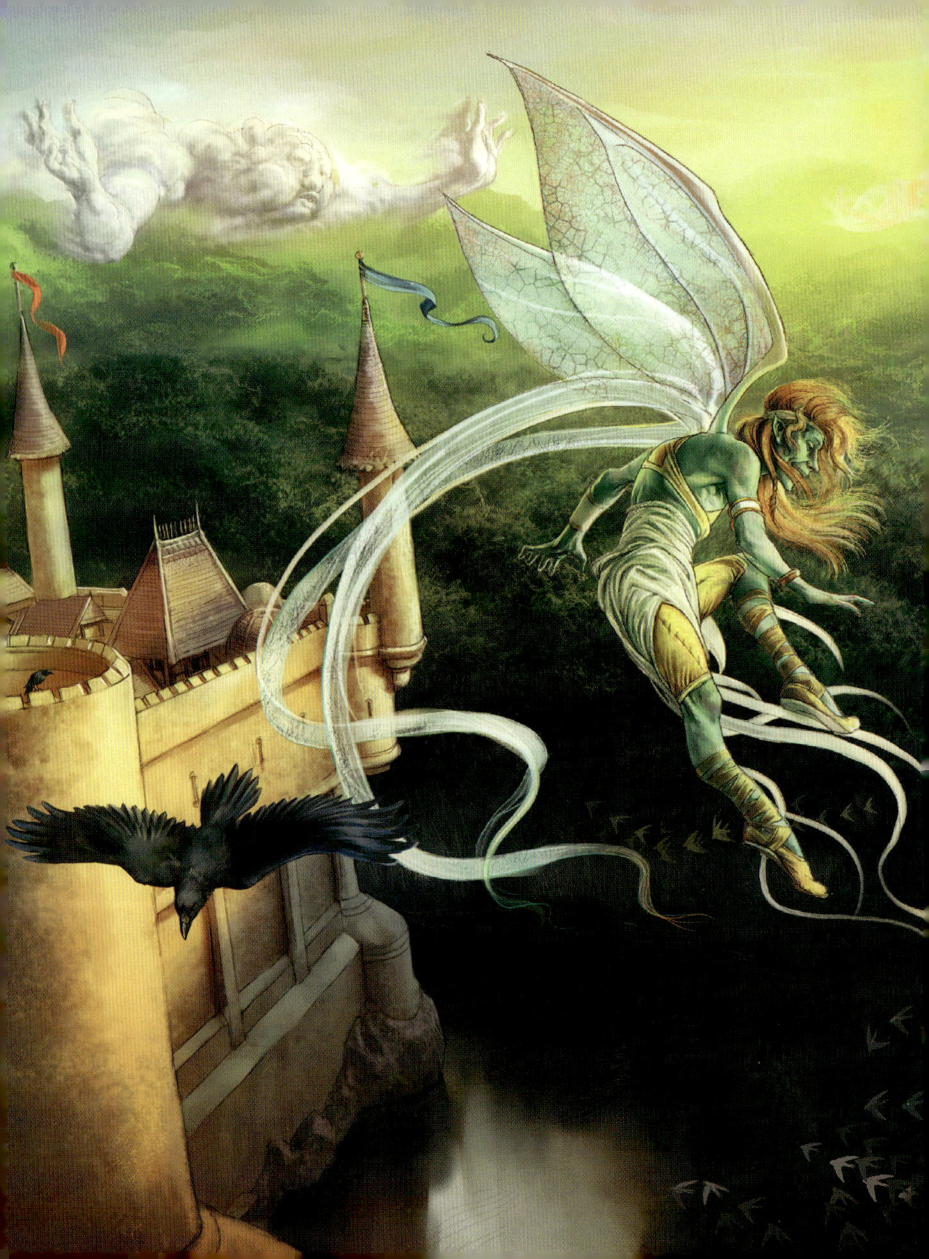

Fées de l'air

L'élément l'air

L'air est le plus insubstantiel des éléments. L'air apporte la vie à chaque respiration. Il est partout, il confère au ciel ses couleurs bleu, blanc et gris, il teinte le soleil de nuances flamboyantes, il déploie autour de la Terre son manteau protecteur, filtrant les rayons solaires ardents pour les rendre lumineux, brillants et chauds.

L'air est invisible. On l'aperçoit dans le mouvement des feuilles bougeant dans le vent, on le sent sur la peau, on l'entend siffler, mais s'il est immobile, rien ne trahit sa présence subtile.

L'air fournit tout ce qu'on voit et entend, car les ondes lumineuses et sonores le traversent. L'odorat, le plus instinctif des sens, liant au passé et à des milliers de sensations, est lui aussi un cadeau de l'air. Il connecte au cerveau reptilien, si bien qu'une odeur peut évoquer toute une gamme de choses – un parfum, par exemple, peut faire remonter bien des années, rappelant vivement des émotions et des images qu'on pensait oubliées.

L'air est associé à la pensée, aux idées, à la communication, au mouvement. Le nom générique des esprits de l'air est « sylphes » : créatures espiègles et éthérées qui se délectent de leur célérité, liberté, adresse et imprévisibilité. Ce sont des pures manifestations de l'élément air – plus mobiles que le vif-argent, et légères… comme l'air ! Ces êtres diaphanes poussent les gens à s'éveiller, à se libérer et à *réfléchir* – mais pas à la manière acharnée respectée dans la culture moderne, où un fait doit être fondé sur un autre fait jusqu'à bâtir ce qu'on tient pour un édifice de savoir. Les sylphes savent qu'un tel « savoir » ne vaut rien quand il s'agit des royaumes éthériques. Les sylphes apportent inspiration, révélation, nouvelles perspectives – et rire. Il est facile de les ignorer, de se couvrir les yeux et de fixer le sol, mais les sylphes agaceront, chuchoteront à l'oreille et feront quelques farces jusqu'à ce qu'on lève les yeux et se serve de son mental.

 Respirez à fond et envolez-vous avec les sylphes.

La Vila

Les arbres sont des intermédiaires entre la terre et le ciel. Ils renferment une magie très spéciale et, dans une certaine mesure, chacun forme un portail vers l'Autre monde. Peu étonnant qu'on trouve dans l'abri enchanté de la forêt l'une des fées les plus timides et douces entre toutes – la Vila.

Des images de la Vila ont survécu : Fleur Delacour, qui attire Ron Weasley dans *Harry Potter et la coupe de feu*, est la descendante d'une Vila. Ces fées slaves ont une relation spéciale avec les êtres humains. Chaque communauté avait traditionnellement sa propre Vila, qui gardait les récoltes et enseignait les arts civilisateurs de la culture des plantes et des fruits, ainsi que du soin des animaux. Les Vily (pluriel de Vila) étaient aussi douées de plusieurs talents sociaux, allant de la musique au culte des morts. Toutefois, elles se sont cachées quand les hommes ont appris à faire la guerre et se sont éloignés de la terre et de ses gardiens, mais aussi de leur propre nature. Voici un récit de trahison impliquant une Vila délicate.

Il y a bien longtemps, à l'aube des temps, lorsque les gens vivaient encore en harmonie avec la terre et le ciel, un roi et une reine avaient un fils, beau mais très solitaire. Il était la prunelle des yeux de ses parents. Pour sa majorité, ils préparèrent un magnifique banquet. Les habitants du royaume, grands et petits, vinrent rendre hommage au prince. Les sorcières et les fées faisaient aussi partie des invités, et le jeune homme se vit offrir quantité de dons. Pourtant, son cœur était très triste, car il ne connaissait pas l'amour.

La nuit était tombée et l'air résonnait du son des festivités quand le prince,

fatigué, se glissa
dehors pour se
promener dans les jardins
éclairés par la lune de son
palais. L'herbe scintillait et le
tronc des arbres paraissait argenté
dans l'obscurité. En apercevant parmi
les arbres un mouvement chatoyant, le
prince, intrigué, s'approcha et vit danser
une petite fée exquise. Le voyant, elle se
faufila derrière un arbre, mais le prince
l'appela : « Bel esprit, viens, je ne te veux
pas de mal ! Laisse-moi partager ta
joie ».

La fée se montra, et le prince fut
certain qu'elle était plus grande que
lorsqu'il l'avait vue la première fois.

« Mon prince, dit-elle, j'ai été invitée à ta
fête, mais la forêt et les terres sauvages
sont ma demeure. Je suis une Vila. Fidèle
à ma nature, je suis restée là, parmi les
arbres, à danser en ton honneur. »

Le prince fut enchanté et se rapprocha
de la jeune fille, qui disparut. Il la chercha
tant que la lune resta dans le ciel, sans la
trouver. Il dormit très peu cette nuit-là, et
tout le lendemain il attendit l'obscurité. À

minuit, il alla dans les jardins et là, à son bonheur, il vit de nouveau la fée dansant avec grâce. Une fois de plus elle paraissait plus grande, une fois de plus ils parlèrent un moment, et une fois de plus elle disparut.

Les rencontres nocturnes se poursuivirent, et le prince devient jour après jour plus pâle et plus apathique, vivant seulement pour ses rendez-vous galants nocturnes. À mesure que la lune s'arrondit, la fée grandit. À la lune noire, la Vila – qui avait maintenant la taille d'une jeune fille élancée – illumina le bosquet de son éclat. Elle ne s'enfuyait plus face au prince. Tous les soirs, ils se promenaient parmi les arbres et parlaient pendant des heures. Le bosquet obscur résonnait du rire de la Vila. Le prince tomba follement amoureux de la fée. Quand le croissant de la nouvelle lune apparut dans le ciel, il vint la retrouver en début de soirée. Maintenant, elle se montrait plus courageuse et apparaissait quand la lumière subsistait encore. Le prince se mit à genoux pour lui demander sa main.

« M'aimeras-tu pour toujours ? demanda la fée.

— Oui, oh oui ! s'écria le prince.

— Je serai tienne tant que tu seras fidèle à ta promesse », répondit la Vila, prit sa main et entra avec lui dans le palais, où elle fut accueillie par le roi et la reine. Comblés, ceux-ci organisèrent un mariage splendide et les cloches sonnèrent dans tout le royaume.

Le couple vécut pendant sept ans dans une harmonie parfaite. Puis le vieux roi tomba malade et mourut, et le prince dut endosser le manteau de la souveraineté. Sa première tâche fut d'enterrer son père avec les honneurs qui lui étaient dus. Il invita aux funérailles les créatures magiques et les hommes. Parmi les hôtes, il y avait une sorcière d'une beauté vibrante, avec une longue chevelure rousse, une peau aussi blanche que le marbre et des yeux vert émeraude. Le prince ne put la quitter des yeux. Lorsque la sorcière regarda le prince, l'épouse de celui-ci se prit les pieds dans sa robe. « Je suis désolée, cette robe est trop longue pour moi », dit-elle. Le prince ne s'en aperçut pas, trop occupé à lancer des coups d'œil à la formidable rousse. La Vila trébucha une fois de plus, et le sommet de sa tête, qui était auparavant à hauteur de l'épaule de son époux, n'arrivait plus qu'à hauteur de sa poitrine. Son regard bleu ciel était d'une tristesse indescriptible.

Elle trébucha une troisième fois, et son mari l'ignora de nouveau, tourné vers la sorcière rousse. Assis près de sa femme dans le carrosse, le prince jetait des regards par la portière. La Vila avait diminué, pour reprendre les minuscules proportions de la fée qu'il avait aperçue dans le bosquet du jardin. En un dernier éclat, comme celui d'une bougie qu'on éteint, sa belle épouse disparut, laissant derrière elle une robe vide. Le prince s'en aperçut à peine et appela ses domestiques pour nettoyer. Avec des hochements de tête, ils s'exécutèrent, pendant que leur maître prenait le bras de l'enchanteresse rousse.

Une semaine après, ils étaient mariés, et au fil d'une autre semaine, le prince réalisa son erreur. Il vit le cœur dur et froid caché sous la belle apparence. Rapidement, la vue de sa nouvelle épouse lui devint insupportable. Hélas – il comprit trop

FÉES DE L'AIR

tard ce qu'il avait fait ! Il bannit la sorcière de sa cour, et à la tombée de la nuit descendit dans les jardins du palais en quête de son amour perdu. Comme la lune brillait, pure, comme les arbres scintillaient, argentés, dans l'obscurité ! Et comme le cœur du prince était déchiré lorsqu'il appelait la Vila, s'efforçant d'apercevoir sa minuscule forme étincelante !

Pour le reste de sa vie, le prince se rendit dans le bosquet toutes les nuits, attendant le retour de son amour. Les années passèrent et il n'appela plus son nom – il se contentait d'attendre la nuit entière, espérant son retour. Elle ne revint jamais. En rompant sa promesse, le prince avait coupé le lien avec le monde des fées. Un matin, alors qu'il était très âgé, ses servants le retrouvèrent sans vie, assis contre l'arbre le plus grand du bosquet. Ses paumes étaient ouvertes dans son giron, et il souriait, comme si dans la mort il avait retrouvé son amour perdu.

SIGNIFICATION DU RÉCIT

Les paroles sont le don de l'élément air. En tant que vibration, elles véhiculent l'essence créative de l'univers. Une promesse prononcée traverse l'air et engage. L'air est l'élément symbolisant le mieux la clarté, la pureté et la confiance. Si une promesse est rompue, cette confiance disparaîtra à tout jamais. Les fées abhorrent la trahison, et la Vila, encore plus. Ce récit représente aussi la profonde trahison de la terre et de ses propres instincts naturels lorsque l'homme tourne le dos au lien qui l'unit à la nature. Le prix à payer est l'isolement et le vide. La reconnexion avec la Vila peut rendre entier.

Odin, le Père éternel

Odin est un puissant esprit, car il gouvernait jadis avec force et sagesse les dieux scandinaves. Ces dieux formaient l'imposant groupe des Ases, demeurant dans l'Asgard. Le domaine d'Odin est la voûte céleste, qu'il parcourt sur son coursier à huit pattes, Sleipnir, en conduisant la Chasse sauvage.

La Chasse sauvage est une cavalcade d'esprits – les âmes des morts emportées par la tempête. De nombreuses variantes existent, conduites par divers personnages (voir aussi Gwyn ap Nudd aux pages 91 et 252). Parfois, la Chasse sauvage est censée conduire les âmes dans l'Autre monde. D'autres fois, tous les esprits poursuivent un gibier, sanglier ou cheval magique, ou alors les jeunes filles du Peuple des mousses, esprits renfermant l'essence des feuilles d'automne, arrachées des arbres. Le folklore européen parle beaucoup de la Chasse sauvage – par exemple, on l'avait vue à Fontainebleau, juste avant la Révolution. Ceux qui l'aperçoivent sont d'ordinaires voués à la mort. Odin préférait chevaucher durant les jours séparant Noël de l'Épiphanie, et les paysans s'assuraient de laisser la dernière mesure de blé dehors, nourriture pour Sleipnir.

Bien que dieu guerrier, Odin est aussi connu pour sa sagesse. Il a deux

ODIN, LE PÈRE ÉTERNEL

corbeaux familiers : Hugin, la pensée, et Munin, la mémoire. Tous les jours, les corbeaux s'élancent dans les cieux pour réunir les informations proches et lointaines. Ils reviennent la nuit se percher sur les épaules d'Odin, assis sur son trône aérien, lui chuchotant tout ce qu'ils ont appris. Odin est vêtu de robes bleues mouchetées de gris, reflétant le ciel qui est sa demeure. À ses pieds sont assis ses chiens de chasse sacrés, Geri et Freki, qu'il nourrit de ses propres plats, car cet esprit de l'air vit d'idées et n'a pas besoin de nourriture solide pour se sustenter.

Odin avait obtenu le don de sagesse à la Source de Mimir, dont les profondeurs chatoyantes révèlent toutes les choses. Le gardien de la source lui avait demandé en payement l'un de ses yeux, qu'Odin avait extirpé de sa tête et jeté dans les eaux, où il brille encore à ce jour. Son autre œil symbolise le soleil. Ayant reçu le don de la vision éternelle, Odin est devenu mélancolique, car il sait que toutes les choses doivent disparaître – même l'époque de ses semblables.

L'une des histoires les plus connues sur Odin concerne les runes. Ce fut une « découverte » plutôt qu'une invention, car les runes sont des symboles magiques véhiculant une sagesse inhérente à l'intérieur de la création. Comme elles constituent par ailleurs un alphabet, Odin est lié à l'écriture et à la communication. Odin est resté pendant neuf jours et neuf nuits pendu tête en bas à Yggdrasil, le frêne puissant qui plonge ses racines dans l'Autre monde, a son tronc dans le Monde du milieu et ses branches dans le domaine des dieux. Pendu au-dessus d'un abysse, Odin était entré dans une transe pendant laquelle on lui avait conféré des pouvoirs paranormaux encore plus considérables.

Cet esprit céleste a sa reine, Frigga, belle à couper le souffle, maîtresse de l'abondance de la terre et patronne de la culture et de l'amour conjugal. Frigga est aussi une fée de l'air, élancée et majestueuse, couronnée de plumes de héron et vêtue de blanc étincelant. Esprit des nuages, elle peut tout voir depuis son trône céleste.

Lors d'une autre aventure, Odin avait obtenu le don de poésie, en se transformant en serpent et en pénétrant dans une montagne enchantée dont les salles renfermaient le précieux hydromel d'inspiration. Il avait séduit la gardienne de l'hydromel, la belle Gunlod, si bien qu'elle lui avait offert une gorgée de la boisson magique. Odin s'était enfui ensuite, plus riche, revenant dans le royaume des dieux, l'Asgard.

Odin est donc un métamorphe et un esprit qui confère aux humains de dons d'éloquence, de poésie et de sagesse. Dieu de la communication, de l'expression personnelle et de la pensée claire, Odin aide à penser l'impensable et à changer d'avis, pas par caprice, mais en élargissant sa perspective. C'est aussi le dieu des défunts, montrant que la mort n'est qu'un passage d'un état à un autre, une simple progression en sagesse et expérience. On doit le chercher quand le vent sauvage souffle à minuit, et écouter le croassement de ses corbeaux au tréfonds de sa propre âme.

Les Walkyries

Les Walkyries étaient les jeunes guerrières d'Odin. Elles avaient pour coursiers les nuages, leurs lances scintillantes étant des éclairs. À mesure que les cris de guerre se taisaient et que les corbeaux descendaient sur le carnage, les Walkyries apparaissaient pour choisir parmi les morts les héros afin de les conduire au Walhalla et les faire se tenir auprès des dieux lors du Ragna rok – le crépuscule des dieux, la grande bataille de la fin du monde.

Belles créatures, les Walkyries ont une chevelure dorée flottant au vent et des bras blancs comme la lune. Elles arborent des casques d'or et d'argent, et des corselets rouges. La déesse de l'amour Freyja les conduit lorsqu'une de leurs quêtes s'avère nécessaire. On dit qu'il y a neuf Walkyries, mais qui peut compter les habitants magiques du royaume féerique ?

Les êtres de l'air ne perdent jamais leur amour de la terre, et les Walkyries descendent régulièrement, déguisées en cygnes, sur les berges des lacs isolés. Là, elles se débarrassent de leurs plumes blanches et se baignent. On connaît de nombreuses histoires d'hommes mortels qui les ont surprises, se sont emparés de leur plumage et les ont soumises et épousées. Lorsque les Walkyries Olrun, Alvit et Svanhit se baignaient, trois frères Egil, Slagfinn et Volund (ou Wayland) les avaient aperçues. Ils avaient volé leur plumage et forcé les Walkyries à les épouser. Pendant neuf ans, ces créatures aériennes sont restées avec leurs époux, mais ont inévitablement fini par découvrir la cachette de leur plumage,

désespérés, à la recherche des Walkyries. Wayland, quand à lui, attendit – et c'est une autre histoire !

Les relations hommes/fées de l'air semblent aussi compliquées que celles hommes/fées aquatiques. Le problème est que les humains tentent toujours de tout réduire à leur niveau, ce qu'aucune fée ne peut supporter longtemps. Les fées de l'air ne peuvent jamais être attachées au sol, par contre elles peuvent élever et inspirer.

Les Walkyries parlent de la douce libération de la mort. Elles viennent peut-être pour dire que si difficile que le combat puisse être, la beauté et la paix finissent par tout revêtir. De nos jours, les

miraculeusement indemne. L'endossant, elles se sont envolées avec des cris de joie. Egil et Slagfinn avaient chaussé leurs raquettes et s'étaient dirigés vers le nord,

Walkyries sont aussi nécessaires, sinon plus, que les Vikings bellicistes. On a surtout besoin de leur courage et de leur vision.

Hermès

Pour les Grecs antiques, Hermès était un puissant esprit messager. Les Romains l'appelaient Mercure. Les ailes de ses sandales lui permettaient d'échapper aux troubles qu'il provoquait souvent ! Plein de malice, il avait volé le bétail de son frère Apollon, mais son agilité mentale l'avait sauvé des représailles méritées – de ses doigts habiles, Hermès avait fabriqué une lyre. Il avait donné cette offrande de paix à son frère, qui s'était mis à rire et lui avait pardonné.

L'une des tâches d'Hermès est de conduire les âmes des morts dans l'Autre monde. C'est le seul dieu capable d'entrer dans le monde de Hadès et d'en sortir sans problème, puisqu'il renferme en lui plusieurs esprits – il est l'essence même du changement, de l'imprévisibilité et de l'adaptabilité.

Comme les pensées étayent tous les types de fertilité, Hermès était aussi honoré en sa qualité de dieu de la procréation. Ses statues, appelées *hermeia*, ornaient les chapelles sacrées le long des chemins, montrant son buste sur un pilier quadrangulaire, avec un phallus au-dessous. Les voyageurs versaient une libation de vin à la base de la statue. À une époque encore plus ancienne, la présence d'Hermès était honorée par un simple tas de pierres, auquel les voyageurs en ajoutaient d'autres en hommage lorsqu'ils passaient devant.

Hermès est le patron des voleurs, et cette qualité exhibe la nature ambiguë des vrais esprits. Les lois humaines sont très claires quant à la propriété, mais le monde des fées sait que rien de ce qui vient de la terre ne peut être vraiment possédé – tout est prêté, et tout doit être partagé. Hermès jouera effectivement des tours à ceux qui s'accrochent à leurs biens et s'entourent de hautes clôtures, menaçant d'ébranler tout ce qui leur est cher. D'un mouvement de sa cape, Hermès révèle de nouvelles perspectives, puis – boum ! – la scène change, car il est sage et dit que la seule chose certaine dans la vie est le changement.

La Leanan Sidhe

La Leanan Sidhe est un esprit irlandais, faisant partie du peuple des Sidhe – les créatures divines qui habitaient l'Irlande avant que l'arrivée des Celtes ne les force à passer dans une autre dimension. On ne sait pas s'il existe une seule Leanan Sidhe, ou plusieurs.

On la connaît davantage sous le nom de Leanna. Elle confère l'inspiration créative, conformément à son identité d'esprit de l'air. Comme bien de présents des fées, son don a un prix. Des récits parlent de mortels qui se sont vus conférer le souffle du génie par une Leanan Sidhe – en voici une à propos d'un compositeur talentueux.

Il s'appelait Sébastien, et était très beau, avec une crinière de cheveux noirs, des yeux sombres et un air d'insouciance distante. Très demandé dans la haute société, il n'avait que le choix des dames, mais leur superficialité le dégoûtait et il se réfugiait de plus en plus dans la boisson et la débauche. Dès qu'il faisait son apparition à une fête, il était honoré comme une célébrité, bien qu'il soit de plus en plus grossier. Toutefois, cela ne nuisait nullement à sa popularité, et même si deux années étaient passées depuis son dernier opéra, il était toujours le bienvenu dans les établissements les plus huppés.

Lors d'une splendide soirée, il avait fui ses admirateurs en se réfugiant dans le bureau de son hôte avec une bouteille de whisky. Il sombrait dans l'ivresse lorsqu'il se rendit compte qu'une femme était dans la pièce. Il leva les yeux et vit la plus belle créature qu'il avait jamais rencontrée. Son voile de cheveux châtains n'était pas à la mode, mais tombait enchanteur sur son dos. Son air de savoir subtil rendait difficile de lui donner un âge. Le commentaire caustique mourut sur les lèvres de Sébastien lorsque la femme sourit.

« Je suis Lady Leanna, dit-elle. J'espère que je ne vous dérange pas. » Elle se mit à parler avec intelligence et esprit de son œuvre, et Sébastien fut ravi. Pendant que la danse se poursuivait sans eux dans la salle de bal et que la nuit avançait, ils discutèrent. Lady Leanna était l'épouse d'un très riche seigneur âgé, et elle proposa à Sébastien de financer sa carrière.

Le lendemain, quand Sébastien soignait sa gueule de bois en se demandant s'il avait imaginé les événements de la nuit, quelqu'un frappa doucement à sa porte. Il l'ouvrit sur la belle

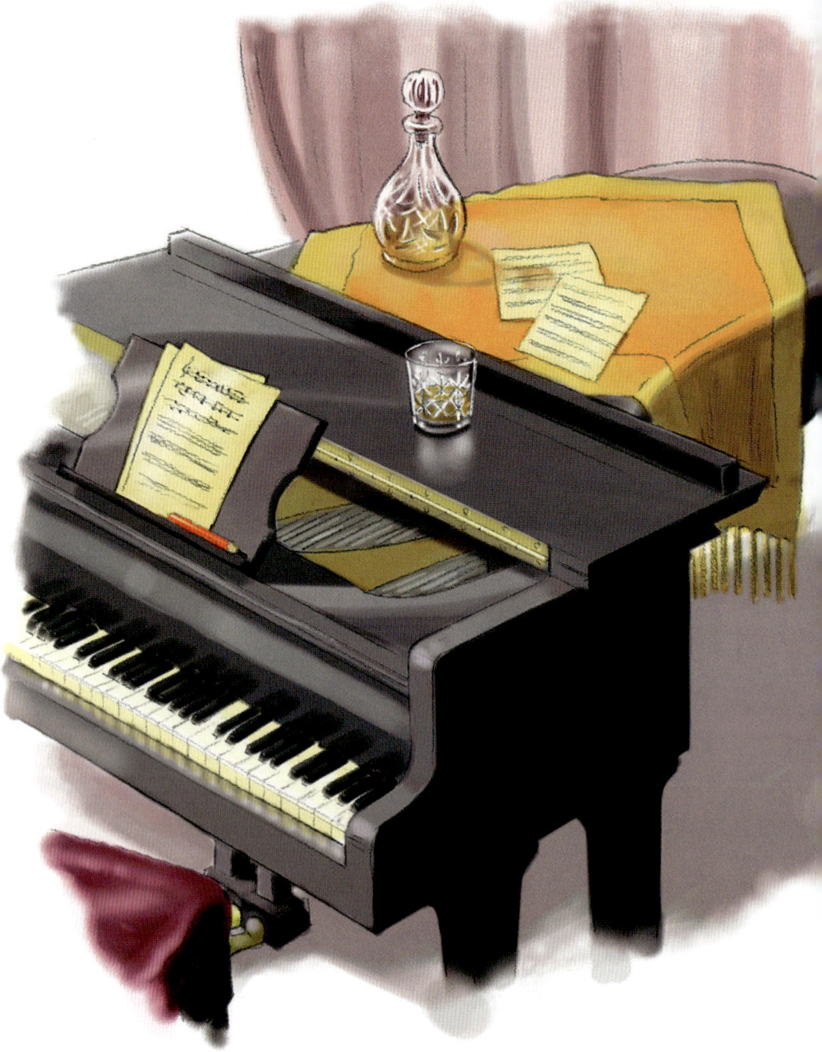

compagne de la nuit précédente. Son mal de tête disparut sur-le-champ et le compositeur passa le reste de la journée à jouer du piano, alors que Lady Leanna chantait d'une voix de soprano, envoûtante.

Ce fut la première visite. Rapidement, Sébastien passa tous les jours à composer et à jouer fiévreusement, pendant que Leanna se tenait derrière lui, chantant, faisant des suggestions et l'encourageant à travailler de plus en plus. Avec elle à son côté, il composa certains des airs le plus éthérés et merveilleux jamais écrits. Il avait oublié la boisson, et s'arrêtait à peine pour manger. Quand Leanna était avec lui, il mettait certaines de ses touches les plus inspirées à sa musique, quand elle était loin, il écrivait des volumes pour lui montrer. Ses voisins entendaient le piano jouer jusqu'à l'aube, et l'entendaient souvent parler et rire tout seul. Ils ne virent jamais quiconque le visiter, et des rumeurs se mirent à circuler sur sa folie, à l'exemple de bien d'autres âmes créatives.

Trois mois après leur première rencontre, le nouvel opéra de Sébastien était achevé. Leanna et lui le chantèrent ensemble. Quand Sébastien s'assit, épuisé, Leanna lui dit : « Votre travail a ému mon cœur. Me permettez-vous de vous embrasser en récompense ? »

En vérité, Sébastien rêvait depuis longtemps que sa chaste partenaire lui offre plus que sa compagnie. Il accepta immédiatement, levant les bras vers elle. Ce fut la dernière chose qu'il fit, car lorsque leurs lèvres se rencontrèrent, la fée inspira le souffle du compositeur et, avec lui, son âme. Son opéra posthume fut publié, joué et acclamé. Nul ne découvrit jamais qui était la mystérieuse Lady Leanna à laquelle il était dédié.

Leanna encourage les mortels à se surpasser et à voir la magie dans la vie de tous les jours. Qui peut devenir tel et garder encore sa prise sur la vie mortelle ? De rares, de très rares personnes – et elles suivent leur propre conseil.

Arianrod

Arianrod est la puissante reine galloise des fées qui règne sur la constellation Corona borealis, la Caer Arianrod. C'est le sommet du vent du nord, anneau de gemmes dans le ciel, demeure des âmes se trouvant entre les vies, qui viennent là pour être guéries et se préparer à leur vie suivante sur la Terre. Lorsqu'ils dorment, les poètes sont portés par leurs rêves jusqu'à Caer Arianrod, qui leur confère inspiration. Quel est le prix à payer ? La véritable vénération du féminin.

À l'aube des temps, les femmes étaient honorées et puissantes. Un souverain pouvait régner seulement si la Déesse l'en autorisait. Les jeunes hommes recevaient leurs armes de la main des sorcières guerrières – si l'on en croit les légendes celtes. À mesure que le patriarcat a pris la place du matriarcat, le féminin a été rabaissé. C'est l'une des raisons pour lesquelles si peu de gens voient les fées.

Arianrod, en puissante reine qu'elle était – et est –, refusait de se laisser intimider. Elle avait refusé de donner un nom à son fils (Lleu), prérogative de la mère, si cela signifiait perdre ses droits matriarcaux, tout comme elle avait refusé de lui donner des armes. Quand son frère Gwydion s'était arrangé pour la tromper là-dessus, elle avait juré que son fils n'aurait pas de femme.

À première vue, Arianrod semble dure, mais ses actions sont sages, car elle avait envisagé la morosité de l'avenir d'un monde dépourvu de respect pour le féminin, la terre et l'élément intuitif. Hélas, ses souhaits ont été ignorés et Gwydion s'était servi de sa magie pour façonner une femme à Lleu à partir d'inflorescences de chêne, de reine-des-prés et de genêt. Les hommes s'étaient emparés en apparence de la nature, l'utilisant pour assouvir leurs vils désirs.

Lleu, passant outre le conseil de sa mère, épousa la belle Blodeuwydd, « Visage de fleur » en gaélique. Le mariage finit tragiquement, car Blodeuwydd – bien que façonnée par les hommes – était quand même une déesse dont le cœur ne pouvait pas être contraint. Elle tomba amoureuse d'un autre homme, Gronw, et ils planifièrent ensemble la mort de Lleu.

Tué, Lleu revint magiquement à la vie. Gronw fut lui aussi tué. Blodeuwydd se transforma en hibou, symbole de sagesse. Cet oiseau a été longtemps associé au pouvoir de la Déesse, car il était aussi sacré pour Athéna, la déesse grecque de la sagesse. Le hibou vole la nuit et, dans les ténèbres, ce qui est invisible à la vue normale lui est révélé. L'histoire revient ainsi à son point de départ, avec la sagesse de la Déesse, la connaissance du monde naturel de l'intérieur et la vision de l'avenir du Petit Peuple. Après toutes les épreuves et les tribulations, les cycles de la nature comportant la seule voie donnant un sens à un monde insensé.

Dans l'hémisphère nord, en levant les yeux par une nuit claire, on voit les constellations australes brillant comme des cristaux. Ces étoiles ne se couchent jamais, même au cœur de l'été. Aperçoit-on les tours du château d'Arianrod (Caer Arianrod), surmontées par les étoiles chatoyantes ? Dans l'hémisphère sud, il ne faut jamais croire que Caer Arianrod est hors de vue. Là où les étoiles parsèment le velours du ciel à minuit, le royaume d'Arianrod est visible à ceux en harmonie avec leur nature intérieure. En regardant le ciel, mieux vaut oublier ce que la science dit des étoiles. Comment peut-on savoir que ce n'est pas une autre illusion ? Peut-on reconnaître la vraie demeure de son âme ? Si oui, c'est que le don est là.

Lilith

Voici un autre esprit de l'air féminin – une battante ! Selon la légende, Lilith était la première épouse d'Adam, alors qu'en fait elle est une variante de la Lilitu sumérienne : un esprit sauvage du vent et de la tempête, qui volait à travers l'obscurité pour apporter des cauchemars.

Lilith est un esprit tenu pour malfaisant, car pendant des siècles elle a incarné une chose culturellement inacceptable – une femme indépendante ! Lilith est la voix qui chuchote à l'oreille de toute épouse soumise, la voix qui encourage les personnes maltraitées et rejetées à se révolter, la voix qui dit à l'ignorant d'apprendre et d'agir.

Elle est difficile à saisir, car elle a le don de retourner le parterre de fleurs nettement ratissé, soigneusement planté, afin de mettre à jour tous les vers se tortillant au-dessous. Malvenu au premier abord, le savoir qu'elle apporte rend d'ordinaire plus fort. Il ne faut pas craindre Lilith si on l'entend murmurer en s'endormant. On doit l'écouter et lui témoigner du respect. Elle deviendra alors constructive et offrira le don d'une créativité unique.

Thot le Sage

La plupart des esprits de l'air sont liés à la sagesse, et plus que tout Thot, le dieu égyptien à tête d'ibis. Thot est, en fait, un puissant esprit créateur remontant aux temps précédant de très loin l'époque dynastique. Il avait créé les dieux et les déesses grâce au son de sa voix. À leur tour, ceux-ci avaient maintenu le soleil en mouvement dans le ciel par leur chant. À l'occasion, Thot est représenté avec une tête de babouin, car les babouins jacassent pour accueillir l'aube. Le pouvoir de la parole apparaît maintes fois dans les histoires de création et de magie.

Thot était par ailleurs le seigneur de la Lune, bien que dans ce contexte il s'agit davantage d'un appareil de mesure, car ce dieu a aussi inventé le calendrier. S'opposant à l'injustice, il utilisa l'éclat lunaire pour réunir Nout, déesse du ciel, et son frère Geb, la Terre, qui voulaient se marier malgré l'opposition du grand-père, le dieu du soleil Rê. Celui-ci avait ordonné à leur père, le dieu de l'air Shu, de les séparer, et décrété que Nout n'allait pas accoucher, quel que soit le mois de l'année. En jouant aux dames avec la Lune, Thot gagna une septième de seconde de son éclat, dont il fit cinq jours intermédiaires insérés dans son calendrier. Ainsi, Nout put accoucher pendant ces cinq jours et elle donna naissance à Osiris, à Horus l'Ancien, à Isis, à Seth et à Nephthys.

Plus tard, quand Seth conspira pour renverser son frère Osiris et le tua, Thot resta loyal à Isis, l'épouse d'Osiris, et pratique souvent la magie avec elle. Osiris est devenu le roi de l'Autre monde et, tout comme Hermès (voir page 160), Thot fut chargé d'admettre les âmes dans son royaume. Ces âmes étaient pesées dans une balance ayant pour poids la plume de la vérité, afin de déterminer si elles étaient assez légères pour être dignes d'intégrer dans le royaume sacré.

Lors d'une quête de vérité et de justice, Thot est un allié merveilleux. Sa vérité n'est pas littérale, mais davantage le pouvoir de la connaissance de soi, la réalisation que l'âme a son propre destin et objectif. La justice de Thot ne concerne pas la rétribution, elle équilibre la balance entre les besoins de chacun. On fait appel à lui quand on a besoin de se détacher d'une situation, de penser clairement ou d'être honnête avec soi-même, quand on doit se montrer « malin », par exemple en passant un examen – sans oublier qu'il a dupé le dieu du soleil lui-même !

White Buffalo Woman

Les Amérindiens racontent que les secrets du calumet de la paix leur ont été révélés par la White Buffalo Woman, apparue à deux braves dans la montagne. Elle était vêtue de cuir blanc orné de perles merveilleuses et avait émergé d'un nuage devant les chasseurs ébahis. Quand elle regarda le plus fougueux, celui-ci se précipita vers elle pour l'embrasser. Souriant, elle le prit dans ses bras et le nuage blanc se leva de nouveau pour les cacher. Quand il se dissipa, la femme était seule, le squelette du chasseur à ses pieds.

Humble, l'autre brave la conduisit dans son village. Au cours du trajet, elle l'assura que son compagnon avait reçu exactement ce qu'il voulait. En arrivant au village, elle initia la tribu aux mystères du calumet de la paix, qui est l'union du mâle et de la femelle à travers le souffle de l'esprit. Le fourneau rond représente le féminin, le tuyau, le masculin, la fumée, la connexion éthérique. Après avoir partagé le calumet avec la tribu, elle leur enjoint d'honorer toujours la Terre Mère, puis se transforma en bison blanc et disparut.

Les Amérindiens vénéraient le bison, qui satisfaisait tous leurs besoins vitaux : viande pour l'alimentation, peau pour les vêtements et les tentes, os pour les outils. En effet, il incarnait les pouvoirs de la vie. Ainsi, la transformation en bison était un signe de grand pouvoir. La rencontre du brave impérieux avec le monde féerique a beaucoup de points communs avec d'autres récits, car pendant qu'il était enveloppé du nuage blanc de l'esprit de l'air, le temps humain disparaissait. Des centaines d'années s'étaient écoulées pour lui, il avait vieilli, était mort et la chair s'était détachée de ses os, alors que pour son compagnon une seule minute s'était écoulée.

L'un des points les plus importants de son histoire est, toutefois, la sacralité de la sexualité et le besoin d'une bonne communication pour que les relations fonctionnent. La fumée du calumet de la paix signifie beaucoup de choses. Ce peut être la fumée des feux de la passion ou l'arôme grisant de l'amour même. Le souffle des paroles, sorties du fond du cœur, est le plus important, car il cherche la véritable compréhension et union.

Les sept corbeaux

Ce conte des frères Grimm concerne les pouvoirs de l'air. Un couple avait jadis sept fils et désirait fortement une fille. Finalement, une petite fille était née, mais comme elle était mal en point, les garçons furent envoyés tirer de l'eau au puits. Là, ils se disputèrent et firent tomber le seau dans le puits. Ils y mirent tant de temps que leur père se fâcha et dit qu'il aurait préféré qu'ils fussent des corbeaux. Transformés sur-le-champ en oiseaux, ils s'envolèrent au-dessus de sa tête et s'éloignèrent.

Si perturbé que le couple soit de la perte de ses fils, leur belle fille leur apporta la joie en grandissant. À la longue, toutefois, elle désira retrouver ses frères. Elle se tourna vers le pouvoir des éléments et demanda l'aide du soleil, mais celui-ci la brûla. Elle demanda à la Lune, qui la déçut. Elle demanda aux étoiles amicales, et l'une lui donna un os de poulet censé libérer ses frères de la montagne de verre dont ils étaient captifs. Malheureusement, la jeune fille perdit l'os – elle trancha courageusement son doigt pour l'utiliser comme clé.

Une fois à l'intérieur de la montagne, elle aperçut sept assiettes et sept coupes. Elle mangea et but un peu de chacune, et laissa tomber la bague de sa mère dans la dernière. L'air résonna alors d'un bruissement d'ailes. Se cachant derrière la porte, elle vit les corbeaux revenir. « Qui a mangé dans nos assiettes ? demandèrent-ils. Nous savons que c'est un mortel. » Puis l'un aperçut la bague et s'écria : « Mon Dieu, j'espère que notre sœur est ici et que nous serons libérés ! » La jeune fille se montra, les garçons redevinrent humains et tous rentrèrent à la maison, ce qui donna lieu à de grandes réjouissances.

La variante longue de cette histoire est plus complexe, avec de nombreuses significations symboliques. Une chose est claire : on doit faire attention à ce que l'on souhaite, au cas où les sylphes l'entendent ! Le propos du père, jailli de la colère, était peu judicieux, ce qui lui avait fait perdre ses fils. Toutefois, le souhait du fils corbeau était sage, si bien que lui et ses frères redevinrent humains. La bravoure et la débrouillardise de la sœur plurent aux fées. La bague représente la mémoire, le fil invisible et solide qu'elles aident à filer.

Les quatre vents

Les quatre vents sont des pouvoirs très particuliers, possédant chacun son monarque et son groupe d'esprits. Chacun vient d'un point cardinal et est associé à un élément spécifique.

Cela peut sembler difficile à comprendre, car tous les vents sont certes de *l'air*. Cependant, ils sont dans une certaine mesure des *messagers* – véhiculant des signes d'un autre monde. En tant qu'association de l'air à la communication et au voyage, les vents ouvrent un portail vers des régions particulières de l'Autre monde.

L'occultisme occidental utilise les noms des vents lors des invocations magiques. Quand le cercle magique fait de pensées et censé protéger le praticien et contenir le pouvoir est tracé, les quatre éléments sont appelés les quatre quartiers jouant le rôle de gardiens. Ce sont les Tours de guet, chacune occupée par un vent puissant. Souvent, lorsqu'un vent donné est invoqué, on le sent souffler dans le cercle en compagnie de son groupe d'esprits et de l'élément respectif.

Les magiciens connaissent ces pouvoirs depuis l'aube des temps. Les quatre vents sont encore appelés aujourd'hui par leurs noms grecs : Euros, le vent de l'est, apportant avec lui les pouvoirs de l'élément air, Notos, le vent du sud ou l'élément feu,

Zéphyr, le vent de l'ouest ou l'élément eau, Borée, le vent du nord ou l'élément terre.

Tous ces liens sont fondés, bien entendu, sur des associations avec le monde naturel. C'est cela le contact avec les fées : une véritable proximité de la nature, qui finira par écarter son voile et rendre visibles d'autres réalités. Les liens dont on parle ici concernent une position dans l'hémisphère nord, bien que d'autres points de vue soient possibles – par exemple, les Lakotas assimilent le sud à l'eau. En gardant cela à l'esprit, si on vit dans l'hémisphère sud on peut adopter le feu/Notos, car on sera au nord, le quartier le plus chaud, ou la terre/Borée, au sud. Comme toujours, si on suit son intuition, on fera ce qui semble juste.

Euros, seigneur de l'est et de l'air

Euros et sa jeune dame – dont l'importance égale, bien entendu, la sienne – ouvrent les portails au point du jour, tout comme leur élément, l'air. Les sylphes (voir page 146) arrivent avec leurs dons. Toutefois, dans ce cas, ils sont en mission ! Leur objectif est de garder le cercle contre tout manque de clarté et toute émotion excessive et inappropriée.

Ils sont très utiles quand on doit se concentrer sur un rituel, bien qu'ils puissent faire rire. Heureusement, la Déesse aime la révérence dans la joie. Les sylphes aident aussi dans des situations ordinaires, comme une route libre devant soi lorsqu'on est pressé, la réussite à un examen ou une interview. En imaginant les portes de leur royaume s'ouvrir en grand, on demande leur aide.

Euros vient des horizons vertigineux, des cimes des montagnes, accompagné du bruit du vent se précipitant entre les arbres et de la lumière douce, parfois chatoyante, de l'aube. Euros est l'affranchissement du préjugé, de la routine et de tous les concepts qui entravent. Le royaume des nouveaux commencements lui appartient – on doit se tourner vers lui quand on a besoin d'un peu de confiance et d'énormément d'espoir.

Notos, seigneur du sud et du feu

Le souffle tiède des climats plus chauds vient avec Notos et son éblouissante reine, à mesure qu'ils ouvrent la voie à l'essence de midi. Les salamandres (voir page 200) les accompagnent – êtres exubérants de flamme et d'énergie, qu'ils mettent au travail.

Les salamandres apportent inspiration et enthousiasme. Alors que les sylphes aident à penser clairement, les salamandres arrivent avec les éclairs de brillance pure venant d'on ne sait où. Offrant l'intuition et la passion, elles enflamment le mental et le cœur, et permettent de sentir qu'on peut tout faire ! Si une piqûre d'enthousiasme s'avère nécessaire dans la vie ordinaire, la personne doit demander à Notos d'ouvrir ses portes et de laisser les salamandres lui conférer courage et optimisme.

Notos arrive avec le souffle chaud du désert cuit par le soleil et avec tout ce qui est exotique et pittoresque. Il apporte aussi la perspective des signaux lumineux allumés au sommet des collines, des feux d'artifice, des âtres accueillants et même de la cuisine. Tout dépend du moment où on l'appelle et de la raison de l'appel. Notos est l'affranchissement du négatif et de toutes les négations récurrentes. Le domaine de la conviction est sien – on se tourne vers lui pour se sentir dynamique et badin.

Zéphyr, seigneur de l'ouest et de l'eau

Zéphyr et sa douce dame apportent avec eux le repos et la tranquillité du soir. Ils sont accompagnés des ondines (voir page 104), qui plongent et barbotent. Celles-ci arrivent avec la poésie et la douceur de leur nature, apportant les véritables sentiments nés de la connaissance de soi.

La compréhension et la compassion des ondines favorisent les liens entre les êtres humains et assurent que ceux-ci restent connectés au sens réel de la « tribu » et des traditions. Elles offrent amour et empathie. À mesure que les ondines arrivent, on éprouve un sentiment de compréhension et de relaxation, un sentiment que « tout est juste ». Lorsqu'on a besoin de proximité, d'affection, de se sentir vraiment « entendu » dans la vie ordinaire, il faut demander à Zéphyr de laisser les portes s'ouvrir largement pour permettre aux ondines d'apporter leur aide.

Zéphyr offre la douceur de la pluie et le mystère du soleil couchant. Les îles des Bienheureux, où selon certains les morts vont se reposer, se trouvant dans l'ouest, d'où sa connexion avec le passé. Toutefois, Zéphyr peut aussi être fort et entraînant, dirigeant les averses et annonçant la transformation. Zéphyr est l'affranchissement de la solitude et de tout sentiment de non-appartenance. Le royaume des véritables émotions lui appartient – on se tourne vers lui quand on veut laisser couler ses larmes, éclater de rire ou se sentir chéri.

Borée, seigneur du nord et de la terre

Borée et sa noble reine offrent la solidité et la protection de la terre. Ils sont accompagnés des gnomes (voir page 235), marchant de propos délibéré, avec un esprit pratique réaliste, car ce sont des êtres qui ne plaisantent pas avec l'organisation.

Les gnomes aident les gens à garder les pieds sur terre et s'assurent que leur instinct de conservation est intact et qu'ils ne tentent que le possible. À mesure de l'arrivée des gnomes, un sentiment réconfortant d'être bien ancré et protégé s'installe. Dans la vie ordinaire, si le besoin de bon sens et de chance financière se fait sentir, il faut demander à Borée d'ouvrir ses portes pour permettre aux gnomes de venir au secours.

Borée apporte les rafales froides des étendues enneigées, mais aussi la sagesse ancienne de la grotte et de la pierre levée solitaire. On l'appelle pour la certitude et la sécurité.

Le Griffon

Le griffon est une créature fantastique du royaume féerique, originaire surtout du Moyen-Orient. Par ailleurs, c'est le nom générique de toute fée moitié mammifère, moitié oiseau. D'ordinaire, cette créature est mi-lion mi-aigle. L'hippogriffe des histoires de Harry Potter *est un griffon, de plus très capricieux et plutôt agressif!*

Comme la plupart des esprits, le griffon ne tolère pas les mauvaises manières et use des représailles. Les fées ont besoin de protection – la fonction du griffon est de repousser les intrus et de venger les blessés. Gardien sensible, il est impitoyable lorsqu'il s'agit de vengeance. Souvent, les actions d'un griffon se manifesteront dans les phénomènes naturels genre tempête.

Comme le griffon est mi-animal mi-oiseau, il symbolise l'union de la matière et de l'esprit. Il est toujours attentif, toujours juste, rarement clément. Pour les Assyriens, l'ange de la mort était un griffon. Célèbre pour la finesse de son ouïe, cette créature offre à ceux qui l'approchent le don d'entendre ce que les autres disent *vraiment*, pas leurs paroles souvent trompeuses. Si on perçoit l'approche d'un griffon, le moment est très intense. On doit chercher des yeux un éclair dans le ciel et une plume très grande, signe de son passage.

Le Sphinx

Autre créature amalgamée, le sphinx incarne le mystère. Pour les Grecs, le sphinx avait la tête d'une femme et le corps d'un lion ailé, alors que le sphinx égyptien a la tête d'un homme, d'un bélier ou d'un faucon, ce qui le rapproche du griffon.

La nature combinée du sphinx signale la connaissance profonde venant de l'union de l'esprit, de l'instinct et de l'intellect. Dans le mythe, cet être est souvent le gardien des mystères anciens. Pour mettre à l'épreuve la valeur de ceux qui l'approchaient, le sphinx imposait le passage d'un test ou la résolution d'une énigme. L'échec apportait la mort, le plus souvent sous la dent du sphinx vengeur.

Le symbolisme se rapporte ici à la compréhension et à l'utilisation du savoir. Les connaissances partielles, utilisées avec arrogance, peuvent conduire à être « dévoré » par les conséquences de l'ignorance. De nos jours, où les connaissances scientifiques sont utilisées sans tenir compte des significations spirituelles, ce risque est toujours présent.

Si on est confronté à trop d'énigmes dans la vie, on peut suspecter l'implication du sphinx. Pas de panique ! Cela indique peut-être le besoin d'un plus d'éducation ou d'élargissement de l'esprit. Porteur de prophétie, le sphinx est là pour mettre au défi et inspirer.

Trouver les fées de l'air

L'air est partout, donnant la vie seconde après seconde, même si on se rend rarement compte de sa présence. De plus, l'air véhicule la parole – la vibration du pouvoir ayant initié la création. Le son se transmet à travers l'air, la communication est aérienne. Le plaisir de la musique est éprouvé de la même manière. Le terme « inspiration » vient du latin spiritus, *« respirer ».*

L'air est pensée, éducation, liberté et compréhension. Tout ce qu'on pense vient de l'air, changeant l'atmosphère environnante. Alors que pour la plupart les effets de ce processus sont ordinaires et éphémères, les pensées très noires et très intenses subsistant de longues périodes sont susceptibles de contaminer l'air.

Les sylphes, minuscules ou énormes, arrivent sur une brise douce ou avec la tempête. Ils purifient et protègent l'atmosphère, créent et déplacent les nuages, gardent l'ensemble en mouvement et en équilibre. Ils sont aussi impliqués dans chaque effort mental, offrant compréhension et guérison. Les sylphes ne sont connectés à aucune vie physique particulière et sont parmi les plus libres des fées. On peut les trouver partout. Certains des plus développés sont assimilables aux anges, car ils sont les messagères de l'esprit. En tant que gardiens et guérisseurs, les sylphes atténuent la souffrance et sont attirés par les enfants, dont le cœur est léger, mais aussi vulnérable.

La prise de conscience de la beauté et de la délicatesse de l'air est un premier pas vers l'invocation de ces êtres. L'air de la maison doit être frais et mouvant. Il faut choisir soigneusement les bâtonnets d'encens, car offrir aux sylphes une mauvaise odeur ne mènera pas loin ! Les projets de purification de l'atmosphère sont intéressants. À la différence des ondines, les sylphes sont attirés par la musique, et préfèrent les cornemuses et les flûtes. Un sifflement peut aussi les attirer.

Plus que tout, les pensées doivent être pures. Cela ne signifie pas *réprimer* tout sentiment négatif, mais le voir comme un fardeau inutile et permettre aux sylphes de l'écarter. À leur approche, les troubles se dissipent et le sourire naît. On utilise son mental, on communique avec autrui, on est prêt à apprendre, à être ouvert et sincère, à respecter le pouvoir de la télépathie et à le développer. Avec le temps, une sylphe particulière aidera chacun à grandir.

Fées de l'air dans la maison

Connaître ces créatures dans leur propre habitat est merveilleusement inspirant. On peut cependant commencer chez soi, dans la maison, en affirmant son affinité avec elles. Cela s'avérera particulièrement bénéfique si on désire attirer l'un des êtres déjà décrits.

MÉTHODE

Un petit rayonnage ou le haut d'un placard sera réservé à un autel (voir page 36).

1 Recouvrez l'autel d'un tissu blanc ou bleu pâle, si vous le désirez, et choisissez des bougies des mêmes couleurs. L'encens est approprié sur tout autel, et particulièrement pour les fées de l'air. Achetez un encensoir, que vous ferez osciller pour imprégner l'air de fragrance : orange, bergamote, lavande, lemon-grass et pin. Vous pouvez choisir l'arôme qui vous semble convenir. Un brûleur d'huile laissera aussi monter un parfum délicat.

2 Placez sur l'autel tout ce qui vous rappelle l'élément air, ou tout objet trouvé dans un lieu apparemment rempli de ces créatures. Les plumes sont un choix évident, ainsi que les graines portées par le vent, les samares du sycomore, les feux follets, les akènes du pissenlit, les images de nuages ou de scènes aériennes, les photos d'oiseaux. Pour les cristaux, préférez le jaspe, l'aventurine ou l'agate Blue-lace. Certaines fleurs ont des associations traditionnelles avec l'air, dont le trèfle, le pissenlit, l'euphraise, le muguet et la reine-des-prés. L'accord des fées de ces fleurs dépendra de plusieurs facteurs – une fois de plus, suivez vos instincts.

3 Pour attirer la bienveillance des esprits mentionnés aux pages précédentes, honorez-les sur l'autel. Par exemple, si vous désirez la sagesse, les corbeaux et les runes invoqueront Odin. Les étoiles apportent avec elles les mystères éternels d'Arianrod. Si vous désirez l'inspiration de la Leanan Sidhe, un instrument de musique en miniature sera approprié.

4 Comme les esprits de l'air ont une affinité pour la pensée et la communication, ils aident dans tous les problèmes concernant ces sujets. Placez sur l'autel un stylet – de préférence une plume d'oie – et un rouleau, pour accélérer la correspondance. Vous pouvez même y placer des CD informatiques, sous un cristal.

Fées de l'air dans la nature

Les sylphes sont probablement les plus faciles à trouver de toutes les fées, car elles sont partout. La plupart fuient les endroits où se sont déroulés des événements terribles, comme les sites des camps de concentration. Celles qui s'y rendent s'occupent surtout de purifier et de guérir, et sont peu intéressées par la communication humaine. Les zones extrêmement polluées par les hommes, comme certains sites industriels, sont peu fréquentées par les fées. Hormis cela, où qu'on respire, les sylphes sont là.

MÉTHODE

1 Pour un contact plus facile avec ces êtres merveilleux, montez au sommet d'une colline, de préférence par un jour ensoleillé, quand l'air est frais. Ouvrez votre cœur à la pureté de la brise et soyez conscient de chaque toucher, de chaque caresse, de chaque murmure. Parfois, l'air reste immobile, et vous sentez une brise spiralant autour de vos épaules et dans votre chevelure, signe qu'un sylphe est proche. Regardez attentivement les nuages pour trouver des images et des formes – que vous disent-elles ? Véhiculent-elles un message ? Voyez si vous pouvez façonner les nuages comme *vous* le voulez, même depuis votre fenêtre. Si vous y parvenez, vous établissez assurément un contact télépathique avec les sylphes.

2 Faire monter un cerf-volant est un autre moyen de se rapprocher des sylphes. Regardez le vent jouer avec lui, percevez la traction et la contre-traction, la descente en piqué et la plongée. Lorsque le cerf-volant vole, vous passez plus de temps les yeux au ciel que vous l'avez fait pendant plusieurs jours. Accordez-vous au vent et aux fées qui le chargent en pouvoir.

3 Jouer de la flûte de Pan ou de la flûte attire aussi les sylphes. Sifflotez plusieurs fois une mélodie ancienne en restant assis sous un arbre, un jour tranquille, et réjouissez-vous de l'entendre. Vous sentirez rapidement une brise légère et les feuilles bruiront ou la poussière tournera à mesure de l'approche des sylphes.

4 Les fées de l'air peuvent assumer la forme d'un oiseau ou d'un papillon – une plume ou une fragrance témoigne souvent de leur passage. Quoi que ce soit, vous avez de la chance, car votre dialogue avec les sylphes a commencé.

Charme de l'esprit de l'air pour la réussite aux examens

Ce charme chargera en pouvoir un cristal, afin d'apporter la réussite à un examen ou un test à venir.

MÉTHODE

Un petit morceau d'agate Blue-lace est nécessaire pour ce charme, ainsi qu'une plume, que vous avez trouvé vous-même de préférence. Essayez de vous assurer que toute plume utilisée a été obtenue sans cruauté.

1 Emportez la plume et le cristal dans un endroit paisible en pleine nature – par exemple, sous un arbre, en vous assurant d'être seul. Vous pouvez pratiquer ce charme à votre fenêtre.

2 Utilisez la plume pour vous accorder au monde des sylphes. Imaginez-la lorsqu'elle permettait à l'oiseau de s'élever haut dans le ciel. Fermez les yeux et visualisez cette légèreté, cette liberté. Appelez les sylphes.

3 Quand une brise particulière annonce la présence des sylphes, tenez le morceau d'agate et imaginez toute la clarté et la célérité de leur monde y pénétrer. Demandez aux sylphes de charger en énergie le cristal de leur sagesse, intuition et entrain.

4 Quand vous avez l'impression que c'est fini, remerciez et gardez le cristal avec vous pendant que vous étudiez ou passez un examen. Vous pouvez le recharger à tout moment.

Charme de l'esprit de l'air pour la communication

Ce charme attirera les communications venant du monde extérieur – par téléphone, texto, lettre ou e-mail.

MÉTHODE

Il vous faut un peu d'huile essentielle de lavande (pure, d'origine connue). Achetez une bouteille spéciale et remplissez-la d'assez d'huile pour le charme. La lavande est une huile très douce, inoffensive. Si vous le désirez, diluez deux gouttes dans une cuillère à café d'huile d'amandes douces.

1 Procédez comme lors du chargement de l'agate (voir page 190). La lavande a une affinité pour les sylphes et ils viendront à vous. Sifflotez une mélodie si vous le désirez.

2 Quand vous percevez cette brise particulière ou voyez un oiseau ou un papillon se rapprocher, demandez aux sylphes d'accélérer la communication dans votre vie et la rendre aussi rapide que le vent. Imaginez le téléphone sonner, les texto arriver, des lettres tombant sur le tapis et la boîte e-mail pleine de messages. Remerciez les sylphes pour leur aide et leur travail.

3 Enduisez-vous les tempes, les poignets et les chevilles d'un peu d'huile. Placez quelques gouttes sur une petite écharpe nouée au câble de l'ordinateur, puis placez un peu d'huile sur le téléphone et la boîte à lettres (prudence, c'est très gras!).

4 Attendez-vous à un pilonnage de communications.

Méditation pour entrer dans le monde des esprits de l'air

Un fois conscient des esprits de l'air, on entendra leurs voix argentées partout autour de soi. Cette méditation est conçue pour permettre à un esprit particulier d'établir le contact. Ce faisant, on doit savoir que beaucoup de gens ont leur sylphe personnel, qui est là pour les inspirer. Il faut aussi savoir que cet être est un gardien, quelque peu semblable à un ange gardien, et qu'il est là pour éveiller le mental de l'individu et protéger celui-ci.

MÉTHODE

1 Relaxez-vous complètement, comme décrit dans l'Introduction (voir pages 34 et 35). Si vous trouvez un endroit calme et isolé dehors, tant mieux. Visualisez-vous traverser une cité classique majestueuse, le long d'un boulevard circulaire. Aucune voiture ne pollue l'atmosphère. Vous êtes vêtu de blanc et portez des sandales. De chaque côté, des bâtiments blancs magnifiques, avec des colonnes doriques, plateformes et grandes portes voûtées vous encadrent. Dans ces bâtiments et autour d'eux glissent d'autres êtres, eux aussi en blanc. Leurs mouvements sont si fluides qu'on a l'impression que leurs pieds ne touchent pas le sol.

2 Vous sentez la brise sur votre joue – très douce, jouant avec vos cheveux d'une manière intime. L'air est le plus clair, le plus pur, que vous avez jamais senti, pourtant il est agréablement chaud. Une fragrance fugace flotte partout. Bien que vous montiez, vos pieds sont si légers que vous avez presque l'impression de voler.

3 La route se courbe vers la droite, se rétrécissant et devenant plus abrupte. Vous la suivez. Elle serpente de plus en plus haut. Vous passez à côté de plusieurs bâtiments merveilleux. Peu à peu, le chemin est encadré seulement d'arbres. Ceux-ci frémissent et bougent dans le vent, mais l'air autour de vous est, pour sa majeure partie, immobile.

4 Les arbres commencent à se raréfier, et vous constatez que vous avez monté très haut. Bientôt, vous vous retrouvez sur un large plateau herbeux. En allant vers son bord, vous voyez un vaste panorama de collines et de vallons, la superbe cité blanche, le ciel bleu et les nuages floconneux. La brise est intermittente, joueuse, donnant parfois l'impression de rire et de danser.

5 Tendez les bras, et le vent se met à souffler. Vous le sentez partout autour de vous, ici et là, tirant sur vos vêtements. Vous commencez à apercevoir des personnages tourbillonnants, élancés, légers, descendant en piqué et planant dans les airs. Vous les sentez effleurer votre peau et leurs paroles rieuses deviennent audibles.

6 Vous notez que les nuages blancs se rassemblent. Vous regardez avec fascination une masse de nuages descendre vers vous, changeant de forme plusieurs fois en s'approchant, jusqu'à ce qu'elle reste dans les airs devant vous dans une brume nacrée.

7 Vous regardez cette brume prendre la forme d'un être magique, aérien, vêtu de blanc. Cet être est venu spécialement pour vous, apportant une atmosphère de grande sérénité, mais aussi d'excitation, comme si tout était possible. C'est peut-être votre esprit gardien. Autour de cet être, les autres sylphes dansent et jouent. Tout, leurs robes, leur chevelure et même leurs membres, bougent continuellement dans le vent.

8 Vous entendez la voix de cet esprit, aussi musicale que la brise. Il se peut que vous soyez celui qui devra poser des questions. N'hésitez pas, car ce sont des esprits communicatifs qui s'épanouissent en discutant. Ne vous attendez cependant pas à ce que toutes les réponses soient faciles à comprendre. Prenez le temps de demander tout ce que vous voulez, et essayez d'écouter les réponses, même si elles semblent ambiguës. Ne craignez pas de rire – tout ce que vous entendez n'est pas profond ou sérieux, car cet être enjoué a vu toutes les œuvres des hommes et trouve cela très amusant.

9 Lorsque le moment semble juste, partez en remerciant et redescendez le chemin serpentant. Les sylphes viennent avec vous, plongeant et planant autour de vous, guidant vos pas quand vous avancez sur le chemin rocailleux, entre les arbres, descendant de plus en plus, jusqu'à ce que vous vous retrouviez sur la large avenue par laquelle vous êtes entré dans la cité.

10 À mesure que vous marchez, les bâtiments s'estompent progressivement, les choses deviennent indistinctes et s'obscurcissent – vous revenez à la conscience normale. Notez tout ce qui est important dans votre bloc-notes spécial – vous constaterez que cela va en douceur avec l'aide du sylphe que vous avez ramené avec vous.

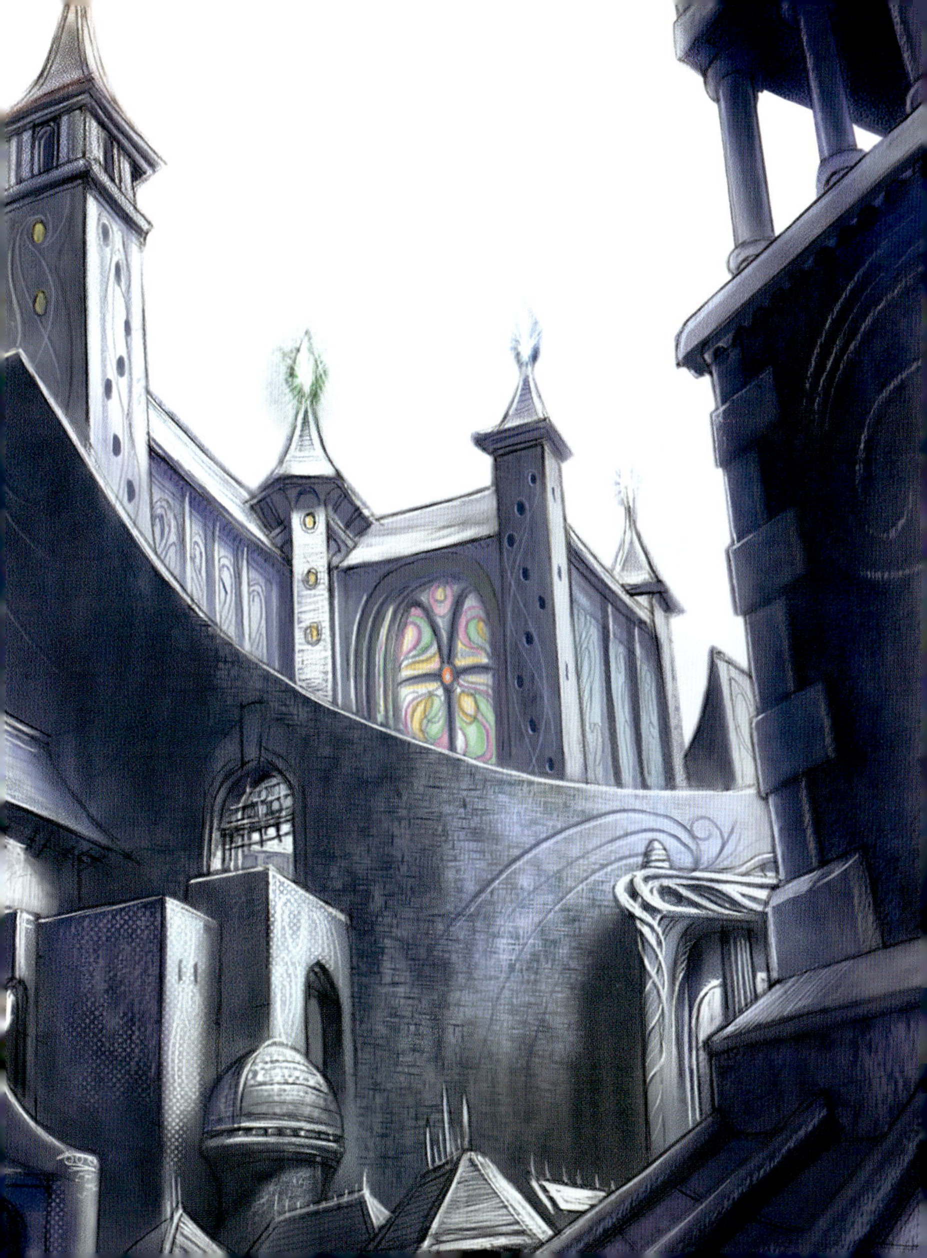

Méditation pour recevoir les dons des sylphes

Mieux vaut pratiquer au grand air cet exercice demandant aux sylphes de conférer leurs dons à l'individu.

MÉTHODE

1 Fermez les yeux, relaxez-vous et visualisez-vous marchant le long du même large boulevard qu'auparavant (voir page 192). Notez les sculptures magnifiques, la propreté et la fraîcheur, la culture et la tranquillité. Il y a plus de gens, vêtus de blanc, bougeant avec fluidité. Vous êtes aussi plus conscient des sylphes qui vous entourent, en mouvement permanent.

2 Un autre personnage s'approche de vous, brillant de sa propre lumière intérieure. Vous reconnaissez l'être rencontré sur le plateau herbeux. Les sylphes gravitent vers lui et l'entourent en dansant.

3 L'être demande la raison de votre venue – quel savoir, quel talent cherchez-vous ? Dites précisément ce que vous cherchez : talent mental, comme la poésie, don de prophétie, capacité de juger clairement une situation ou de voir dans le mental d'autrui.

4 Votre guide vous assure que vos demandes seront satisfaites, cependant il y a du travail à accomplir d'abord. Vous êtes conduit dans l'un des bâtiments magnifiques. Vous suivez le guide le long des salles de marbre blanc dans une superbe pièce au vaste plafond en dôme.

5 Il vous conduit vers ce qui semble être une table massive, et vous vous retrouvez en train de regarder une carte. C'est comme si vous voyez la terre depuis la hauteur atteinte par un aigle qui plane. Certains endroits de la carte sont clairs, d'autres ternes. Le guide vous dit que les zones sombres sont des endroits où vos pensées ont été négatives, celles claires, les lieux où vous avez fait preuve de créativité. Vous réalisez qu'on vous montre la vérité à propos de moments et de lieux de votre vie. Étudiez la carte aussi longtemps que vous le voulez. Essayez d'harmoniser les endroits ternes avec ceux éclairés en pensant positivement. Imaginez la lumière s'accroître.

6 Quand vos efforts ont porté leurs fruits, le guide vous conduit devant un grand cabinet orné de gravures compliquées, sort un cristal, un rouleau, un coffret et une clé et vous demande de choisir l'objet qui vous aidera le mieux à atteindre votre objectif. Les autres trésors sont remis dans le cabinet.

7 Votre guide vous fait sortir sur un balcon, d'où un panorama éclairé par le soleil est visible au loin. Il prend l'objet choisi et souffle dessus. Le vent se lève alors puissamment, collant vos robes à vos jambes. Vous percevez un extraordinaire jaillissement de pouvoir.

8 Votre objet vous est restitué et vous êtes conduit hors du bâtiment. Faites vos adieux au guide, remerciez-le, pendant que les sylphes dansent dans les airs. Descendez la route, jusqu'à ce que la scène s'estompe et vous reveniez à votre vie normale.

9 Notez tout ce que vous avez pensé ou vu, surtout la nature de votre objet, car elle est symbolique et importante.

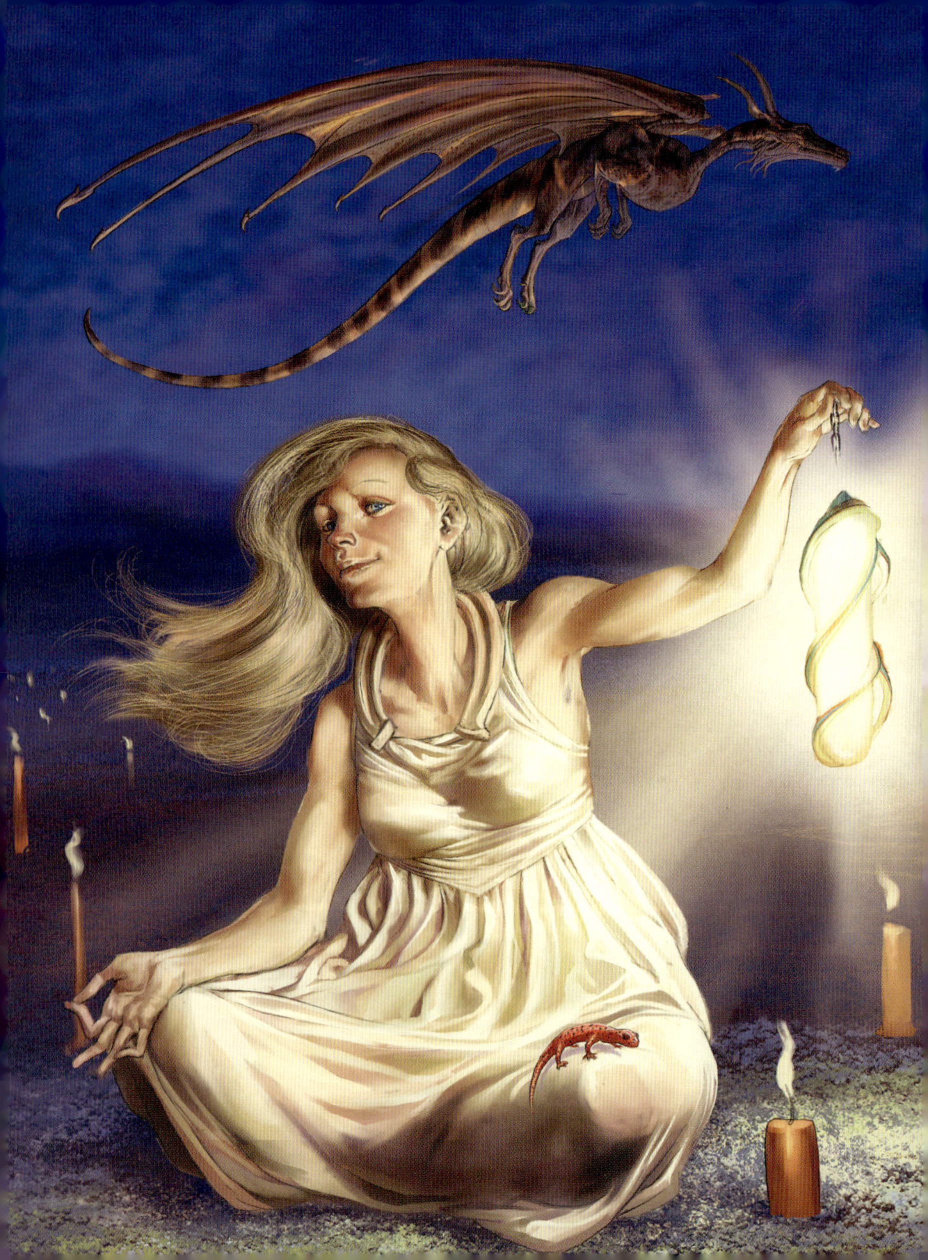

Fées du feu

L'élément feu

Le feu est dynamisme, le feu est chaleur, le feu est changement. Il apporte tant création que destruction. Sans feu, tout serait inerte et gelé. Sous toutes ses formes, le feu est ce qui rend la vie excitante et c'est souvent l'énergie qui conduit à de nouvelles phases, lorsque tout semble différent.

D'une certaine manière, le feu est le plus compliqué des éléments, car il est très puissant et ces énergies échappent facilement au contrôle. Pour entrer en contact avec sa propre passion et créativité, il est toutefois important de *saisir* la présence des fées du feu. On doit par ailleurs faire entrer le feu dans sa vie plus consciemment, car il est assez absent dans l'environnement moderne : les cheminées ont disparu, on cuisine rarement sur une flamme libre. Approchés gentiment, les élémentaux du feu réchauffent le cœur et revigorent la vie.

Ces esprits sont les salamandres, présentes partout où il y a du feu, visible et invisible. Malgré leur nom, ce ne sont pas des reptiles. Bien que le dragon soit l'une de leurs formes, elles peuvent aussi être humanoïdes. Des minuscules esprits du feu dansent dans la flamme de chaque bougie, alors que les puissantes salamandres jouent dans le désert et les volcans. Les salamandres favorisent aussi la combustion invisible, le métabolisme, qui « brûle » les aliments pour produire de l'énergie.

Sans feu, il n'y a ni vie ni lumière – rien n'est visible. Les salamandres sont des esprits très intelligents (souvent plus que les hommes) et l'une de leurs fonctions est d'inspirer. Il ne s'agit pas là des idées inspirantes arrivant avec les sylphes, mais des éclairs de génie qui jaillissent lorsqu'on se connecte à l'Autre monde. Les salamandres stimulent la passion, y compris sexuelle, et instillent le courage, l'idéalisme et la vision. Un bon contact avec les salamandres favorise l'utilisation positive de la force vitale. Elles aiment par ailleurs le jeu chaleureux, qui renouvelle l'âme.

Les salamandres sont toujours en mouvement. Au premier abord, elles peuvent se montrer distantes et indifférentes face aux humains. Elles s'y intéressent lorsque les hommes maîtrisent leurs démons, font face à eux-mêmes et affrontent les défis de la vie. Les flammes sont la manifestation de la force élémentale, le feu. En s'y accordant, l'esprit de l'homme s'enflamme.

Les Dragons

Malheureusement, ces merveilleux esprits du feu ont été transformés en démons par la culture occidentale. Ils représentent le pouvoir débridé, instinctif, le pouvoir élémental, fertile, de la nature. En tant que tels, ils sont tenus pour destructeurs par la société patriarcale. C'est pourquoi il y a tant de récits sur des héros tuant des dragons – qui, il est intéressant de le noter, leur sont souvent apparentés.

Dans le mythe sumérien, le héros/dieu Mardouk tue le dragon Tiamat, qui est en fait sa propre arrière-arrière-arrière-grand-mère et dont il a probablement hérité le pouvoir. Saint Georges est un autre « tueur » de dragon. On note que le prénom Georges vient du grec *gê*, « terre ». Certains interprètent cela comme l'usurpation par les hommes d'un pouvoir essentiellement féminin. Pour d'autres, c'est la logique et le matérialisme triomphant de l'instinct et des feux de l'esprit. Le récit suivant parle en fait davantage de courage et de bon sens.

Saint Georges est saint patron de l'Angleterre, bien qu'il fût en réalité le fils d'un officier romain, né en Palestine. Il n'a jamais tué de dragon, mais vaincu la peur irrationnelle de celui-ci. Voici son histoire.

Les habitants de l'ancienne Beyrouth avaient été terrorisés pendant des années par un dragon vivant dans une grotte proche d'une lagune. Quand le vent tournait vers la ville les odeurs nauséabondes de la lagune, les gens blâmaient le dragon. Selon eux, ce n'était qu'une question de temps avant que l'affreuse créature les attaque. Pour le tenir à distance, ils se mirent à lui offrir deux moutons par jour. Le dragon ne se rapprocha jamais de la ville, mais resta loin en attendant son déjeuner régulier. Rapidement, les habitants de la ville se trouvèrent à court de moutons, car ils étaient pauvres. Le dragon prenait toutes leurs ressources et ils commencèrent à paniquer. Ils prièrent le roi de leur sauver la vie.

« Nous avons donné à ce monstre un millier de moutons, et il est toujours là. Que peut-on faire ? »

Le roi s'assit, tête dans les mains, et après mûre réflexion, prit une terrible décision. « Nous devons le nourrir de nos enfants, dit-il aux citadins horrifiés. C'est la seule manière de sauver notre ville. »

Les victimes furent choisies par tirage au sort. Chaque enfant reçut un numéro. Tous les mardis, un numéro était tiré et un enfant arraché à ses parents en pleurs et attaché près de la tanière du dragon. Inutile que les vapeurs nocives de la lagune empoisonnent la ville, remplie déjà d'horreur et de chagrin. Les visages étaient pâles, les voisins ne se regardaient plus – nul ne savait quand le sort affreux tomberait sur sa propre famille.

Trois mois passèrent, 12 enfants furent sacrifiés et 12 familles plongées dans le deuil lorsque Georges arriva en ville. Un grand émoi régnait dans le palais, car la fille du roi avait insisté pour qu'on lui attribue aussi un numéro, sans que son père le sache. Son numéro venait d'être tiré. Au moment même, la jeune princesse était attachée près de la tanière du dragon.

« Ma fille, ma seule fille, ma précieuse enfant aux cheveux d'or, pleurait le roi, s'efforçant d'échapper à ses serviteurs pour aller sauver sa petite fille.

— Majesté, c'est votre décision, et il est trop tard. Le dragon a dû la tuer déjà, lui dirent-ils, certains secrètement contents que le roi fasse l'expérience des conséquences de son décret.

En entendant cela, Georges enfourcha son cheval et galopa vers l'endroit où vivait le dragon et où attendait la jeune fille. Les citadins regardaient de loin, effrayés et excités. Apercevant le dragon, Georges mit pied à terre. Se tenant entre lui et la fille terrifiée, il regarda la bête dans les yeux : « Tu ne te nourriras plus de chair humaine. Rends-toi à moi et j'épargnerai ta vie. »

À l'étonnement de tous les spectateurs, le grand dragon abaissa son immense tête, de la fumée sortant de ses énormes narines.

« Mettons fin à cette folie ! dit Georges, s'inclinant devant la princesse et la détachant. Ma Dame, je crois que vous serez une meilleure souveraine que votre père. »

Prenant un ruban des cheveux de la princesse, Georges l'attacha autour du cou du dragon et conduisit la bête dans la ville, accompagné de la fille toute joyeuse. La ville se réjouit grandement et Georges fut récompensé comme il se devait. Quelques années plus tard, la princesse épousa un prince d'un pays voisin, et le dragon domestiqué prit part à la procession nuptiale. Toutefois, ils ne firent jamais la folie de le laisser jouer avec leurs enfants !

SIGNIFICATION DE L'HISTOIRE

Le message de cette histoire est tout à fait évident : la seule chose qu'il faut craindre est la peur même ! Ce fut la peur – qui plus est, infondée – qui coûta aux gens leurs moutons, puis (horreur ultime) leurs enfants. Leur propre stupidité et leur couardise les ont voués au chagrin et à l'impuissance. Le dragon n'avait fait que se conformer à leurs attentes. Une fois qu'on s'est opposé à lui, il s'était comporté comme un agneau. C'est la dure leçon des esprits du feu : il faut affronter ses peurs et réaliser qu'elles ne viennent que de soi-même.

Dans le mythe, les dragons gardent souvent un trésor, symbolique de la sagesse cachée qui ne peut être gagnée qu'en passant une épreuve de courage ou d'initiative. Le dragon, comme une véritable créature magique, peut apparemment être tué, mais c'est là une métaphore du triomphe sur ses propres démons et l'entrée dans le domaine des esprits du feu lors d'une expérience initiatique changeant en profondeur. Les dragons peuvent être tenus pour le pouvoir qui naît à l'intérieur de la terre et se manifeste parfois en tant que « lignes ley ». Pour certains, le Cheval blanc d'Uffington, gravé sur une paroi rocheuse du comté anglais de Berkshire, est un dragon.

Dans la culture chinoise, le dragon est très honoré et tenu pour une créature bienfaisante, offrant des cadeaux. Chaque élément est associé à un dragon. Le plus puissant d'entre eux, le dragon impérial, tient une perle merveilleuse, soit dans ses griffes, soit sous son menton. Ce joyau magique a la capacité de multiplier tout ce qui est placé à côté, or, vêtements fins, nourriture.

Le dragon dispose de vision et d'audition surnaturelles. Ses yeux sont souvent de l'or fondu ou des sources chatoyantes. Il est un gardien et une extraordinaire source de pouvoir spirituel. En s'approchant de l'une de ces merveilleuses créatures, il se peut que les yeux de l'individu s'ouvrent, d'une

manière ou d'une autre. La force de
l'individu s'accroît et il est toujours
protégé.

Les Centaures

Les centaures, mi-hommes mi-chevaux, sont inclus parmi les esprits du feu pour deux raisons. La première, le Sagittaire, signe de feu, est représenté par un centaure avec un arc et des flèches, le dirigeant dans les mondes des passions impérieuses. La seconde, le centaure est une créature de grand pouvoir et sagesse, à l'unisson des autres esprits du feu.

Les centaures sont originaires de Babylone, où ils étaient des esprits gardiens. Dans la mythologie grecque, les centaures étaient sauvages et indisciplinés, en plus de suivre le dieu de la vigne, Dionysos, dans ses fêtes. Les centaures combinent passion animale (dans le bas-ventre de l'étalon) et discernement (dans la tête humaine). Chiron, le roi des centaures était un guérisseur sage et juste, disciple d'Apollon.

Lors de la visite qu'Hercule rendit aux centaures, une bagarre éclata, comme il en arrivait souvent. Chiron tenta d'apaiser les choses, sans y parvenir. Au cours de la bagarre, l'une des flèches empoisonnées d'Hercule frappa sa patte.

Le pauvre Chiron souffrit énormément, mais, étant immortel, il dut endurer la douleur pendant de longues années, cherchant sans cesse un remède – il ne réussit qu'à mieux guérir les autres. Finalement, il arriva à un accord avec Zeus, roi des dieux. Chiron échangea sa vie contre celle du titan Prométhée (voir page 210) et alla dans l'Autre monde. Il quitta sans regrets un monde où il avait subi de telles souffrances, abandonnant son immortalité pour la paix.

Avec leurs caractéristiques mi-humaines mi-animales, les centaures suscitent un changement de conscience, où la passion et la sagesse peuvent s'associer. Si un centaure s'approche, il se peut qu'un nouveau savoir sorte de la turbulence. Les centaures sont de grands maîtres – comme l'était Chiron – parfois disposés à se sacrifier, d'autres fois se montrant égoïstes. Leur énergie sexuelle est forte, représentant l'union des principes masculin et féminin ou un rapport sexuel réel, avec tout ce que cela signifie pour la vie intérieure. Les centaures sont aussi des gardiens. Si la force de l'un de ces êtres convient à l'individu, rien ne pourra arrêter celui-ci.

Prométhée

Dans la mythologie grecque, Prométhée était un titan – un esprit plus ancien que les dieux de l'Olympe. Ami de l'humanité balbutiante, il s'en occupait et lui enseignait les arts civilisateurs.

Prométhée étaient aussi farceur. Il avait fait une farce à Zeus, roi des dieux, lui donnant les os et les tendons d'un taureau et jetant la viande aux hommes affamés. Pour le punir, Zeus avait privé les humains du don du feu. Prométhée se faufila donc sur l'Olympe et vola une étincelle du feu sacré.

Lorsque Zeus aperçut les feux brûlant dans les âtres du monde entier, il devint fou de rage. Il enchaîna Prométhée à un rocher et envoya un aigle lui déchirer le foie tous les jours. Chaque nuit, son foie repoussait, et chaque jour l'aigle revenait le manger. Ce fut là le sort terrible de Prométhée jusqu'à sa libération par Chiron (voir page 208).

Prométhée est l'esprit ardent du courage et de l'idéalisme. L'« esprit prométhéen » désigne souvent l'action et la foi en l'homme. On doit demander à Prométhée de conférer à l'individu son esprit – tout en restant modeste, comme il ne l'a pas fait, car il y a toujours des pouvoirs plus grands que ceux humains.

Les Feux follets

Au-dessus des marécages volettent d'étranges lumières. Bien que les ayant attribué aux émanations de méthane, la science n'a pas expliqué entièrement la présence des feux follets. Beaucoup de gens pensent que ce sont des fées du feu, égarant malicieusement les voyageurs. Pour certains, les feux follets sont un présage de mort.

Les feux follets sont des esprits taquins qui offrent un aperçu du possible, de l'aventure, de ce qui pourrait être. Parfois, le feu follet rappelle les nombreuses morts intérieures : la mort des rêves, des espoirs, des convictions. Ce genre de « morts » allument leurs propres flammèches, faisant se remémorer ce qu'on perd. Il y a des rêves qui ne mourront pas, qui se sont transformés en fantômes pour poser la question obsédante « et si ? ».

Les esprits du feu enjoignent de suivre ses rêves, même s'ils conduisent au danger. De cette façon, on *vit*, au lieu de simplement exister.

Les Djinns

Les Djinns ou les Génies sont des esprits arabes, mentionnés dans le Coran. Formés de feu, ou générés par le feu, les flammes remplacent le sang dans leurs veines. Ils étaient gouvernés par Soliman. À une époque précédant le temps tel qu'on le connaît, les Djinns s'étaient mal conduits et une légion angélique avait été envoyée les remettre à leur place. Le puissant Djinn Azazel, prisonnier des anges, a fini par devenir le roi des Djinns.

Lorsqu'il avait créé Adam, le Tout-puissant avait enjoint aux anges de le vénérer. Tous s'y plièrent, sauf Azazel, dont le nom fut alors changé en Sheytan (« diable »). Depuis lors, lui et ses adeptes ont été maudits. Cette attitude est similaire à certaines approches chrétiennes tenant les fées pour maléfiques. Les fées du feu éclatent de rire à cette idée !

Il y a de nombreux Djinns de tailles et de puissances variées. Les grands font tourbillonner le sable du désert dans des colonnes énormes, les plus petits suscitent des tourbillons de poussière. Comme les esprits du monde entier, les Djinns détestent le fer, car le travail de ce métal a sonné le glas de la loi de la nature et a annoncé le début de la domination de l'homme. Les Djinns peuvent se marier et avoir une famille – alors qu'une femelle Djinn peut s'accoupler avec un homme, nulle femme humaine ne peut avoir pour consort un Djinn mâle. Ils peuvent prendre la forme de chats, de chiens ou de serpents et errer dans les ruines, les étuves et les marchés. Les sites commerciaux attirent les esprits du feu farceurs, car l'argent peut s'avérer une énergie puissante, que ce soit pour le bien ou le mal. Beaucoup de Djinns ont de grands pouvoirs magiques. Le mot approprié peut les rattacher au service d'un magicien, auquel ils révéleront l'avenir.

Les Djinns sont des esprits du feu classiques, rejetés par la société monothéiste. Il est très commode pour les hommes mortels de ne pas subir la concurrence en amour d'un vigoureux démon passionné ! Ces esprits disposent de l'énergie inapprivoisable du feu. Ils connaissent les secrets des sources de pouvoir de l'univers et comprennent les passions turbulentes enflammant l'âme humaine. Ils peuvent obéir à un mot humain astucieux, mais il est dangereux de les commander et de les contraindre. Par un jour chaud, quand la poussière tourbillonne et qu'on perçoit la présence d'un Djinn, il faut l'invoquer et voir qu'elle idée émerge dans les instants suivants.

Wayland le forgeron

Jadis, le forgeron était tenu pour un maître des secrets magiques, car il maniait le pouvoir transformateur du feu. Le seul endroit où il était considéré comme propice d'accrocher un fer à cheval les pointes vers le bas était la forge, pour que sa magie soit déversée dessus.

Wayland était un elfe forgeron, qui façonnait des bijoux extraordinaires. La première partie de son histoire a été racontée à la page 158 – son épouse cygne avait repris son plumage et s'était envolée. Il avait attendu son retour en forgeant anneau après anneau pour l'attirer à ses côtés. Les nouvelles de son savoir-faire et de sa richesse se sont propagées. Une nuit, il a été attaqué et fait prisonnier par Nidud, roi de Suède, qui l'obligea à travailler pour lui. Pour l'empêcher de s'échapper, le roi fit couper les tendons de Wayland.

Enfermé sur l'île de Nidud, Wayland se fabriqua en secret une paire d'ailes à partir de plumes et d'épaves échouées sur le rivage. Son art séduisit la fille du roi. Quand les deux fils du roi disparurent, Nidud et son épouse supposèrent qu'ils étaient partis à l'aventure et se consolèrent en admirant les derniers chefs-d'œuvre de Wayland, dont un gobelet de la taille d'un crâne humain, un collier orné de quatre gemmes ressemblant à des yeux humains et une broche scintillante faite de 50 dents d'or à apparence humaine.

Une nuit de tempête, où le tonnerre résonnait et les éclairs déchiraient le ciel, le roi et la reine furent éveillés par un étrange personnage ailé en équilibre sur le bord de leur fenêtre. « L'amour

retrouver son amour, laissant derrière lui les fruits de sa vengeance. Les feux de la passion de son âme avaient inspiré sa créativité. Ceux qui avaient tenté de l'emprisonner avaient été consumés dans les flammes de leur propre cupidité.

Wayland est une inspiration si on a besoin de courage, de force et de persévérance pour trouver ce qui tient à cœur malgré de

de votre fille pour moi l'a privée de son âme, cria une voix familière. Toi, seigneur, as bu dans le crâne de ton fils, toi, dame, portes les yeux de tes fils autour de ton cou. Les cieux ardents m'attendent. » Wayland s'envola pour grands obstacles. Les légendes disent que Wayland demeure encore dans le Wayland's Smithy, tumulus proche du Cheval blanc d'Uffington (Berkshire). Tout cheval laissé là pendant la nuit est magiquement ferré à neuf la matin.

Brighid

Brighid est aussi connue sous le nom de Brigit, Brigid ou Bride, signifiant « flèche de feu ». Ancienne déité celte, elle appartenait à la tribu des Tuatha dé Danann, les êtres magiques de l'Irlande ancienne, devenus le peuple des Sidhe, demeurant dans les Collines creuses (voir page 44).

Brighid était la fille du « Dieu bon », Dagda, et régnait sur la forge, la guérison, l'accouchement, la poésie, l'inspiration et l'élément feu. Elle est aussi une déesse du Soleil, dont le symbole est la roue solaire, croix décentrée représentant le cycle des solstices et des équinoxes. Certains disent que Brighid était en vérité la Grande Mère et que Dagda était en vérité son fils. Comme beaucoup de déités anciennes, elle a été dénigrée, mais a survécu pendant des siècles sous la variante christianisée de sainte Brigitte.

Brigitte est censée avoir trépassé vers 525, mais peu de faits historiques vérifiables le confirment. Il semble que les histoires sur sainte Brigitte parlent en réalité de la reine des fées Brighid. Dans un récit, Brighid avait été accusée de méchanceté par un homme grossier d'Ardagh. Elle avait alors saisi un charbon ardent dans le feu, l'avait placé dans son sein et marché ainsi jusqu'au bassin de Killen, sans être blessé. Une source jaillit là où elle fit tomber le charbon.

Depuis ce jour jusqu'à présent, ses eaux ont été responsables d'innombrables guérisons miraculeuses. Brighid commande les éléments feu et eau, et est la maîtresse de la guérison.

Sainte Brigitte est censée être née près de Kildare, et c'est à Kildare qu'on se souvient de la fée du feu. Lorsque le pape Grégoire le Grand avait décidé que les monastères devaient être bâtis sur les sites païens sacrés, le couvent de Kildare avait été fondé. Il abritait un lieu de culte consacré à Brigitte/Brighid dont les nonnes ont entretenu pendant des siècles la flamme sacrée, sans l'avoir jamais laissé s'éteindre.

La flamboyante Brighid est une déesse dont la flamme a brûlé vivement à travers les âges. Elle est l'un des esprits du feu les plus faciles à invoquer, car sa nature est curative et inspirante. Souvent, le simple éclairage d'une bougie et l'appel de son nom dérident. Si la « hantise de la page blanche » guette ou si l'on doit purifier et transformer sa vie, les feux subtils de Brighid exercent leur magie.

Trouver les fées du feu

De tous les esprits, les fées du feu sont les plus difficiles à rencontrer. Beaucoup d'entre elles sont moins enclines que les autres esprits élémentaux à aider les humains, dont elles dédaignent la lenteur. Leur grande mobilité rend difficile de s'accorder à elles. Toutefois, là où il y a un sentiment de jeu il y a des fées du feu, car le « jeu » rend toutes les choses possibles. Elles sont attirées par toute flamme, ainsi que par les sentiments forts et les actes créatifs.

Les fées du feu chevauchent les rayons de soleil. On peut les apercevoir à chaque fois qu'un rayon transperce les nuages. Elles absorbent l'énergie solaire, qui les soutient durant l'hiver. Toutefois, la meilleure manière de rencontrer les esprits du feu est d'allumer et d'entretenir un feu.

Si une cheminée est là, cela suffit. Aux profondeurs des braises rougeoyantes jouent des « images de feu », qui parleront de salamandres. Assis devant les flammes, on peut s'abandonner à la somnolence et à la relaxation. On réalise rapidement que les esprits du feu se lovent dans les braises ou dansent dans les étincelles. Si une étincelle jaillit, un esprit du feu fait sentir sa présence.

Les feux de joie sont des endroits extraordinaires pour les esprits du feu. On peut allumer facilement un feu dans son jardin. Les feux d'artifices sont l'essence même des salamandres, qui se rassemblent autour et dedans. Prudence en les cherchant !

Pour se lier d'amitié avec les salamandres, on doit montrer du respect à leur élément. Par exemple, se servir d'un micro-ondes est une insulte ! Mieux vaut cuisiner au gaz, si possible au charbon. Les esprits du feu apprécient un bon barbecue ! On doit apprendre à allumer un feu à l'ancienne, en frottant deux bâtonnets de bois ou en utilisant un briquet à amadou, de sorte à attirer le feu de l'intérieur du bois et faire apparaître les salamandres. Les esprits du feu sont aussi séduits par la musique déchaînée et sensuelle. Une simple bougie est une invitation – de minuscules esprits dansent dans la flamme de toute chandelle.

Comme toutes les autres fées, elles récompensent l'intérêt, le respect et la véritable tentative de s'accorder à leur façon d'être : un reflet, un éclair, une tache de couleur vive, peut-être une luciole, ou des vers luisants. Les esprits du feu peuvent aussi laisser de l'or – tout ce qui est rouge, orange, jaune ou en forme de flèche – qui éclairera les jours de celui qui le trouve.

Installer un autel pour les fées du feu

Le contact avec les salamandres doit être affirmé et renforcé en les honorant sur un autel installé dans la maison.

MÉTHODE

Un petit rayonnage ou le haut d'un placard convient pour un autel (voir page 36).

1 Recouvrez l'autel d'un tissu rouge, orange ou or, et placez-y autant de bougies que vous le voulez, de toutes les formes et tailles. Une combinaison de bougies rouges, orange, jaunes et or sera assez belle pour attirer la plus solitaire des salamandres. Vous pouvez les allumer en même temps. Soyez très prudent – même si vous tentez d'attirer les élémentaux du feu –, car leurs énergies sont incontrôlables !

2 L'encens est parfait pour préparer la scène à l'intention des fées du feu. Choisissez des fragrances fortes, majestueuses : oliban, cèdre, coriandre, orange. On dit que le basilic attire les esprits du feu, spécialement l'espèce de dragon homonyme – le basilic. Faites pousser cette herbe sur l'autel, dans un pot rouge.

3 Choisissez quelques-uns des nombreux cristaux qui les attirent : cornaline, grenat, ambre, pierre du soleil, œil-de-tigre, jaspe rouge. Si vous pouvez les disposer de sorte qu'ils reflètent la lumière et la font scintiller, tant mieux.

4 Pour invoquer l'aide d'une déité spécifique du feu, trouvez une statuette ou une figurine qui vous semble appropriée, pas forcément façonnée pour l'occasion. Par exemple, vous pouvez trouver une statuette qui représente pour vous Bride, même si le sculpteur n'avait pas cette image à l'esprit. C'est la sensation qu'elle vous donne qui compte. Pour attirer la guérison et l'énergie revigorante de cette reine des fées dans votre vie, gardez une bougie allumée – sans oublier les mesures de sécurité – quand vous êtes dans la maison.

5 On trouve partout des dragons de toutes les tailles et formes, certains en tant que bougies ou bâtonnets d'encens. Un fer à cheval est tenu pour propice où qu'il soit accroché – posé sur l'autel, il symbolise particulièrement les pouvoirs transformateurs du feu.

6 Pour faire vraiment crépiter l'atmosphère lorsque vous avez besoin de l'élan et d'un afflux d'énergie des salamandres, allumez une bougie magique ou une autre pièce d'artifice utilisable dans la maison sur l'autel.

Charme de l'esprit du feu pour la créativité

Ce charme est utile quand le besoin de créativité se fait sentir.

MÉTHODE

1 Par une journée ensoleillée, ramassez quatre cailloux : un foncé pour l'esprit pratique, un bleuté pour la clarté, un rougeâtre pour l'énergie, un verdâtre pour la sérénité. Pratiquez ce charme en plein soleil, ou allumez plusieurs bougies, jaune, rouge et/ou orange.

2 Tracez du bout du doigt un cercle imaginaire autour de vous et visualisez-le englober toutes vos énergies. Placez la pierre sombre dans le quartier nord, la bleuâtre, à l'est, la rougeâtre, au sud, la verdâtre, à l'ouest. En partant du nord, imaginez les qualités de concentration et de pragmatisme pénétrant dans le caillou depuis la lumière environnante. Tournez-vous vers l'est et imaginez la liberté et la clarté de l'atmosphère entrant dans ce caillou. Face au sud, imaginez la passion et l'énergie le remplissant. En dernier, tourné vers l'ouest, aspirez paix et calme. Tracez un autre cercle dans le sens des aiguilles d'une montre, tournez-vous vers le sud et percevez l'énergie de la lumière remplir votre être, comme si vous étiez électrifié. Demandez le pouvoir aux salamandres.

3 Réunissez les cailloux dans le sens des aiguilles d'une montre et placez-les dans un sachet. Imaginez le cercle s'estomper. Si vous voulez être créatif, mettez les cailloux près de vous pour l'inspiration.

Charme de l'esprit du feu pour la réussite

Si on veut réussir – à un examen, un entretien ou toute autre entreprise – ce charme peut s'avérer utile.

MÉTHODE

Il vous faut une bougie rouge, un morceau de racine de gingembre et un peu de gingembre en poudre, une épingle et du papier blanc.

1 Allumez la bougie. Gravez votre objectif sur la racine de gingembre avec l'épingle (l'exactitude n'est pas nécessaire !). Parsemez un peu de poudre de gingembre sur une assiette et inscrivez dessus du bout du doigt votre intention. Écrivez-la une troisième fois sur une feuille de papier, avec un crayon rouge.

2 Demandez aux esprits du feu d'être présents, pour conférer leur énergie au charme. Imaginez-les dansant autour de vous, chargeant en pouvoir le gingembre. Brûlez le papier à la flamme de la bougie et, ce faisant, imaginez réussir et être heureux. Regardez la flamme aussi longtemps que vous le voulez, en rêvassant à la réussite.

3 Placez un peu de poudre de gingembre dans vos vêtements – par exemple, si vous participez à une course, mettez-en un peu dans vos baskets (une petite pincée suffira, et n'irritera pas la peau). Si vous passez un examen, placez la racine de gingembre devant vous, pour être inspiré par les fées.

Méditation pour se rapprocher des esprits du feu

Établir un contact avec les esprits du feu présente de nombreux avantages. Ils chargent parfaitement en énergie, suscitent pensées positives, enthousiasme et sentiment d'aventure. Une fois qu'on a éveillé leur intérêt en leur ouvrant son propre mental, ils s'avéreront très utiles. Ils montrent aux humains comment modérer les passions intérieures, comment diriger et contrôler les envies fortes, comment travailler avec les extraordinaires pouvoirs du feu et se fier à eux, tant dans le monde naturel que sur les plans subtils.

MÉTHODE

1 Commencez la méditation en vous relaxant complètement, comme décrit dans l'Introduction (voir pages 34 et 35), de préférence au soleil ou devant un feu de cheminée. Vous devez vous assurer d'avoir assez chaud. Imaginez un soir chaud, étouffant, au milieu de l'été. Vers l'ouest, le ciel est baigné de brillantes teintes d'orange, de rouge et d'ambre. À l'est, les étoiles font leur apparition, scintillant contre le ciel pourpre. Tournez-vous vers le sud, vers une ligne de collines, et tenez-vous au pied de la plus haute. Vous voyez au sommet des collines des structures pyramidales, et vous réalisez que ce sont des signaux lumineux – d'énormes feux de joie attendant d'être allumés. L'air semble électrique. Tapis dans les broussailles à vos pieds, vous voyez des milliers de minuscules vers luisants, comme des étoiles sorties de la terre.

225

MÉDITATION POUR SE RAPPROCHER DES ESPRITS DU FEU

2 Au loin, à votre gauche, un cri monte et l'un des feux s'enflamme. D'autres flammes s'élèvent en réponse, puis d'autres et d'autres encore, jusqu'à ce que le sommet des collines s'étire ardent dans le crépuscule, pour saluer le ciel. Vous réalisez que vous devez vous rapprocher du spectacle, et vous escaladez la colline.

3 L'air est chaud, et bien que la brise vous rafraîchisse pendant l'ascension, le souffle brûlant du feu vous enveloppe rapidement. Vous éprouvez de l'appréhension, mais vous êtes presque au sommet, presque partie de la chaîne de flammes s'étirant dans la nuit d'été. En arrivant sur le plateau couronnant la colline, face à l'embrasement, vous vous attendez à voir les hommes ayant allumé le feu, mais nul n'est visible.

4 Hypnotisé, vous fixez les flammes. Dans le feu de joie tout est fluide, incandescent. Il y a des tunnels de flamme, des murs de flamme, des tourelles de flamme – des cités et des civilisations semblent venir à l'existence et disparaître en un clin d'œil. Peu à peu, vous distinguez des formes : ici, un serpent, se lovant et se tortillant, là un dragon levant sa grosse tête, là-bas une troupe de chevaux sauvages secouant leur crinière flamboyante. Des visages apparaissent et disparaissent – riant, grimaçant, regardant. Vous avez l'impression de voir un autre monde, un monde de pure énergie.

5 Brusquement, une pluie d'étincelles jaillit du feu et tombe autour de vous. Ces étincelles ne diminuent pas – elles grandissent. Vous reculez, craignant que l'herbe prenne feu, mais réalisez que cette flamme est différente. L'herbe n'est pas consumée, les flammes sautent et s'élancent. Chaque étincelle devient un esprit gambadant, fait de feu pur. Rapide comme l'éclair, l'un vient vers vous. Vous sautez en arrière de peur d'être brûlé, mais l'esprit danse autour de votre visage et de votre cou, et ne ressentez qu'un chatouillement agréable. Vous entendez un chœur de rires joyeux à mesure que l'esprit s'éloigne de vous pour danser de nouveau avec ses camarades. Vous souriez aussi et vous relaxez.

6 Maintenant, d'autres étincelles issues du feu tombent sur le sol devant vous et se transforment en un Djinn puissant, dont la taille dépasse la vôtre. Parlez-lui. Posez-lui des questions, parlez de vos peurs (si vous en avez), et spécialement de vos espoirs et de vos rêves, de vos ambitions et de vos désirs. Écoutez ce que le Djinn vous dit. Vous l'entendez comme un bourdonnement dans vos oreilles ou le ressentez en tant qu'excitation dans votre cœur. Ne soyez pas surpris si vous réalisez brusquement que vous voulez des choses dont vous ne connaissiez pas l'existence ou avez envie de tenter quelque chose d'exceptionnel. Le Djinn peut éveiller en vous des pouvoirs que vous ne saviez pas posséder. Dansez avec le Djinn, s'il l'accepte, jouez et riez. Sachez que tout est possible et que l'univers est bien plus mystérieux et merveilleux que vous l'aviez jamais supposé.

7 Le moment est venu de faire vos adieux, avec respect et remerciements. Pendant que vous descendez le flanc obscur de la colline, les salamandres éclairent votre chemin, bondissant et étincelant. Vous traversez les ténèbres et revenez à la conscience normale. Notez votre expérience.

Méditation pour recevoir les dons des esprits du feu

Les esprits du feu sont priés de faire entrer les bienfaits de cet élément dans la vie, d'une manière qui permettra d'en faire le meilleur usage.

MÉTHODE

1 Commencez cette méditation comme précédemment (voir page 224), en vous approchant du feu, rencontrant les salamandres, puis le Djinn. Demandez-lui le courage, la confiance, la force de faire des changements, l'énergie ou l'inspiration – ou le tout. Vous pouvez aussi demander à voir l'avenir, car les esprits du feu ont le don de prophétie. Soyez toutefois conscient que l'avenir n'est pas gravé dans la pierre. Jadis, les hommes savaient qu'ils participaient à leur destin et que le fait même de s'enquérir de leur avenir modifiait celui-ci. Lorsque vous demandez à connaître l'avenir, ce doit être dans le sens de « Que dois-je *faire* ? », pas de « Que m'arrivera-t-il ? » Les esprits du feu respectent l'indépendance.

2 En demandant l'aide du Djinn, regardez-le lever les bras au ciel et les flammes sauter de ses mains dans les ténèbres veloutées. Les flammes forment une balle de feu, qui s'élève jusqu'à prendre l'apparence d'une étoile parmi d'autres. Vous l'observez, en vous attendant de la voir disparaître, mais constatez qu'elle grandit de nouveau. Quelque chose descend vers vous, moins incandescent que la balle de feu, mais éclatant et scintillant. Lorsqu'elle se rapproche, vous constatez qu'il s'agit d'un tapis magique. Le Djinn vous sourit et prend votre main. À mesure que sa paume ardente touche la vôtre, vous éprouvez une sensation électrique. Guidé par lui, vous sautez sur le tapis magique.

3 Vous volez à travers la nuit chaude, au-dessus des terres et de la mer. L'aube se lève, et vous voyez les pays et les paysages défiler au-dessous de vous. Vous reconnaissez certains, d'autres laissent l'impression de venir d'une autre époque historique – soit du passé, soit du futur.

4 Vous volez maintenant au-dessus d'une cité magnifique. Ses murs sont blancs, ses tours semblent surmontées de joyaux. Le tapis descend de plus en plus. L'air est agréablement chaud, et vous voyez au-dessous de vous un temple aux toits ornés de grenats et de cornaline rougeoyant sous le soleil. Sur le balcon du sommet de la tour, quelqu'un joue doucement de la harpe, et le son fait écho autour du bâtiment.

5 Le tapis atterrit dans un jardin luxuriant, rempli de plantes tropicales. Le Djinn vous aide à vous lever et vous le suivez vers le temple. Vous pénétrez à travers un portail voûté dans une salle faiblement éclairée. Vous yeux s'habituent à la lumière voilée et vous voyez que le soleil est filtré par de superbes vitraux. Vous êtes entouré d'une riche odeur d'encens, d'oliban et de cannelle. Devant vous, sur un grand autel, brûle une flamme fournie.

6 Le Djinn va vers l'autel, mais vous restez figé. Vous n'avez jamais vu une flamme si haute, si stable, si riche en nuances multicolores. Même à cette distance vous sentez sa chaleur. Le Djinn vous appelle, et vous vous rapprochez lentement. La chaleur de la flamme reste curieusement constante. En vous rapprochant, vous ne ressentez qu'une sensation électrique parcourant tout votre corps. Le Djinn prend une lanterne en ouvrant une petite porte en dessous de l'autel. Il place sa main dans l'immense flamme et allume son doigt. Puis il transfère la flamme dans la lanterne. Il vous regarde et rit : « Voilà ton cadeau, dit-il. Là brûle ton courage, ta sagesse, ton énergie. Regarde dedans et laisse ton âme s'enflammer ! »

7 Vous recevez la lanterne et regardez la flamme. Fixez-la aussi longtemps que vous le désirez, inspirez la fumée d'encens, écoutez la harpe et sentez l'air chargé d'électricité. Tirez de la flamme les cadeaux que vous désirez, ou regardez en elle pour des aperçus de l'avenir. Notez tout ce que vous ressentez.

8 Le moment est venu de retourner chez vous. Vous emportez la lanterne lorsque le Djinn vous conduit hors du temple, à travers le jardin et sur le tapis. Vous retraversez les cieux, au-dessus de la cité, du désert, des montagnes et des vallées, jusqu'au flanc de la colline où brûle le signal lumineux.

9 Faites des adieux respectueux et remerciez le Djinn. Redescendez la colline en gardant la lanterne allumée, jusqu'à ce que vos pas vous conduisent hors de ce monde, vers la conscience normale.

10 Allumez une lanterne dans ce monde-ci, en tant qu'un rappel.

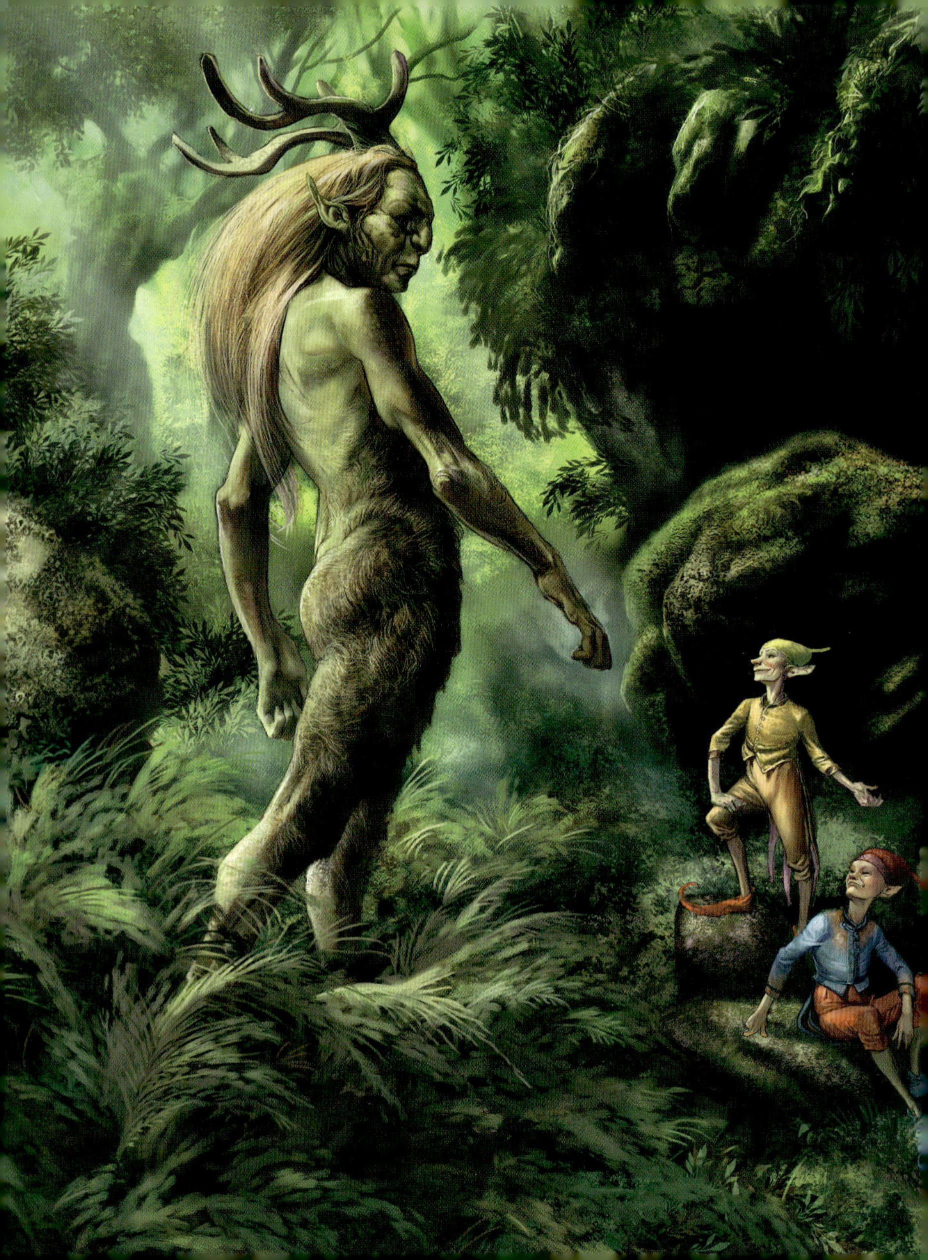

Fées de la terre

L'élément terre

La Terre est le grand nourricier. Tout ce qui pousse et vit tire sa subsistance de la terre, et tout retourne lors de sa mort à la terre, pour être transmué et former la base de la vie future.

D'une certaine manière, les fées de la terre sont *les* fées que tout le monde imagine à partir des livres de contes. Ce sont des esprits des arbres, des fleurs, des pierres, des grottes. Ils s'occupent de tout ce qui vit, et leur sagesse est importante pour le corps et la vie, car sans un contact correct avec l'élément terre, on n'achève rien. La Terre contient et donne forme, bâtit et protège, cache des trésors et révèle les rythmes de la nature et du corps humain. Elle garde les graines jusqu'au moment où elles sont prêtes à germer, grâce à leur propre magie. Pareillement, la créativité et le sens artistique de l'individu dépendent de la connexion saine avec la terre.

Les esprits élémentaux de la terre, les gnomes, confèrent un caractère particulier à chaque roche, à chaque cristal et à chaque parterre de fleurs, de sorte qu'ils aient quelque chose à enseigner et des merveilles à révéler. Les gnomes sont d'ordinaire attachés à un endroit spécifique ; ils ne volent pas et ne sont pas immortels. « Gnome » est un terme générique pour tous les types d'élémentaux de la terre. Ceux-ci ne ressemblent en rien aux petits gnomes ratatinés décrits souvent dans les livres. Ils créent partout couleur et texture, aident à s'accorder aux énergies terrestres et à exploiter les ressources cachées du sol.

Si l'individu n'a pas assez de contact instinctif avec les gnomes, on risque de devenir « étourdi » et inefficace. On négligera son corps et sa santé, perdu dans un monde imaginaire ou dans des questions « intellectuelles ». Les gnomes confèrent la joie dans les choses simples, adaptent le sens du temps, proposent des occasions de vraie réussite. Ils inspirent la révérence pour l'ensemble de la vie, et la capacité d'équilibrer les intérêts personnels avec les intérêts collectifs, pour éviter de devenir cupide, exploiteur et rapace.

De tous les élémentaux, les gnomes ont assurément été les plus blessés par la maltraitance de la nature et du corps humain. Mais ils sont encore là, fiables comme toujours, prouvant par leur présence même leur nature de puissants pouvoirs terrestres.

Le Leprechaun

Les Leprechauns sont probablement les plus célèbres des esprits de la terre. Ils sont originaires d'Irlande – pratiquement toute famille irlandaise connaît au moins un parent ayant vu un Leprechaun.

Tout le monde sait que les Leprechauns sont d'ordinaire vêtus de vert des pieds à la tête. Esprits mâles solitaires, hauts d'environ 1 m, les Leprechauns fabriquent des chaussures et n'ont généralement pas bon caractère. Ils possèdent des trésors cachés et, si un homme attrape un Leprechaun, il pourra le convaincre de divulguer leurs emplacements. Mais si l'homme le quitte des yeux ne serait-ce qu'une seconde, le Leprechaun disparaît, ainsi que son or. Voici l'histoire de Seamus, qui a rencontré un Leprechaun.

Gentil garçon, travailleur et honnête, Seamus était malin et aimait lire, mais comme sa famille était pauvre, l'argent avait manqué pour son éducation. Malgré cela, Seamus s'était consolé avec des récits et de la poésie, de la philosophie et de l'histoire, rêvant au jour où il serait capable d'aller dans la grande ville, avec ses gracieuses flèches atteignant le ciel, et d'étudier à l'université.

Un chaud soir d'été, Seamus rentrait des champs, sa pelle sur l'épaule et un livre sous le bras, quand il entendit un tapotement venant de derrière la haie longeant le chemin. Seamus posa doucement à terre ce qu'il portait et alla vers le bruit sur la pointe des pieds. En écartant doucement les buissons, il vit un petit homme, vêtu de vert, martelant la semelle d'une minuscule chaussure.

Naturellement, Seamus savait tout sur les Leprechauns et était conscient de ce qu'il devait faire. Rapide comme l'éclair, il attrapa le bras du petit homme et le maintint lorsque celui-ci s'efforça de se libérer.

« Je ne te laisserai pas partir tant que tu ne me dis pas où est caché ton or, dit Seamus.

— Tu m'étrangles, attention ! », cria le Leprechaun. Seamus eut honte de sa rudesse et posa doucement le petit homme sur le sol, sans le quitter des yeux. Le Leprechaun toussa, remit en place son gilet vert et s'inclina un peu dans la direction de Seamus. « Tu es un gentil garçon, dit-il. Dis-moi maintenant pourquoi tu veux tellement mettre la main sur mon chaudron d'or ! Es-tu cupide ou dans le besoin, là est la question ? »

Seamus parla au petit homme de sa pauvreté, de sa vie de dur labeur et de ses rêves, en faisant cependant attention à garder ses yeux fixés sur le Leprechaun. Celui-ci l'examina de la tête aux pieds, comme pour le jauger.

« Eh bien, eh bien, je te crois, dit-il. Je pense donc que je te montrerai mon chaudron d'or. »

Avec ces mots et un rapide coup d'œil de côté, le petit homme partit dans les champs, courant comme un lièvre, Seamus – heureusement en bonne forme – sur ses talons. Plusieurs fois Seamus trébucha, car il ne pouvait pas regarder où il mettait les pieds de crainte de perdre de vue le Leprechaun. À la longue, celui-ci s'arrêta près d'un tumulus, sur lequel était posé un énorme rocher aux contours irréguliers.

« Voilà, souffla-t-il. Tu trouveras mon trésor si tu rampes à travers l'interstice du rocher. Tu dois te presser ! Si le soleil se couche, tu seras piégé dans le rocher pour l'éternité ! ».

Fixant toujours des yeux le Leprechaun, Seamus le suivit dans l'étroit interstice. Là, scintillant dans l'obscurité, se trouvait un énorme chaudron débordant de pièces d'or.

« Je suis riche ! s'exclama le jeune homme, remplissant ses poches de pièces et essayant de soulever le chaudron.

— Grand bien te fasse si tu restes bloqué là pour la vie ! Le soleil se couche. »

Seamus essaya une fois de plus de s'emparer du chaudron, puis, réalisant que c'était impossible, attrapa autant de pièces qu'il put et se jeta à travers la fissure juste quand le soleil disparaissait derrière l'horizon et le tumulus plongeait dans l'ombre. Il entendit la pierre se fermer derrière lui et, quand il se retourna, le rocher était d'un seul tenant et il n'y avait pas trace du Leprechaun.

Seamus se précipita chez lui, serrant son trésor dans sa veste. Sa famille fut très heureuse de le voir. Peu de temps après, tous vivaient heureux dans une belle maison, avec un carrosse et des serviteurs. Seamus alla à l'université, et quelques années plus tard devint un célèbre écrivain, aimé d'un bout à l'autre de l'Irlande pour ses merveilleuses histoires. Il n'oublia jamais le petit homme qui avait rendu tout cela possible – et ses poches furent toujours pleines de l'or des fées !

SIGNIFICATION DE L'HISTOIRE

Il est facile de saisir les nombreux sens de cette histoire. D'abord, elle montre comment la terre et les esprits qui lui sont attachés s'occupent des cas de réel besoin. Seamus montre de l'esprit d'entreprise et de la

détermination. Il est par ailleurs gentil – tout ne l'emporte pas sur ses rêves, car il a relâché le petit homme quand il le serre trop fort. Pour le récompenser, l'esprit décide de lui faire confiance. Seamus possède aussi un bon instinct de conservation, ainsi que de l'ambition et de la décision. Ayant découvert le Leprechaun, rien ne le fera le lâcher du regard. Le message des esprits de la terre est qu'on doit être conscient de ses réels besoins et à identifier ses priorités – on doit agir pour réaliser ses buts.

Seamus a aussi un bon jugement. Il sait que s'il est assez rapide, il peut pénétrer dans le fort de l'esprit et ressortir avant le coucher du soleil. Il se fie à ses capacités, au savoir-faire et à la force de son corps.

Plus que tout, Seamus n'est pas cupide. Tentés par tout cet or scintillant, beaucoup de gens auraient été incapables de le laisser derrière eux et seraient restés bloqués sous la terre pour le reste de leur vie. Seamus a le bon sens de réaliser qu'il doit modérer ses gains s'il veut en profiter, et est récompensé pour cela.

L'histoire illustre l'équilibre susceptible d'exister entre les humains et la terre. Il y a assez pour profiter à tous, s'ils sont justes, prévenants et raisonnables. Les fées ne pensent pas que c'est trop demander !

Les nains

Depuis l'Islande au subcontinent indien, les nains sont des esprits traditionnels vivant aux profondeurs de la terre et extrayant ses trésors pour les transformer en superbes œuvres d'art.

Les Eddas irlandaises racontent comment les dieux anciens avaient formé le monde en utilisant le corps démembré du géant Ymir. Pendant ce travail, des asticots tombés de la chair putride devinrent les nains. Les dieux leur conférèrent grande force et intelligence, et les envoyèrent s'installer sous la terre. Les nains possèdent des pierres magiques leur offrant sagesse, ainsi que le pouvoir de se rendre invisibles. Ils gardent les ressources de la terre, surtout les minéraux, et hantent les mines et les grottes, un peu comme les Frappeurs (voir page 244)

Les demeures préférées des nains sont les régions montagneuses. Ils peuvent aussi se déplacer aisément à travers la terre. De petite taille, leur peau est grise et ils ont une apparence très âgée et ratatinée. Souvent, ils cachent leurs pieds, qui ressemblent à des pattes de corbeau ou d'oie, ou sont parfois à l'envers, talon devant. Ils ne peuvent pas être aperçus le jour, car un seul rayon de soleil les transforme en pierre. Les nains sont quelque peu tristes, car leur race est dépourvue de femelles, et les nouveaux nains sont façonnés en pierre par leurs aînés. C'est peut-être à cela que tient leur réputation de voleurs de bébés humains, qu'ils remplacent par de petits nains ridés.

Les nains aident les humains, leur prêtant des objets pour les célébrations, bien que la plupart se soient maintenant éloignés de la civilisation et ne se laissent plus voir. Les nains ont aussi aidé les dieux. Un récit scandinave raconte que le dieu farceur Loki avait coupé la chevelure dorée de la déesse Sif pendant qu'elle dormait. Son époux, le puissant

chevelure d'or pur, capable de s'implanter sur la tête de Sif et de repousser. Loki fut donc épargné, pour faire d'autres farces par la suite.

De nos jours, les nains sont difficiles à apercevoir, mais ils aideront si on le leur demande. Lorsqu'on a besoin de toute

dieu du tonnerre Thor, était entré dans une colère noire. Loki s'était réfugié auprès des nains pour trouver du secours. Ceux-ci filèrent une nouvelle son ingéniosité pour se sortir d'une mauvaise situation, les nains murmureront leur inspiration et donnent un coup de pouce habile.

Les Frappeurs

Les Frappeurs étaient actifs à l'époque des mines d'étain des Cornouailles. Ils se montraient amicaux envers les mineurs, car ils frappaient sur les parois pour leur faire savoir où se trouvaient les veines les plus riches. Généralement, les Frappeurs se faisaient connaître seulement par le son, mais des mineurs racontaient aussi les avoir vus – petits diablotins, assis sur des morceaux de bois ou faisant des cabrioles.

On les appelle aussi Buccas, Gathorns, Spriggans, Nickers et Nuggies. Ils s'occupent des affaires de la terre et exploitent leurs propres mines.

Bien que généralement bienveillants, les Frappeurs peuvent être offensés et détestent les jurons et les sifflets. Ils n'aiment pas tout ce qui a la forme d'une croix, si bien que les mineurs faisaient très attention à ne pas marquer quoi que ce soit de ce signe. Cette attitude ne vient pas d'une association satanique, mais du fait que toutes les fées savent que le christianisme les a diabolisées – si bien qu'elles s'en offusquent ! La croix grecque est aussi un puissant symbole du monde matériel et des quatre points cardinaux. Les esprits de la terre peuvent considérer que c'est *leur* signe particulier.

On trouve de nombreuses histoires sur les Frappeurs dans le sud-ouest de l'Angleterre. Une histoire parle de la mine Ransom, où on entendait tant de coups que tous étaient persuadés de sa richesse, mais étaient trop effrayés pour y travailler. Finalement, un vieil homme qui avait la « vision » alla en compagnie de son fils à minuit, à la saint Jean, et veilla jusqu'à ce qu'il vît les esprits remontant le minerai. Il fit un marché avec eux : le père et le fils exploiteraient la mine et laisseraient toujours un dixième du meilleur minerai pour l'usage des esprits. Le père et le fils s'enrichirent, et le vieil homme n'oublia jamais de laisser aux esprits leur dû, comme promis. Malheureusement, après sa mort, son fils devint cupide. Il trompa les esprits, qui cessèrent de coopérer. Aucun minerai ne sortit plus de la mine et il dépensa l'héritage de son père en boisson, finissant par mourir sans le sou, en mendiant.

Pourquoi tant d'hommes considèrent les richesses de la terre – dans les mines et à la surface – comme faisant partie du décor ? Pourquoi ne peuvent-ils voir qu'en trompant les pouvoirs de la vie, ils se trompent eux-mêmes ? Il y a assez pour tous, et le partage apporte la joie.

Cerridwen

Cerridwen est la Vieille femme galloise, déesse de l'Autre monde, qui disposait du pouvoir de transformation et de fertilité. L'un de ses symboles est la truie, en raison de sa fécondité.

Elle avait une fille, Creirwy, la plus belle jeune fille du monde, et un fils, Afagddu, « obscurité ». Celui-ci était si laid que Cerridwen souhaita compenser cette laideur en lui conférant la sagesse et l'inspiration. Pour cela, elle prépara une potion magique dans son chaudron, qui devait mijoter pendant une année et un jour. Elle chargea donc un jeune homme, Gwion, de l'aider à touiller.

Un jour, alors que Cerridwen était partie cueillir des plantes à ajouter dans son chaudron, Gwion s'était assoupi. Réveillé en sursaut, la grande louche s'était renversée et une goutte du liquide bouillant avait atterri sur son pouce. Il le mit dans sa bouche pour atténuer la douleur, et devint instantanément possesseur du savoir ultime, qui aurait dû revenir à Afagddu. Quand Cerridwen revint, Gwion essaya de se cacher, mais elle comprit ce qui était arrivé et se mit en colère. Elle le poursuivit sans relâche. Il se transforma en lièvre et s'enfuit, elle devint chien de chasse, il se transforma en poisson, elle en loutre, lui en oiseau, elle en faucon. Finalement, il devint un grain de blé, mais elle se transforma en poule et le picora. Neuf mois plus tard naissait Taliesin, le plus célèbre des bardes.

Cette histoire est souvent interprétée comme un récit initiatique. Gwion et Cerridwen traversent les quatre éléments : le feu en tant que chien de chasse rapide, l'eau en tant que poisson, l'air en tant qu'oiseau, la terre en tant que poule et grain de blé. Autrement dit, on est intérieurement transformé par des expériences intenses, l'un des dons du monde féerique. À son tour, cela suscite une créativité merveilleuse, comme ce fut le cas de Taliesin.

Cerridwen représente le pouvoir profond de la terre, qui change constamment les choses. C'est la tombe, où tous les gens finissent, mais c'est aussi la matrice, d'où naissent toutes les choses. La terre renferme le mystère de la vie et de la mort, car la vie dépend de la mort, juste comme la mort suit la vie, au moment approprié du cycle. L'histoire des métamorphoses de Cerridwen représente aussi le cycle des saisons, où tout est transformé. Cette déesse sombre détient la clé de la sagesse de l'Autre monde, indescriptible en paroles.

Pan aux pieds de bouc

Pan est le dieu ancien des bergers et de la pâture. Son nom signifie « tout », suggérant qu'il incarne les forces muettes de la terre. Il est à l'origine du mot « panique », sentiment qui peut submerger toute personne se retrouvant seule dans la nature, consciente de l'immensité de celle-ci. Pan est muni des pattes d'un bouc, d'un torse humain et d'une tête cornue, associant dans sa personne plusieurs plans de vie.

Dans la vieille Arcadie, Pan était tombé amoureux d'une belle nymphe, Syrinx, qui l'avait éconduit. Au début, Pan ne prit pas ce refus au sérieux, car bien des nymphes s'étaient enfuies, jamais trop vite, et il avait fini par avoir ce qu'il voulait d'elles. En riant, il poursuivit donc Syrinx. Celle-ci courait toutefois comme le vent et il entendait sa voix gémissant et pleurant. Ils arrivèrent à une rivière, et Syrinx fut piégée. À ce point, Pan sautait d'ordinaire sur la nymphe rieuse, mais Syrinx était désespérée – étonné, Pan la regarda lever les bras au ciel pour implorer l'aide des autres dieux.

Pan était un dieu vigoureux, et la séduction ne lui avait jamais fait défaut par le passé. Assurément, s'il n'effrayait pas Syrinx, elle comprendrait quel plaisir il était capable de lui offrir et fondrait dans ses bras ! Il l'approcha doucement, mais à mesure de son avancée, la forme de la nymphe changeait, si bien que Pan distinguait la rivière à travers. La belle nymphe s'était transformée en un roseau frémissant dans la brise.

Pan s'assit tristement près de la rivière, en écoutant le son étrange et mélancolique du vent dans les roseaux. Une idée lui vint. Son amour l'avait fui, mais il pouvait encore jouer de la musique. Il coupa quelques-uns des meilleurs roseaux et les attacha ensemble avec de l'herbe, fabriquant une flûte, puis s'éloigna lentement dans la forêt, en jouant les accords poignants devenus sa marque.

En tendant l'oreille quand on se retrouve seul près d'une berge solitaire ou quand on erre sur le flanc d'une colline, on entend le son de la flûte de Pan porté par la brise, le souffle même de la nature. Toutefois, Pan n'est pas un simple ménestrel dont l'amour a été contrarié, mais un pragmatiste créatif qui sait tirer le meilleur d'une mauvaise chose. Si on se sent contrarié, Pan montre comment transformer l'échec en succès et avancer.

Pixies et Piskies

Les Pixies vivent dans le sud-ouest de l'Angleterre (les comtés de Devon, Cornouailles et Somerset), alors que les Piskies sont strictement cornouaillais. Ces deux noms désignent en principe le même type d'esprit.

Jadis, on était absolument persuadé de l'existence des Piskies, et chaque maison avait une place réservée à la danse des fées sur la tuile faîtière du toit. Leurs endroits préférés sont les nombreux sites préhistoriques du sud-ouest de l'Angleterre, les environs des pierres levées, les berges, les monticules des fées. Les Piskies portent des gilets blancs et des chaussettes vertes, avec des chaussures polies jusqu'à étinceler. Les Pixies sont de petites créatures vertes, arborant des clochettes qu'on entend souvent tinter par-delà des collines et des vallées lorsqu'ils dansent. Les Pixies de Dartmoor montent parfois les poneys sauvages, les agaçant et embrouillant leur crinière. Selon certains, ils peuvent aussi chevaucher les hérissons.

D'autres pensent que ces esprits sont les âmes des habitants préhistoriques de l'Angleterre – ils rétrécissent de plus en plus jusqu'à ce qu'ils finiront par disparaître complètement, comme le peuple irlandais des Sidhe. Ces êtres peuvent disparaître de la vue, mais c'est seulement parce que les hommes – avec leur regard « scientifique » – ont perdu la faculté de les voir, pas parce qu'ils sont partis.

Les Pixies aiment égarer les voyageurs, et de nombreux récits parlent de gens errant pendant des jours dans la forêt et sur la lande. Un fermier du Devonshire n'arrivait pas à sortir de son propre champ, avant de se souvenir comment tromper les fées. Retirant sa veste, il la retourna, et les Pixies s'envolèrent dans les arbres en se moquant de lui. Un autre récit raconte qu'un garçon de St Allen, près de Truro dans les Cornouailles, avait disparu pendant qu'il cueillait des fleurs sauvages dans le bois. Sa famille inquiète le chercha pendant trois jours, et finit par le retrouver endormi dans le taillis d'où il avait disparu. Il leur dit qu'il avait suivi un merveilleux chant d'oiseau dans la forêt, quand la nuit était tombée. Les étoiles étaient apparues, et chacune d'entre elles était un Pixie. Ceux-ci l'avaient conduit dans une grotte incrustée de gemmes, lui avaient donné du miel et avaient chanté pour lui. Il s'était endormi et s'était réveillé dans le taillis.

Les Pixies aident les humains, par exemple en battant les blés. Ils sont là pour enseigner à ne pas prendre la vie trop au sérieux. Le rire est un remède merveilleux, et la terre, une force curative.

Gwyn ap Nudd

Gwyn est le roi gallois des enfers, qui gouverne les Tylwyth Teg, fées à peau claire du Pays de Galles, créatures belles mais retorses, qui gardent jalousement leur domaine souterrain. Gwyn conduit aussi la cavalcade des esprits, la Chasse sauvage, dans son domaine situé sous Glastonbury Tor dans le Somerset (voir page 91).

On a écrit bon nombre de poésies à propos de Gwyn, héros qui combat son homologue Gwythyr chaque 1er mai pour gagner la main de la fée Crieddyled. La légende raconte que Crieddyled avait épousé son amoureux Gwythyr, mais Gwyn l'avait enlevée juste avant la consommation du mariage. C'est une histoire très ancienne sur les pouvoirs de la lumière et des ténèbres, de l'hiver et l'été, qui doivent s'affronter chaque printemps et automne pour la main de la déesse Terre. La déesse peut sembler passive lors de ce processus, mais sa profonde sagesse lui permet de savoir qu'il y a une saison pour chaque chose. Pendant que les batailles sont gagnées et perdues, elle et ses cycles continuent. Gwyn et Gwythyr devront s'affronter chaque année jusqu'à la fin des temps.

Dans une autre histoire, Gwyn a demandé à saint Collen de le rencontrer au sommet du Tor, après que celui-ci lui avait nié son titre de Seigneur des enfers. Le saint se rendit à contrecœur au rendez-vous, en emportant une flasque d'eau bénite. À son arrière, le Tor était surmonté d'un merveilleux château, entouré de belles jeunes filles et de beaux jeunes hommes dansant au son des ménestrels et faisant la fête. Gwyn était assis au centre, sur un trône d'or. Il invita le saint à partager quelques plats, mais Collen refusa et lança sur lui l'eau bénite. Toute l'assemblée disparut, ainsi que le château, laissant saint Collen seul sur le Tor battu par les vents.

Malgré l'offense de cette eau bénite, Gwyn est encore là, il fait partie du cycle inexorable des saisons tant que la planète tourne et que l'humanité existe. Lorsqu'on a besoin du courage d'affronter l'inévitable, de passer par des transformations et de traverser une quelconque région des enfers, Gwyn fortifiera le cœur et fera savoir que, si mauvaises que les choses puissent paraître, la roue tournera une fois de plus inévitablement et qu'on triomphera.

L'Homme vert

Le terme « Green Man » est relativement récent, conçu en 1978 par Kathleen Basford dans son livre du même nom. Toutefois, l'esprit de l'Homme vert est aussi ancien que les forêts primitives qui recouvraient jadis la Terre.

L'Homme vert se présente d'ordinaire sous la forme d'un masque sculpté de feuillage, d'une tête humaine entourée de feuilles, ou d'un visage constitué de feuilles. Une végétation encore plus luxuriante sort parfois de sa bouche. Les images de l'Homme vert sont présentes dans d'innombrables églises européennes, de même qu'à Moscou et à New Delhi. Celui-ci est façonné en pierre ou en bois, ou peint sur des vitraux. Plus récemment, le symbole de l'Homme vert est apparu sur des bâtiments publics, auberges, murs, bancs, maisons privées. L'esprit de l'Homme vert est aussi présent dans de nombreuses coutumes, comme la procession de l'Homme de feuillage lors des jeux du 1er mai, reprise en 1974 par la compagnie Mad Jacks Mouris Dancers.

Qu'en est-il du véritable Homme vert ? On peut l'apercevoir partout où il y a de la végétation – c'est l'un des esprits les plus faciles à contact, là où la verdure pousse. Ses innombrables visages changent souvent quand on le contemple. On le voit en observant l'écorce ridée d'un vieil arbre ou un rideau de feuilles vertes. Il suffit de laisser traîner le regard en le focalisant au-delà de ce qu'on scrute réellement, et l'Homme vert apparaîtra dans toute sa splendeur sauvage et sa sagesse.

L'Homme vert est la quintessence de la croissance. Très puissant, il représente la pulsion irrépressible de reproduction de la vie. Cette pulsion est tellement intense que les pousses vertes transperceront même le béton à la recherche de la lumière, prouvant ainsi que la Mère Terre domine tout. L'Homme vert est son émissaire.

Dans les sculptures des églises on voit aussi des Femmes vertes. Plus proches des dryades (traitées à la page 339), elles sont entourées d'une aura plus douce, bien qu'elles protègent implacablement leurs arbres.

On peut acheter un masque de l'Homme vert dans des magasins New Age ou de jardinage. Inspirante, cette image insuffle force et foi dans la nature.

Cernunnos

Cernunnos est le dieu cornu du Monde sauvage. Il est le protecteur de toutes les créatures de la forêt, en étant simultanément le chasseur. Il incarne le cycle de la vie, qui implique croissance et nourriture, mais aussi mort et destruction. Ses bois de cerf annoncent la force, la vitalité et l'endurance terrestre.

Cernunnos est un personnage très mystérieux et ambigu, car son message dit que proie et chasseur ne font qu'un dans la spirale de la vie. À l'époque des chasseurs-cueilleurs, Cernunnos était probablement invoqué régulièrement (sous un nom ou un autre) par les chasseurs désireux de s'identifier à leur proie. Cela ne concernait pas seulement l'art d'attraper l'animal, mais aussi la manière de l'honorer et de le respecter, ainsi que d'admission qu'ils dépendaient de lui. Les Amérindiens faisaient pareil pour le bison. De plus, c'était la réalisation qu'un jour le chasseur devenait inévitablement proie de par sa propre mort et rendait ses os à la terre pour nourrir une nouvelle vie.

Cernunnos, parfois appelé Herne, se montre dans la brume sous les traits d'un personnage cornu ou d'un cerf. Si on le voit, c'est une incitation à explorer son propre mysticisme et les sens plus profonds de la vie.

Robin des bois

Robin est l'un des personnages légendaires les plus connus du folklore britannique, mais les histoires le concernant sont susceptibles de provenir des sources autres qu'humaines : Robin des bois, le hors-la-loi, vivait dans la forêt verdoyante, était vêtu de vert et (comme beaucoup d'elfes) tirait des flèches redoutables ; Robin Goodfellow, Robin Bon Diable, est un puck, qui peut se comporter comme un pixie. Les légendes sur Robin sont probablement un amalgame des deux histoires.

Robin est un dieu de la nature et, comme tous les esprits de la terre, méprise la cupidité et combat le mal. Si on respecte la forêt, Robin guidera sur ses sentiers. Son espièglerie est là pour rétablir le juste sens des valeurs, en offrant de plus la joie sensuelle dans la richesse de la vie.

Les flèches de Robin peuvent suggérer une envolée du mental – elles sont souvent associées au monde spirituel. Les pointes en silex des flèches de l'Âge de pierre sont retrouvées le plus souvent près des monticules des fées. En découvrir une est un signe très propice.

Les géants

Les géants font partie de nombreux mythes de la création. On suppose souvent que les esprits sont petits, mais ce n'est pas forcément le cas. Les géants font réellement partie du monde féerique.

Ces êtres sont des incarnations des forces primitives d'une partie du monde naturel, gardiens des trésors de la Mère nature. Il y a des géants des montagnes, des forêts et des fleuves, tous dotés de sagesse et de pouvoir. Leurs énergies tendent à magnifier les énergies humaines, si bien qu'ils peuvent sembler effrayants à toutes les personnes malintentionnées, leur renvoyant leur propre mal.

Des créatures comme le Yeti (l'Abominable homme des neiges) et le Bigfoot font partie de ce genre d'esprits difficiles à rencontrer, car ils sont l'essence vivante de leur environnement, où ils changent de forme ou deviennent invisibles. Les traces de leurs pas signalent qu'il y a des choses dans ce monde dépassant de loin la compréhension humaine. Les géants rappellent à l'homme d'être humble : ils se font les champions des gens ordinaires et promeuvent la noblesse d'une vie naturelle, en harmonie avec l'environnement.

Le message des géants dit de mettre les choses dans leur juste perspective. Ils offrent l'inspiration pour que les hommes deviennent plus grands, plus forts et plus efficaces qu'ils le sont. Ces créatures protègent parfois des régions particulières ou des plantes vivaces. Ils se rapprochent du vulnérable, du timide, du faible, des innocents et des éternels enfants. Les géants s'occupent souvent de ce qui n'est pas apprécié à sa juste valeur, comme si leur taille tentait d'indiquer : « Cela *est* important ! »

Si on rencontre un géant, il se peut bien qu'il soit porteur d'un message personnel. Quelle chose échappe à la vie, même si elle est juste sous son nez ? Quel fait ordinaire ou quelle question pratique exige de l'attention, alors qu'on se concentre sur des choses bien moins importantes ? Le géant peut avoir une signification symbolique – par exemple, celui portant une massue appelle le développement de la force intérieure, Bigfoot dit de se souvenir de ses instincts animaux. Il ne faut pas craindre les géants, car ceux-ci amplifieront la peur et la renverront. Si on leur envoie de l'amour et de la considération, on recevra en retour le même amour multiplié.

Se rapprocher des fées de la terre

Le corps humain renferme une ligne ouverte 24 heures sur 24 avec les gnomes, mais qui est très négligée. Au lieu de traiter le corps comme un temple de l'âme, on le maltraite de toutes les manières possible et on introduit en lui des substances synthétiques, en s'attendant qu'il les gère. Il y arrive d'habitude grâce à l'aide des gnomes, mais ce manque de respect finit par nuire gravement à la santé physique et au lien instinctif avec la terre et le monde des esprits de la nature.

Respecter les exigences de son propre corps et de consommer des aliments naturels, frais, non traités, de sources locales est une bonne façon d'attirer en premier lieu les gnomes et de leur signaler qu'on s'accorde à leur présence. Mieux vaut aussi éviter les drogues, y compris l'alcool, la nicotine et la caféine. Cela ne signifie pas se soumettre à une détoxication fanatique, mais revenir simplement à l'essentiel. Tout ce qui existe sur la Terre – même la substance la plus artificielle – est « naturel », car originaire de celle-ci. Toutefois, certaines choses ont été si bêtement et si irrespectueusement déformées par les hommes qu'aucun gnome qui se respecte ne s'en approchera !

En ce qui concerne les drogues, c'est vrai que les chamanes des cultures indigènes absorbent des hallucinogènes à base de plantes et établissent ainsi un fort contact avec les esprits végétaux. Ce processus est néanmoins très différent de la toxicomanie, qui ouvre les portails de façon nonchalante, incontrôlée et dangereuse.

On doit s'occuper des aspects

pratiques de sa vie, consciemment et délibérément, en appréciant le contact solide établi avec les *choses* : ménage, préparation de gâteaux et de pain, couture, reprisage, travail du bois, réparations dans la maison – et surtout, entretien du jardin ou, en son absence, des plantes d'intérieur. On doit aussi se pencher sur les questions financières, pas pour spéculer ou déprimer, mais pour savoir où on en est.

Il faut se sentir en contact avec son moi physique, sa force, ses sensations corporelles, sa santé et ses énergies sexuelles, tous ancrants et liés aux esprits de la terre. On peut faire appel à l'ensemble de ses dons pratiques, musicaux, artistique, et être justement généreux avec les autres. On doit adopter une routine raisonnable – pas pour s'enfermer, mais pour avoir le temps de réfléchir à d'autres choses.

Les gnomes comprennent que pour s'affranchir des inquiétudes matérielles on doit respecter les règles de la Terre – tout deviendra alors clair.

Installer un autel pour les fées de la terre

Les fées de la terre aiment leurs endroits familiers et avec un peu de chance elles sont déjà aux alentours. On peut approfondir cette connexion en créant un espace sacré pour les honorer.

MÉTHODE

Réservez une petite étagère ou le haut d'un placard à un autel pour les fées de la terre (voir page 36).

1 Il est parfois possible de trouver des bougies brunes à poser sur l'autel. Si vous n'en trouvez pas, celles vert vif ou vieil or conviennent. L'encens ou des bâtonnets d'une fragrance terreuse, patchouli, chèvrefeuille ou verveine, offrent aussi la note juste. Recouvrez l'autel d'un tissu vert vif ou brun, si cela vous plaît.

2 Alors que chaque cristal est lié à un élément, les esprits de la Terre, de par la puissance même de celle-ci, sont connectés à de nombreux cristaux, à la formation desquels ils ont pris part. L'esprit du cristal les attirera pour leur coopération et protection. Placez sur l'autel une profusion de cristaux, en préférant ceux qui vous attirent. Des cristaux comme l'agate mousse, l'onyx, le jais, le jaspe brun et le péridot sont particulièrement appropriés.

3 Décorez votre autel de verdure, par exemple de lierre, luxuriant et facile à remplacer. Rappelez-vous que les esprits de la terre aiment les plantes vivantes et seront attirés par celle exigeant leur attention. Placez de petits pots de primevères ou de fines herbes parmi les cristaux. Ramassez des pierres lors des promenades et érigez un petit cairn pour les fées de la terre.

4 Si vous désirez attirer un esprit spécifique, cherchez des symboles et des figurines le représentant et placez-les sur l'autel à la place d'honneur. L'Homme vert rapprochera la forêt ancienne de votre maison. Si vous voulez attirer l'argent, quel meilleur symbole qu'un petit Leprechaun ? Cernunnos sera évoquée par un cerf, Cerridwen, par un chaudron. Les fées de la terre seront impressionnées par l'attention portée à leur espace sacré. Nettoyez-le, rangez-le et purifiez-le à des intervalles réguliers, et vous serez enrichi.

Trouver les esprits de la terre dans la nature

Les esprits de la terre sont en principe les plus faciles à contacter. Leurs formes tendent à être moins subtiles que celles de la plupart des fées. Ils restent généralement attachés à un endroit – si on a l'impression qu'un emplacement est fréquenté par ces êtres, il l'est assurément. Partout où quelque chose pousse, il y a une fée pour s'en occuper.

Les fées de la terre aiment les jardins et se rassemblent quand on plante et on arrose la végétation. À la fin d'une journée chaude, elles exultent à la vue du tuyau d'arrosage ou de l'arrosoir, et se mettent à danser avec jubilation parmi les fleurs rafraîchies. Souvent, elles détestent quelque peu le désherbage, si bien qu'on doit laisser une zone du jardin à l'état sauvage. Les fées seront contentes et cela créera un espace pour toutes les plantes malvenues ailleurs – juste parce que les hommes ne les aiment pas, cela ne signifie pas que leur place dans le schéma des choses soit moindre.

MÉTHODE

1 Pour attirer les gnomes, installez-vous tranquillement dans un jardin, un parc, un bois, un champ ou sur un flanc de colline – à proximité d'un tumulus c'est l'endroit le plus puissant entre tous. La présence des gnomes des profondeurs de la Terre peut être perçue dans une grotte ou un creux, celle des fées des fleurs ou des arbres (voir pages 299 et 337), au grand air. Laissez vos mains et vos pieds nus entrer en contact avec le sol, la boue ou les pierres. Frappez doucement sur un tambour, si vous avez envie.

2 Restez immobile, détendu et silencieux. Essayez de ne rien voir, car cela risque de vous mettre dans un état d'esprit inapproprié. Contentez-vous d'être là et observez – ces esprits se montrent d'une manière surprenante. Les voir paraîtra presque ordinaire.

3 Notez tout mouvement aperçu du coin de l'œil, car c'est souvent ainsi qu'on voit les esprits pour la première fois. Un animal s'enfuyant dans les buissons peut être un gnome déguisé. Cherchez le visage de l'Homme vert parmi les feuilles et regardez les fleurs, car elles aussi ont des visages doux et souriants.

4 Pour montrer qu'ils se sont rapprochés, les gnomes laisseront souvent un cadeau tangible, pièce de monnaie ou bijou. Si vous le trouvez sur votre chemin, gardez-le précieusement, car il est très propice.

Charme de l'esprit de la terre pour de l'argent

L'argent est énergie et pouvoir. Il convient de le demander et de l'utiliser avec sagesse. Les gnomes conféreront force et bon sens pour s'enrichir, ainsi que le petit grain de chance qui donnera l'avantage.

MÉTHODE

Il vous faut quelques noisettes, sur lesquelles graver avec une épingle la somme désirée (en multiples de dix), une bougie verte, un stylo vert et du papier.

1 Disposez les noisettes autour de la bougie, allumez celle-ci et imaginez les gnomes se rapprocher. Demandez-leur de susciter pour vous des possibilités de gagner de l'argent. Imaginez avec netteté l'arrivée de l'argent – vous n'avez pas à être précis quand à la manière. Engagez-vous à offrir en retour un don à la terre.

2 Mangez les noisettes lentement et délibérément, en imaginant toujours l'arrivée de la somme d'argent. Prenez le stylo et un morceau de papier de la taille d'un chèque. Écrivez dessus le montant désiré.

3 Placez le papier dans un endroit sûr et continuez à faire de votre mieux pour gagner de l'argent. La somme peut venir de plusieurs sources. Quand elle arrive, n'oubliez pas de remercier les gnomes et offrez-leur le don promis.

Charme de l'esprit de la terre pour l'achèvement

Ce charme est utile quand on a besoin d'éprouver un sentiment d'achèvement dans toute tâche effectuée.

MÉTHODE

Il vous faut une bougie brune ou verte, un peu de compost, un germoir et quelques graines (celles de cresson poussent vite), plus un symbole de la chose que vous désirez achever – un anneau pour une relation, une clé pour une maison, etc.

1 Allumez la bougie et étalez le compost dans le germoir. Pressez le symbole au-dessous du terreau du germoir. Demandez aux gnomes de vous aider à « planter » votre désir fermement et sûrement.

2 Plantez les graines conformément aux instructions, et demandez aux gnomes de les aider à prendre racine et à pousser. Placez le tout dans un endroit propice à la germination. Rallumez la bougie de temps à autre et demandez de nouveau d'aide des gnomes.

3 Une fois les graines germées, arrosez-les et soignez-les attentivement. Affirmez que votre désir prendra vie à mesure de leur croissance. Pas d'inquiétude si les graines ne poussent pas – il faudra relancer le charme et demander aux gnomes vraiment gentiment. Ce charme permet de percevoir le développement de votre connexion avec les esprits de la terre de concert avec la germination des graines.

Méditation pour entrer en contact avec les esprits de la terre

Cette méditation doit être pratiquée à l'extérieur, si l'on dispose d'un endroit tranquille. Les arômes et les sons naturels intensifieront l'expérience. Toutefois, il est très important de ne pas être dérangé.

MÉTHODE

1 Commencez par vous relaxer complètement, comme décrit dans l'Introduction (voir pages 34 et 35). Fermez les yeux et imaginez soit l'endroit où vous êtes assis/allongé, soit un autre endroit en pleine nature. Prenez votre temps. Si vous utilisez l'endroit où vous êtes, ne soyez pas surpris s'il change quelque peu.

2 Des bruissements légers vous entourent. Les buissons semblent bouger ci et là, comme s'ils abritaient des créatures. À chaque fois que vous vous retournez pour mieux voir, le mouvement semble cesser. Vous sentez que des yeux curieux vous observent.

3 La végétation autour de vous devient indistincte. Vous réalisez qu'un léger brouillard monte du sol, voilant peu à peu tout ce que vous voyez. Le brouillard monte de plus en plus, tourne autour de vous, et vous vous retrouvez dans une espèce de cloche blanche. La paix vous entoure et vous attendez patiemment.

4 Le brouillard se dissipe devant vous, révélant une scène totalement différente. Vous voyez un sentier ombragé par des branches épaisses formant une voûte, qui serpente dans les profondeurs du bois. Vous savez que vous devez le prendre.

et lisse, bien que la forêt s'épaississe des deux côtés. En marchant, vous remarquez que les buissons encadrant le sentier frémissent de temps à autre. Vous comprenez peu à peu que des êtres marchent en même temps que vous. Ils deviennent progressivement plus nets, jusqu'à ce que vous distinguiez leur visage et leur forme.

6 Vous voyez surgir devant vous une silhouette sombre. L'odeur terreuse s'intensifie et vous réalisez que vous approchez de l'entrée d'une grotte. Vous vous tenez devant, et les êtres encadrant le sentir restent eux aussi immobiles. À côté du sentier il y a une pierre plate. Vous vous asseyez et attendez.

7 Vous devenez conscient d'un son rythmique, comme la pulsation étouffée d'un cœur ou d'un tambour. Le bruit devient de plus en plus fort, et vous comprenez que c'est le bruit des pas s'approchant. Vous êtes un peu appréhensif, mais notez que tous les esprits de la terre qui vous accompagnent sont rassemblés dans l'expectative à l'entrée de la grotte. Vous regardez avec espoir.

5 Vous vous levez et commencez à marcher dans le tunnel de verdure. Les cris des oiseaux résonnent au-dessus de votre tête. L'air est immobile et frais, imprégné d'une odeur de mousse et de terre. Le sol sous vos pieds est élastique

8 Le bruit s'amplifie pour devenir un grondement régulier, et un personnage apparaît dans l'arche ombragée de la grotte. C'est une créature puissante, donnant l'impression d'avoir été taillée dans la roche : ratatinée, gris brun, vigoureuse. Ses pieds sont comme des racines d'arbre, ses bras comme les branches d'un chêne, et elle porte une énorme massue sur l'épaule. Un bref instant vous avez peur, jusqu'à ce que vous remarquiez au-dessus de sa barbe enchevêtrée ses yeux bruns et rieurs.

9 L'être s'accroupit et devient ainsi bien plus accueillant. Tous les gnomes et les esprits de la nature se pressent autour de lui. Son rire est grave et résonant quand ils escaladent ses genoux et ses épaules et murmurent à son oreille. Pendant tout ce temps il vous regarde de côté, clignant de l'œil et faisant signe de la tête, jusqu'à ce que vous vous rapprochiez davantage. « Regarde autour de toi, dit-il, et sa voix est étonnamment douce, comme la pluie tombant sur le sol assoiffé. Regarde autour de toi, écoute ce qui t'entoure, *ressens*-le ! » Vous regardez autour de vous la forêt verte et fertile. « C'est là que tout se passe. Comprends-tu ? Tout prend forme, tu prends forme, tout existe. »

10 Des pensées naissent dans votre mental et des sentiments dans votre cœur. Posez des questions au Roi Gnome. Parlez-lui surtout de vos plans et ambitions, de vos difficultés pratiques et des problèmes concernant votre maison, votre argent et votre corps. Demandez comment continuer en harmonie avec la terre, où trouver l'accomplissement. Ne soyez pas surpris si certaines de ses réponses sont tout à fait brèves et précises.

11 Le moment de faire vos adieux est arrivé. Faites-le avec respect et gratitude. Retournez sur le sentier de la forêt, avec les esprits de la terre qui ont choisi de vous accompagner. En approchant de votre point de départ, vous constatez que la brume s'est dissipée et tout est normal. Revenez peu à peu à la conscience ordinaire.

Méditation pour recevoir les dons des esprits de la terre

Cette méditation permet de recevoir les présents du roi Gnome, qui sont abondants. Il faut par ailleurs le consulter pour sa sagesse, car il est aussi sage que la Terre même.

MÉTHODE

1 Commencez comme auparavant (voir page 268) pour rencontrer les esprits de la terre. Suivez le sentier de la forêt jusqu'à l'entrée de la grotte. Écoutez les pas résonnants du roi Gnome.

2 Il se tient dans l'arche sombre et, de son doigt noueux, vous appelle. Vous le suivez dans la grotte, où un éclat subtil émane des parois. De temps à autre, le roi Gnome se retourne pour voir si vous le suivez. Vous jureriez que ses lèvres sourient avec espièglerie.

3 Vous descendez ainsi dans la grotte qui se recourbe, de sorte que si vous ne gardez pas l'allure du roi Gnome vous le perdrez de vue.

4 Enfin, la grotte s'élargit pour devenir une magnifique caverne. La voûte est trop haute pour que vous la distinguiez, mais des étoiles semblent l'orner, car vous apercevez un scintillement dans l'obscurité. Il y a là de nombreux êtres similaires à votre guide, taillant la pierre brute pour lui donner forme ou jouant du marteau dans les autres salles, où vous voyez le reflet des flammes. Au centre de la caverne il y a un immense tas de pierres précieuses et semi-précieuses, chatoyant de toutes les couleurs.

5 Le roi Gnome vous fait signe, et vous vous approchez de ce tas. Il en tire une énorme émeraude qui remplit sa paume massive et s'arrondit : c'est l'exacte réplique de la Terre, de ses continents et de ses mers. Le roi Gnome vous tend le globe. « Regarde ce que toi et les tiens faites », dit-il.

6 Vous regardez le globe et avez l'impression d'être aspiré en lui. Vous voyez les forêts abattues, le sol pollué par les pesticides et épuisé par les cultures intensives, les océans empoisonnés, les habitats détruits, les espèces menacées et la souffrance des hommes dont les terres disparaissent ou qui meurent de faim de par la cupidité de leurs semblables. Vous commencez à déprimer, mais sentez une grande main chaude sur votre épaule. « Quand ta race comprendra-t-elle qu'il y a assez pour tous ? demande le roi Gnome. Quand comprendrez-vous que ce que vous donnez revient vers vous ? Je vais te faire un cadeau maintenant, car je sais qu'il reviendra dans la terre à travers toi, qui apprends à la chérir. »

7 Il tire un superbe cristal du tas scintillant et vous le donne. « Retourne avec lui dans ton monde, dit-il. Fais de lui ce que tu veux, car il peut devenir ton désir le plus cher, tant que ton cœur est ouvert, généreux et aimant. »

8 Vous prenez le cristal et le roi Gnome vous conduit hors de la caverne et à travers la grotte, vers l'entrée. Là, vous faites vos adieux, avec révérence et gratitude. Retournez lentement sur le sentier de la forêt vers la conscience ordinaire. Que ferez-vous de votre joyau ? Prenez-en plaisir ! Et que donnerez-vous ? Prenez aussi plaisir à cela, et visitez le roi Gnome de temps à autre.

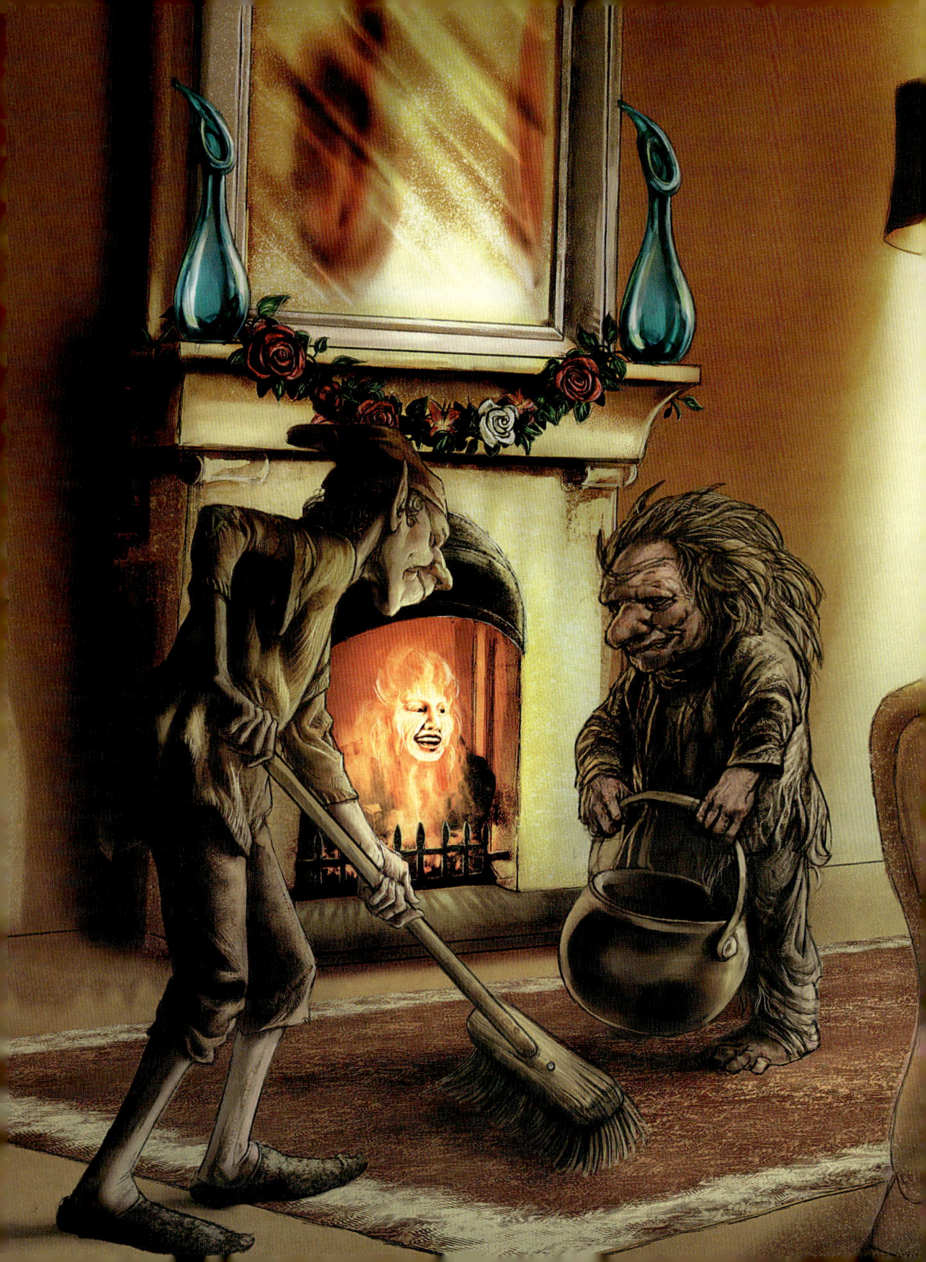

Fées de la maison et de l'âtre

Fées de la maison

Une maison est très spéciale, c'est un lieu de croissance, de soin, de nourrissement et de protection, où l'amour et la vie sont affirmés, c'est bien plus qu'un simple endroit où s'abriter.
Dans la maison, règne une ambiance particulière, aussi tangible que ses quatre murs.

Une maison n'est pas constituée uniquement de briques et de mortier, mais aussi de plans subtils. Les esprits sont attirés là et peuvent s'avérer utiles, bien que parfois espiègles et joueurs.

Certaines maisons, situées sur les lignes ley, ou sur ce qu'on tient pour des lignes de pouvoir dans la terre, sont plus sujettes à des phénomènes psychiques en tous genres et ont une « atmosphère » forte. Ici, les fantômes et les poltergeists ne sont pas inhabituels. La ligne de séparation entre fantômes, poltergeists et fées est toujours mince.

L'atmosphère de toute maison chérie attire les esprits, qui l'intensifieront. Les fées s'installent dans les plantes d'intérieur, favorisant leur croissance et rappelant même leur besoin d'eau en les faisant bouger au passage des résidents. Quand ceux-ci perçoivent ce mouvement du coin de l'œil, ils se disent : « Ah, je dois arroser de cette plante ! »

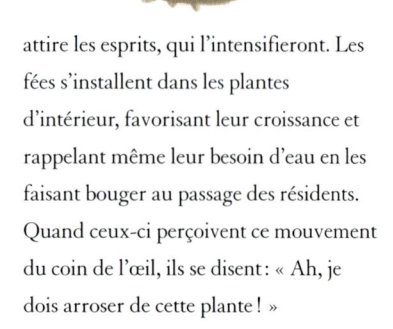

Les fées aiment aussi la cuisine et elles feront lever le pain et les gâteaux, comme par « magie ». Dans certains endroits, les aliments semblent rester comestibles longtemps après leur date de péremption grâce à la fraîcheur offerte par le Petit Peuple domestique. Une maison bénéficiant de leur aide semblera toujours plus lumineuse et plus éclatante, l'air, plus frais, portera une fragrance indéfinissable. Les fées détestent la saleté et aident souvent le dépoussiérage d'une maison qu'elles aiment, à leur manière subtile. Toutefois, elles s'amusent bien à faire osciller espièglement une toile d'araignée ! Il faut montrer son respect pour la vie en ne tuant jamais les araignées ou les autres insectes. Avec un peu de chance, les fées les garderont à distance, en signe de gratitude.

Inutile de le préciser, les fées aiment le jardin. On doit toujours laisser une zone de jardin à l'état sauvage, en la réservant à leur usage. Les gnomes et d'autres esprits vivant dans le jardin ont un grand sens de l'humour. Un esprit peut aussi s'installer dans un objet de la maison, particulièrement un ornement ou un ours en peluche.

Une fois conscient des présences secrètes dans la maison, on chérira celles-ci encore plus.

L'histoire d'Ugunsmate

Ugunsmate est une fée lettone, gardienne de l'âtre. De nombreux esprits protecteurs maternels sont présents dans la vie rurale lettone. Mate signifie mère en letton. Ugunsmate suscite d'habitude un fort sentiment d'appartenance et se montre souvent dans les flammes de la cheminée. Cette histoire raconte comment Ugunsmate avait apporté de la joie à une orpheline.

Il y a des années, Marta servait dans une grande maison de Lettonie. Ses parents étaient morts quand elle était petite, si bien que personne ne s'occupait d'elle. Marta savait qu'elle devait travailler dur pour que la famille qui l'employait la garde, mais cela ne l'inquiétait pas. Elle aimait ramasser du bois pour le feu sous les arbres, car elle avait vu là trois esprits et leur avait parlé.

Marta avait perçu la présence d'autres esprits autour de la maison. Certains n'étaient pas très amicaux, mais la plupart aidaient Marta à trouver les ustensiles perdus et assaisonnaient ses plats pour qu'elle soit la meilleure cuisinière de la ville. Marta parlait aux fées quand elle était seule, mais gardait le silence si quelqu'un était proche, pour éviter d'être considérée comme une sorcière.

Marta désirait ardemment voir une fée, la Ugunsmate, mais n'y était jamais parvenue.

Ugunsmate, Marta le savait, était l'esprit même de la maison. La famille pour laquelle travaillait Marta ne savait rien de la chaleur d'une maison, car ses membres étaient des parvenus, très ambitieux et superficiels. Pour eux, la maison était un lieu où se mettre en valeur. Bon nombre de leurs hôtes avaient senti l'atmosphère agréable, et certains avaient compris qu'elle était due à Marta, la domestique. La famille, toutefois, assumait simplement que les gens venaient à leurs fêtes et dîners pour lui rendre hommage.

Pour Marta, l'ambiance chaleureuse de la maison était très importante. Même si la famille ne réalisait pas ce qu'elle faisait, Marta désirait établir un lien avec l'esprit du lieu. Les animaux et les esprits installés dans la maison, ainsi que les jeunes enfants, devaient en bénéficier. Marta le voulait aussi pour elle-même, car elle n'avait pas de racines, pas de « tribu ». Elle savait qu'Ugunsmate était un esprit centré surtout autour de l'âtre. Chaque fois qu'elle allumait le feu, elle murmurait : « Ugunsmate, Ugunsmate, Mère de l'âtre, viens s'il te plaît ! ». Mais Ugunsmate ne se montrait jamais.

Marta ne possédait qu'une chose, qui lui était très chère : une chaîne d'or, avec un médaillon qui avait appartenu à sa mère, qu'elle portait nuit et jour. Marta la chérissait, car c'était le seul lien avec sa demeure spirituelle.

Souvent, quand elle était seule, elle chantait, sa main contre son cœur tenant le médaillon. Un jour, Marta mit la main sur sa gorge, et le médaillon n'était plus là ! Elle chercha partout, en laissant même de côté quelques-unes de ses corvées, mais ne le trouva pas. Elle fouilla la cour, l'étable, la cuisine – même la boîte à farine et le tas de bois à brûler, sans résultat.

Cette nuit-là, ses corvées du jour enfin terminées, Marta s'assit près des braises, déprimée. Sa main tremblante monta vers sa gorge, ressentant une fois de plus le vide affreux à la place de son médaillon. Les larmes coulaient sur ses joues – c'était comme si elle perdait de nouveau sa mère. Alors qu'elle fixait le feu de ses yeux embués de larmes, les tisons semblèrent revenir à la vie. Elle cligna des yeux, pensant que les larmes lui jouaient des tours, mais le feu reprenait de lui-même et au milieu de la braise quelque chose scintillait. Elle essaya de regarder le feu de plus près, mais la chaleur fit larmoyer encore plus ses yeux. Sur le point de se retourner, une idée la fit changer d'avis.

Marta attrapa le tisonnier et fit sauter les flammes. Elle écarta les charbons et sortit du feu sa chaîne ! Débordant de joie, elle la posa sur la cheminée pour qu'elle refroidisse. « Oh, merci, merci ! » cria-t-elle sans s'adresser à personne en particulier. Regardant dans le feu, qui brûlait maintenant vivement, elle vit dans les flammes une femme joyeuse, lui faisant signe de la tête et souriant, bras tendus pour la bénir. « Ugunsmate ! souffla Marta, merci du fond du cœur ! »

SIGNIFICATION DE L'HISTOIRE

Le message est simple : aimer une maison, s'en occuper, la respecter, invite les bonnes fées, comme Ugunsmate, à se rapprocher. Celles-ci apportent avec elles encore plus de bénédictions. Si l'individu s'occupe de sa maison, sa maison s'occupera de lui.

L'HISTOIRE D'UGUNSMATE

Les familiers

Les hommes ne sont pas aussi merveilleux qu'on aime le penser, et pourtant, ils ont quelque chose de spécial ! Ils forment un lien unique entre esprit et matière. La prise de conscience de soi offre un grand pouvoir, pour le bien ou le mal. Certains esprits pensent qu'ils méritent leur aide et assumeront souvent la forme des familiers.

Jadis, les sorcières étaient tenues pour avoir des « familiers » – un esprit malfaisant qui exécutait leurs méfaits et incarnait d'ordinaire une sorte de lien avec Satan. Cette opinion est très déformée et ignorante. Aucun familier qui se respecte n'aurait affaire à Satan, si celui-ci existait, car il a mieux à faire.

Un familier est un esprit gardien qui aide une personne dans sa vie. Il peut prendre la forme d'un animal, ou un animal peut avoir un rapport avec l'esprit et se comporter en conséquence. Les animaux sont une merveilleuse interface avec le monde des esprits, car ce sont des créatures d'instinct, qui ne jugent ni ne condamnent pas. Un tel esprit peut s'installer dans un objet, comme un cristal, une statue ou même un ours en peluche.

Le terme « familier » vient du latin *famulus*, serviteur. Ces esprits offrent délibérément de leur force et de leur savoir aux humains, les connectant au monde physique. On les trouve dans bon nombre de cultures, depuis les Aborigènes aux Zoulous, des Asiatiques aux Amérindiens, ainsi qu'en Europe. Les familiers portent des noms divers. Un « fylgia » est un double féerique, qui tient compagnie à une personne. Dans la culture islandaise, il est grossier de fermer trop vite une porte derrière une personne, car c'est enfermer dehors le « fylgia ».

Le familier est généralement un esprit agréable et accessible, capable d'agir comme le « génie » de la personne, l'aidant à se montrer créative, à faire des choix inspirés et à voir l'avenir.

Si on a l'impression d'être protégé, si certaines choses se règlent toutes seules ou si des coïncidences étranges façonnent la vie, on peut soupçonner la présence d'un familier. Par exemple, un animal de compagnie sage et aimé peut être le familier ! Si on désire en avoir un, une bougie allumée près d'un cristal particulier en demandant à un familier de venir fera l'affaire. En s'engageant à offrir un présent aux animaux ou à l'environnement, il se peut que la requête soit satisfaite.

Les Brownies

Les Brownies sont des esprits solitaires rattachés à une maison particulière. Ils vivent dans les coins sombres ou dans les placards de la maison, parfois dans le creux d'un arbre voisin. Ils aiment effectuer toutes sortes de corvées dans la maison et garder les choses en ordre. Les Brownies s'offensent et s'éloignent face à une récompense trop généreuse, mais ils aiment qu'on laisse pour eux une assiette de crème.

Le seigneur de Dalswinton avait une jolie fille, que le Brownie de la maison aimait beaucoup. En plus de nettoyer l'argenterie et de balayer les planchers, ce Brownie conseillait aussi sa maîtresse dans les affaires de cœur et l'aidait à choisir parmi ses nombreux prétendants. Après son mariage, elle tomba très vite enceinte – aidée probablement par un soupçon de magie de fertilité du Brownie ! Lorsqu'elle entra en travail, une tempête faisait rage, et le serviteur ne put traverser la rivière pour ramener la sage-femme. Le loyal Brownie se transforma en double du serviteur, enfourcha son cheval et passa à gué la rivière déchaînée. Il fut rapidement de retour avec la sage-femme effrayée, prête à alléger les douleurs d'accouchement de sa maîtresse dès que possible.

Le Brownie entra dans l'écurie pour débrider son cheval, et ce faisant reprit sa forme habituelle, 1 m de hauteur, revêtu de loques. Sans qu'il le sache, le pasteur avait persuadé le seigneur de le baptiser et l'attendait tapi dans l'ombre. Lorsque le Brownie travailleur se mit à balayer l'étable, le pasteur lui jeta de l'eau bénite au visage en entonnant des prières.

Le pauvre Brownie lança un cri d'horreur et disparut. Nul ne le revit. À partir de là, la chance du seigneur et de sa famille diminua. Bien que sa maîtresse bien-aimée semblât bénéficier d'une protection spéciale tout au cours de sa vie, le Brownie ne fut plus jamais aperçu dans ce monde.

Les Brownies aiment l'ordre, qui clarifie le mental et rafraîchit le cœur. Loin d'être ennuyeux, l'ordre ouvre la voie à la magie. Une partie de l'« ordre » que les Brownies aiment est leur propre protocole. Tout doit être à sa place : les aliments dans le placard, les animaux dans l'étable, les prières (si nécessaire) à l'église. Tout ce qui n'est pas ainsi détruit l'ordre, complique les choses et désoriente.

Si on suspecte qu'un Brownie est à l'œuvre dans sa maison – quelle chance ! Pour en profiter, il faut jouer selon *ses* règles.

Les Lares

Le Lare familier de la maison est la variante romaine des esprits domestiques. Des spécialistes du folklore affirment que les croyances concernant les esprits de la maison se sont propagées avec l'élargissement de l'Empire romain (les esprits domestiques trouvent cette idée très drôle, car ils ont vu des milliers d'années venir et passer avant qu'on entende parler des Romains).

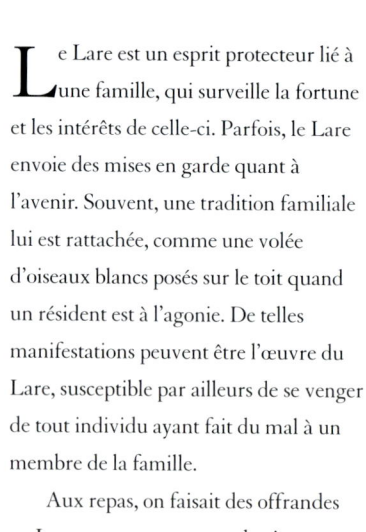

Le Lare est un esprit protecteur lié à une famille, qui surveille la fortune et les intérêts de celle-ci. Parfois, le Lare envoie des mises en garde quant à l'avenir. Souvent, une tradition familiale lui est rattachée, comme une volée d'oiseaux blancs posés sur le toit quand un résident est à l'agonie. De telles manifestations peuvent être l'œuvre du Lare, susceptible par ailleurs de se venger de tout individu ayant fait du mal à un membre de la famille.

Aux repas, on faisait des offrandes au Lare en versant un peu de vin par terre et en laissant quelques miettes. Le lait servait aussi de récompense – on laissait d'habitude les dernières gouttes dans le seau à lait à son intention. La demeure préférée du Lare était (et est) l'âtre, le cœur de la maison. Chaque mois, pour l'honorer, une guirlande de fleurs fraîchement tressée était suspendue au-dessus de l'âtre, de préférence à la pleine lune. Comme la Lune marque les rythmes féminins, l'esprit est là féminin et maternel. De plus, le lait était tenu pour un cadeau sacré de la Déesse Mère – il était approprié de lui offrir quelques cadeaux en retour, en signe de respect.

Il est toujours difficile de distinguer clairement entre fées et esprits des morts. Certains fantômes endossent probablement les habits des fées. Le Lare peut aussi être l'esprit d'un ancêtre important, qui est honoré et concilié. Comme parfois les gens étaient enterrés sous le plancher de la maison familiale, on considérait qu'ils demeuraient encore sur les lieux. Le Lare est donc potentiellement une incarnation de ces esprits. Dans tous les cas, cette présence forte et protectrice doit être valorisée et respectée.

Les Pénates

Les Pénates, compagnons des Lares, étaient eux aussi des esprits de la maison. De bien des façons similaires aux Lares, car leur fonction était de protéger et de guider la famille. Toutefois, en plus d'être associés à l'âtre et à l'atmosphère dominante dans la maison, ils sont liés aux entrepôts et à la récolte.

La fonction des Pénates était d'assurer que la famille avait assez de nourriture, que la récolte était bonne et que tous les fruits et produits étaient abondants et bien entreposés.

Les images des Pénates façonnées en ivoire, en cire ou en argile occupaient un lieu qui leur était consacré dans la maison. Une flamme toujours allumée brûlait en leur honneur, et un bol de sel était placé devant eux. Conservateur et don de la Déesse, le sel avait une grande valeur. Excellent purificateur, physiquement et métaphoriquement, il tenait à distance les mauvais esprits. Le sel était une expression du pouvoir de préservation et de protection des Pénates.

Comme beaucoup d'autres, les Pénates, déités assurant la prospérité et la sécurité, ont perdu de leur statut pour devenir de « simples » esprits. Les Pénates sont liés à Vesta, déesse romaine de l'âtre, ses représentants dans chaque maison individuelle. Les Romains honoraient par ailleurs les Pénates Publics, qui remplissaient le même rôle que les Pénates familiaux en ce qui concernait l'État.

Il y a nombre de superpositions entre les Lares et les Pénates, esprits des lieux, gardiens de la famille et esprits de la nature, s'occupant de tout ce qui pousse et satisfait les besoins humains. Ces esprits étaient jadis des compagnons acceptés, appréciés et respectés dans la maison. Banalisés peu à peu au fil des siècles, ils ont fini par être vus comme des créatures malignes, parfois liées au diable. Les esprits étant ce qu'ils sont, bon nombre se sont mis à faire des farces, pour éloigner brutalement les humains arrogants de l'idée qu'ils détiennent toutes les réponses quant à l'univers et à la vie.

Comme aux jours d'antan, les Lares et les Pénates méritent honneur et respect. Les traditions familiales qui s'y conforment, intensifient l'atmosphère de la maison. Les membres de la famille se sentent plus en sécurité et plus aimés.

Les Hobgobelins

Ce sont les esprits de l'âtre, hirsutes mais et gentils – tant que nul ne les offense, auquel cas ils deviendront turbulents. Ils appartiennent en fait à la tribu des Brownies.

Les Hobgobelins vivent dans les fermes (spécialement dans les fermes laitières), mais aiment aussi la chaleur de l'âtre. Ils entrent parfois dans la maison pour s'en rapprocher. Difficiles à éloigner, ils sont susceptibles de devenir un véritable fléau.

Un tel esprit anglais s'était attaché jadis à Sturfit Hall, dans le Yorkshire. Ce Hobgobelin attisait les feux, barattait le lait et effectuait d'autres tâches utiles. Sa maîtresse se mit un jour à regretter qu'il ne porte pas d'habits et lui donna un manteau et une capuche. Affirmant ne pas pouvoir faire grand-chose ainsi accoutré, il disparut à tout jamais. Un autre Hobgobelin travaillait pour un aubergiste de Carlow Hill et recevait chaque nuit en payement de sa peine une épaisse tranche de pain avec une motte de beurre. Une nuit, l'aubergiste débordé oublia de laisser le casse-croûte – on ne revit plus le Hobgobelin.

Insultés, les Hobgobelins se transforment en Boggarts malfaisants, couverts de poils noirs et munis de longues dents jaunes. De mauvaise humeur, ils mettent le chaos dans la maison, volent les repas des enfants et grignotent même le bois. Certains, se tapissant dans les barattes, accompagnent la famille malchanceuse dans sa nouvelle maison. Les Boggarts sont censés se cacher dans des trous sur la lande, où ils piègent les enfants indisciplinés. Quand ils finissent par se fatiguer de ce sport, ils trouvent quelque chose de mieux à faire.

Dans le comté anglais de Lancashire, dans les champs battus par les vents entourant la ville de Longridge vivait un

Boggart particulièrement méchant. On l'apercevait généralement de dos, sous la forme d'une petite vieille enveloppée d'un châle et portant bonnet. Lorsque le Boggart se retournait, il n'y avait que du vide sous son bonnet. Sa tête reposait dans le panier qu'il portait, riant et tentant de mordre le pauvre voyageur dupé.

Quelle en est la morale ? Il faut être gentil avec les esprits domestiques, car, comme les hommes, ils peuvent être de mauvaise humeur, et il faudra plus qu'une boîte de chocolats et un bouquet de fleurs pour les apaiser. Le monde des esprits est, et sera toujours, délicat pour les humains. Le respect est la clé.

Honorer les fées de la maison

Honorer les fées de la maison confère aux lieux une atmosphère agréable, ce qui attirera la chance, permettra de tout faire briller et laissera aussi aux gâteaux le temps de lever. La disparition des arts de la maison est responsable de nombreux maux modernes. Un moyen de corriger les choses est de respecter les esprits du lieu.

Si un autel des fées a été installé dans la maison, on honorera les esprits du lieu en plaçant là une statuette de Vesta et une lanterne munie d'une bougie. Une vieille photo rendra hommage aux ancêtres. Les esprits domestiques sont partout autour de la maison, partie de la vie quotidienne : il convient de ne pas les oublier.

Un fer à cheval accroché au-dessus de la porte d'entrée attirera la chance et les fées, qui s'en serviront comme balançoire ! Lorsqu'on coupe une ou deux feuilles des fines herbes poussant sur le rebord de la fenêtre, on doit remercier spécialement les plantes et la fée qui les a soignées : « Remerciée soit la vie donnée pour nourrir la nôtre. Merci pour tout ce qui pousse. » Après les repas, un peu de nourriture doit être placée dehors à l'intention des fées, comme pour les Lares (voir page 286). Il faut utiliser autant que possible des substances naturelles pour la cuisine et éviter le micro-ondes, que les fées détestent.

Si on dispose d'une cheminée, il faut être conscient de la signification du feu, pas seulement en termes de chaleur, mais aussi de symbole. Les poupées en paille ou une géode, symboles de fertilité, seront placées là. S'il n'y a pas de cheminée, la cuisinière et la zone des repas seront le centre de la maison. Une poupée en paille est accrochée au-dessus de la cuisinière et une bougie posée à la place d'honneur sur la table à manger. Allumée lors des repas, elle rend ceux-ci spéciaux, en plus d'inviter la présence et la bénédiction des bons esprits.

Par le passé, les gens savaient que les esprits étaient partout. Maintenant, on s'attend à voir expliquées par la science beaucoup de choses jadis attribuées aux fées. Le monde a perdu son âme, remplacée par l'attitude vide de sens. Mais la plupart sentent au tréfonds d'eux que ce n'est pas là la réalité. On doit tenter de reprendre contact avec l'Autre monde dans l'intimité de sa demeure.

Se rapprocher des esprits de la maison

Ce charme est utile quand on veut s'accorder aux esprits qui protègent la maison, la gardent et la rendent spéciale.

MÉTHODE

1 Choisissez un moment où vous êtes seul dans la maison ou quand il y a seulement des personnes partageant vos convictions. Asseyez-vous confortablement à votre place préférée et fermez les yeux. Imaginez que vous quittez votre corps, devenez un esprit et errez dans la maison. Rendez-vous dans chaque pièce et regardez autour. Flottez jusqu'au plafond, traversez les murs, entrez dans les placards, descendez même sous les planchers, si cela semble convenir.

2 Quelle partie de la maison vous attire le plus ? Quelles zones semblent accueillantes et « spéciales » ? Vous sentez-vous incité à effectuer quelque chose dans une partie de la maison que vous n'avez jamais fait ? Un objet – jouet, outil, vase – vous attire-t-il particulièrement ? Quelque chose vous déplaît ?

3 Demandez aux esprits de la maison d'apparaître. Que se passe-t-il ? Voyez-vous, entendez-vous, humez-vous, percevez-vous une chose ?

4 Quand vous êtes prêt, revenez à la conscience normale. Si vous avez identifié une chose spéciale dans la maison, honorez-la avec un bouquet d'herbes séchées, une bougie allumée ou ce qui semble approprié.

Charme pour protéger la maison

Ce charme n'est pas un substitut aux serrures – il faut agir aussi sur le plan matériel et se montrer sensé !

MÉTHODE

Il vous faut du sel dans un pot en terre cuite et de l'eau de source dans une cruche.

1 Asseyez-vous un instant avec le pot de sel dans votre giron, tenu dans vos mains. Demandez aux bons esprits de la maison d'être présents sous la forme que vous préférez. Dites par exemple : « Sois avec moi s'il te plaît, pour aider à protéger ma maison. » Imaginez-les se rapprocher. Si vous le voulez, tracez de l'index une étoile à cinq branches dans le sel, symbole ancien de la Déesse. Faites pareil au-dessus de l'eau, puis mettez un peu de sel dans l'eau.

2 Traversez la maison, en lançant un peu d'eau salée sur chaque porte et fenêtre. Dites, par exemple :
Sel et eau, pures et fortes,
Gardez ma maison de tout mal.

3 Imaginez les esprits de la maison venant avec vous, fortifiant vos gestes de leur magie. Tournez aussi autour de votre propriété, l'arrosant et la scellant.

4 Lorsque vous avez fini, remerciez et videz l'eau sur le sol. Gardez le sel béni pour des plats particuliers ou pour répéter le charme.

Méditation pour se rapprocher des esprits de la maison

Cette méditation rend conscient d'une autre dimension et met en contact avec les esprits domestiques.

MÉTHODE

1 Relaxez-vous dans la maison et assurez-vous de ne pas être dérangé. Comme vous pratiquez chez vous cette méditation, au début elle peut vous perturber un peu – entourez-vous mentalement d'un œuf de lumière protecteur. Un anneau de sel, de bougies, de marguerites ou de millepertuis contribuera aussi à un sentiment de sécurité. Vous risquez cependant d'offenser ainsi les fées bienveillantes, qui n'arrivent pas à comprendre que les humains ne réalisent pas qui est quoi !

2 Devenez très conscient de votre corps et de l'environnement. Comment vous sentez-vous ? Avez-vous l'impression d'être en sécurité, à l'aise, au chaud ? Dans le cas contraire, pourquoi ? Si vous êtes mal à l'aise en raison des circonstances matérielles, réglez les choses avant de commencer. Si la cause est plus subtile, essayez de l'identifier, si possible.

3 Quels bruits entendez-vous dans la maison ? Y a-t-il des craquements ou des mouvements ? Essayez d'écouter en faisant abstraction du ronronnement du réfrigérateur et du gargouillement de l'eau dans les tuyaux. Quelles odeurs humez-vous ? Y a-t-il une fragrance subtile ou une odeur rappelant le passé ou un événement spécial ?

4 Imaginez maintenant que des êtres viennent vers vous depuis les coins de la maison. Grands et majestueux, petits et délicats, basanés et hirsutes. Il se peut aussi que vous voyez un parent décédé ou un ancêtre depuis longtemps disparu que vous reconnaissez à un signe quelconque. Si tous les esprits semblent inoffensifs, excusez-vous pour les mesures de protection.

5 Parlez-leur. Demandez-leur ce que vous pouvez faire pour établir un meilleur contact avec eux ou demandez des conseils concernant la maison. L'un agira comme porte-parole ou on vous conduira dans une partie de la maison pour vous montrer quelque chose. Si c'est le cas, prenez des notes.

6 Parfois, cet exercice révèle qu'il y a des présences dans la maison qui *ne* semblent pas positives. Si c'est le cas, dites fermement « Va t'en » et revenez immédiatement à la conscience normale, mais en douceur. Consultez la page 38 pour des conseils sur les esprits inamicaux.

7 Revenu à la conscience normale, la maison peut vous sembler différente après le contact avec les esprits du lieu. Retenez cette conscience et respectez toujours les fées. Répétez la méditation de temps à autre.

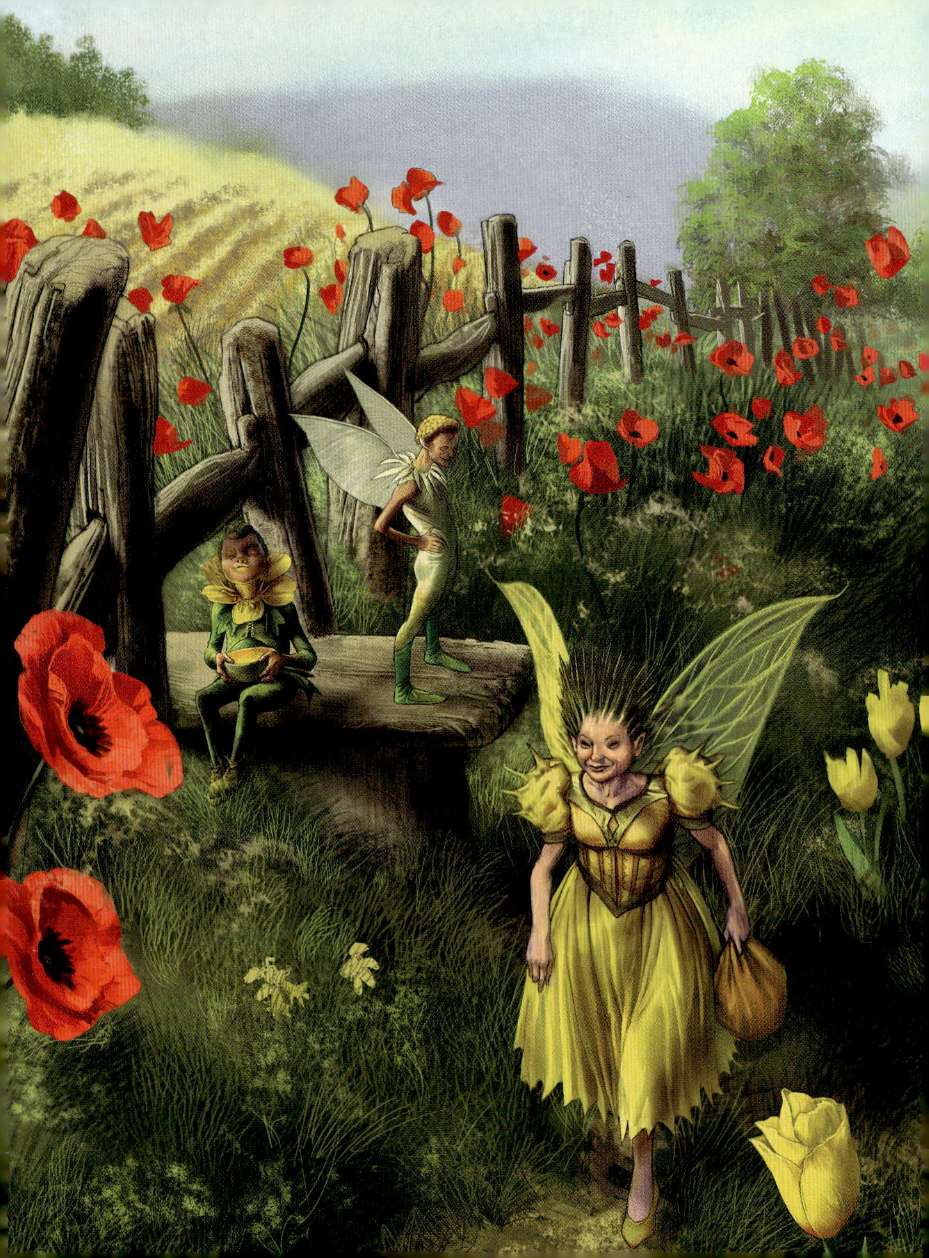

Fées des fleurs

La beauté des fées des fleurs

Les fleurs sont l'un des plus beaux cadeaux de la nature. Comment quelque chose peut être si exquis, si fragrant, si délicat, montrer tellement de couleurs vibrantes et de formes différentes, sortir de la terre poussiéreuse? Eh bien, grâce au travail des fées des fleurs.

Il y a de nombreuses fées des fleurs, dans une multitude de formes et de tailles, remplissant une diversité de tâches. Les gnomes enrichissent le sol, les elfes créent des couleurs éclatantes et délicates, des fées incitent la fleur à émettre sa fragrance particulière, d'autres assurent la santé des racines, de la tige et des feuilles, afin que les substances nutritives soient transférées et la propagation de la plante assurée. Certains êtres, similaires aux devas (voir page 15) prennent soin des zones plus étendues, jardins, champs et bois. De plus, chaque fleur a sa propre fée, qui partage sa vie. Quand la fleur meurt, cette fée disparaît et ses énergies deviennent une fois de plus une partie de la terre, jusqu'au moment de la nouvelle croissance du printemps. Les fées des fleurs pérennes se retirent dans la plante dormante, la nourrissant jusqu'à sa floraison suivante, tandis que d'autres esprits effectuent des tâches différentes dans l'environnement.

Toutes les fleurs véhiculent une forte vibration, y compris celles coupées, qui continuent à vivre si elles ont de l'eau. Leurs fées sont encore actives, faisant monter leur arôme et s'ouvrir leurs boutons. Toutefois, les méthodes utilisées pour produire industriellement des fleurs sont discutables. Bien qu'il n'y ait pas de fleur qui ne soit pas magique, il est préférable d'avoir des fleurs en pot, demeures plus durables pour les fées. Il ne faut jamais garder des fleurs séchées dans la maison – au lieu d'offrir énergie et inspiration, celles-ci apportent le contraire. D'autres créatures élémentales sont à l'œuvre, favorisant le processus de décomposition et diminuant même les énergies des hommes. Les fleurs fanées doivent aller dans le compost, se préparant à enrichir le sol.

Les fleurs sont offertes si souvent parce qu'elles *sont* des présents des fées. Les fées des fleurs sont les plus douces et les plus généreuses des esprits. On les trouve dans tout jardin ou sur toute haie.

Le récit lakota de la rose sauvage

L'histoire suivante illustre l'engagement à la beauté des fées des fleurs, et leur amour pour la terre, qui leur a donné vie. Le royaume des plantes évoque un grand sens de sacrifice volontaire – démontré ici par la fée de la rose de pairie, qui purifie la terre et propage la douceur.

Il y a longtemps, avant le début du temps, quand il n'y avait sur terre ni hommes ni animaux, les prairies étaient recouvertes d'herbes ternes et de buissons secs. La Mère Terre désirait ardemment exprimer la beauté qui était en elle et porter une robe brillante et belle.

« Les fées de tant de fleurs merveilleuses sont en moi, se disait-elle. Je voudrais qu'elles se montrent et ornent mes habits. Je rêve de fleurs blanches comme les nuages d'été, et bleues comme le ciel clair, de fleurs roses comme l'aube éclatante, de fleurs rouges, flamboyant comme le crépuscule, de fleurs jaunes ou orange comme un midi brillant, de fleurs pourpre comme le ciel velouté de minuit. »

Une délicate fleur rose entendit cette lamentation et la pria de ne pas s'inquiéter. « Je vais sortir sur ton manteau, Mère, murmura-t-elle. Je le rendrai beau. »

Elle sortit donc pour danser sur les prairies, mais le démon du vent l'aperçut. « Qu'est-ce qu'*elle* fait ? gronda-t-il. Je ne la veux pas sur mon terrain de jeu. » Il souffla, rugit et siffla jusqu'à ce que la fleur soit complètement aplatie et que son esprit retourne à la Mère Terre.

Les fées des fleurs aimaient leur mère, et une à une elles se proposèrent de sortir et de décorer son manteau. Une à une elles périrent et se sauvèrent une fois de plus au cœur de la terre.

LE RÉCIT LAKOTA DE LA ROSE SAUVAGE

La rose sauvage offrit elle aussi d'y aller. « Mon cher enfant, tu peux avoir ton tour, dit la Mère Terre. Tu es si douce et si pure que même le démon du vent t'aimera. Je suis sûre qu'il ne te fera pas fuir les plaines. »

La rose sauvage commença donc son long voyage vers la lumière, et la Mère Terre pria pour qu'elle réussisse.

Le démon du vent l'aperçut de loin et se mit à rugir. « Comment oses-tu te mettre sur mon chemin ? Pourquoi viens-tu sur mon terrain de jeu ? Je te ferai partir, comme les autres. » Il vint à toute allure vers elle, grognant et hurlant, mais alors qu'il prenait son souffle le plus profond pour sa rafale la plus puissante, il huma la fragrance douce de la rose sauvage et un grand calme le submergea.

« Oh, quel arôme merveilleux ! murmura-t-il pour lui-même. Je ne peux pas aplatir une si belle créature. Je ne peux pas vivre sans elle. Que puis-je faire pour lui plaire et la garder là avec moi ? Je vais être gentil et calme. Je vais la caresser en douceur et chanter pour elle. Alors elle restera. » Depuis ce jour-là, le démon du vent devint un esprit gentil, chantant des chants de joie. Les herbes des prairies dansaient lorsqu'il passait au-dessus d'elles. En voyant que la prairie était maintenant sans danger, les autres fleurs trouvèrent leur voie vers la surface une fois de plus, jetant un coup d'œil à travers la terre sombre et florissant encore plus superbement. Maintenant, le manteau de la Mère Terre brillait de toutes les couleurs et son cœur était joyeux. Le vent apprit à aimer toutes les fleurs, riant avec jubilation à leurs visages tournés vers le ciel et tirant doucement sur leurs pétales. La bravoure et la beauté de la rose sauvage ont changé à tout jamais l'apparence du monde.

Parfois, le vent devient furieux, agitant les fleurs et criant du haut de sa voix. Puis il se souvient de sa chère rose sauvage, se calme et est de nouveau docile. Il ne fera jamais du mal à une personne portant un manteau de la couleur de la rose sauvage. Il a été maîtrisé par sa beauté.

SIGNIFICATION DU RÉCIT

Cette histoire montre comment la beauté et la douceur peuvent être plus fortes que tout – même la tempête. La rose sauvage n'a pas de pouvoir, hormis son charme et la suavité de son arôme, pourtant en étant là elle transforme un démon en être apportant musique et joie sur la Terre. Elle a le courage d'être simplement elle-même. C'est là l'essence même des fées des fleurs, qui transforment tous les jours le monde par leur présence. Elles sont le signe de la générosité de la Mère Terre et une preuve vivante que l'amour conquiert tout.

Fée de la rose

Les roses véhiculent une vibration particulièrement forte, et cette fée a un pouvoir spécial. Les roses, censées être les plus achevées des formes, étaient sacrées pour la déesse égyptienne Isis.

Isis est mère, reine, épouse, veuve. Ingénieuse et puissante, elle avait réuni les morceaux du corps démembré de son époux Osiris, assassiné par son frère envieux, Seth. Elle avait créé un nouveau phallus grâce à des charmes et avait ainsi conçu son fils Horus. Osiris est devenu par la suite Seigneur de l'Autre monde. Isis est représentée avec la couronne de l'Égypte ornant sa tête, indiquant que le souverain règne sur la terre par le seul pouvoir de la Déesse.

La fée de la rose véhicule une bonne partie du pouvoir de toutes les autres fées des fleurs. Ses grâces sont magnifiques et elle est liée à des êtres supérieurs comme les devas. Les roses rouges suggèrent l'amour passionné. Cet esprit chaleureux et langoureux est disposé à agir partout en faveur de l'amour. La fée offre aussi des présents de fertilité et de plaisir grisant, vrai sacrement. L'un des messages de la fée rouge de la rose que l'amour charnel est un présent de la Déesse, donc sacré.

La fée blanche de la rose évoque une réaction plus spirituelle. Cela ne veut pas dire que l'extase corporelle de la fée rouge n'est pas « spirituelle », car le divin réside dans le monde matériel. Le message de la fée blanche dit de regarder au-delà et de développer l'avenir.

La fée rose de la rose apporte affection, proximité et douceur. Son don est l'équilibre et le genre d'attitude relaxée qui permet d'apercevoir la connexion à l'ensemble de la vie.

La fée jaune de la rose confère le courage de briller à sa propre manière et de vivre conformément à sa nature.

Tout charme, et même désir, concernant l'amour acquiert un plus de force grâce à la fée de la rose, si des roses sont gardées à proximité ou, même mieux, portées en couronne ou en guirlande (après avoir enlevé les épines !). Les pétales de rose parsemés dans la maison ont une influence apaisante, alors que des pétales de rose dans l'eau du bain attirent l'amour. Des roses dans le jardin assurent qu'une foule de fées sont présentes.

Fée de l'iris

La fée de l'iris occupe une place très spéciale parmi les résidents du Pays des fées. Iris était la déesse grecque de l'arc-en-ciel. Celui-ci est davantage qu'un magnifique spectacle montrant toutes les couleurs du spectre, c'est un pont entre ce monde-ci et les royaumes subtils, dont font partie les fées.

Le « pot d'or » caché à la base de l'arc-en-ciel est vraisemblablement la réalisation qu'il y a d'autres mondes, d'autres dimensions, habitées par des êtres magiques – autrement dit, des fées. En raison de cette connexion avec le « pont de l'arc-en-ciel », la fée de l'iris a le pouvoir d'ouvrir les yeux des hommes au royaume des fées.

Scintillantes de promesses, les fées de l'iris se montrent dans toutes les nuances de l'arc-en-ciel. Elles offrent purification, fraîcheur et espoir pour de nouveaux départs vers un avenir meilleur. La vibration pure de ces fées purifie l'aura et confère une inspiration créative. Les motivations sont pures sous leur influence.

Les trois pointes de l'iris symbolisent trois qualités : la foi, le courage et la sagesse. Ces attributs sont des dons de la fée de l'iris, qui enseigne à avoir confiance dans la vie afin de pouvoir aller avec le courant et accepter que les choses finissent par bien tourner. L'iris confère aussi de la bravoure, pour affronter les choses et changer celles qui exigent vraiment de l'effort. Pour finir, elle ouvre les yeux à la sagesse, de sorte à savoir quand agir et quand attendre.

Depuis l'époque romaine, les iris purifient l'espace de vie et élevant le moral de l'âme humaine. On peut inviter la fée de l'iris dans sa vie en plaçant des fleurs fraîches dans la zone

FÉE DE L'IRIS

concernée. Toutes les fées des fleurs ont une connexion spéciale avec la terre et avec leurs propres plantes. On peut faire venir la fée de l'iris dans la maison en accrochant dans la fenêtre des cristaux qui lanceront de minuscules arcs-en-ciel dans la pièce. Elle viendra, apportant un souffle de vie nouvelle et la promesse que, si terribles que les choses puissent paraître, la vérité et la beauté existent réellement dans ce monde terrestre.

Fée de la lavande

Modeste en apparence, la fleur de lavande est merveilleusement parfumée. La lavande a de nombreux usages thérapeutiques et magiques. Elle atténue nombre d'affections, depuis les maux de tête aux piqûres et aux démangeaisons. Son effet est autant purifiant qu'apaisant.

La fée de la lavande est en bons termes avec des esprits tels que les Brownies et aime voir les choses rangées et propres. La lavande élimine les blocages mentaux, permettant de penser plus clairement ou de laisser aller les blessures. La fée de la lavande est aussi protectrice, prenant la part de toute femme maltraitée par son partenaire. On doit porter un brin de lavande pour maintenir la connexion avec la fée et le humer régulièrement. En ajoutant de la lavande dans l'eau du bain, cette fée permettra de se sentir purifié tant intérieurement qu'extérieurement. Placée dans les tiroirs, la lavande encourage sa fée à garder la maison propre et rangée et à s'assurer que la paix prévaut.

La fée de la lavande aide aussi à s'accorder à ses pouvoirs paranormaux. Porter de la lavande aide à voir les esprits – y compris cette fée-là ! Si on a un souhait particulier, il faut placer un brin de lavande sous son oreiller et en s'endormant se concentrer sur lui. S'il est destiné à être exaucé, la fée de la lavande suscitera des rêves à son propos. Il ne sera toutefois pas exaucé si le sommeil est dépourvu des rêves ou si ceux-ci concernent un sujet différent. Pas d'inquiétude, la fée de la lavande pourra offrir quelque chose de meilleur, si on le lui permet. En gardant les yeux fermés, serein, on constatera que bien d'autres solutions viennent à l'esprit pendant qu'on inspire la fragrance de la lavande.

Le plus grand des présents de la fée de la lavande est le bonheur. En cas de déprime, il faut regarder la plante, caresser ses épis fragrants et inhaler son arôme. L'huile de lavande dans un brûleur ou un diffuseur allège le cœur et éclaircit l'esprit. Les gens qui sourient tout le temps sont censés vivre le plus longtemps : un autre don de cette fée est la longévité.

Fée du bouton-d'or

La fée ensoleillée du bouton-d'or confère la conscience de ses propres dons et aide à se sentir confiant, capable d'explorer et d'exprimer ses talents dans la vie. La « coupe » dorée de cette fleur est remplie d'abondance et de gaieté. La fée du bouton-d'or, compatissante, fait montre d'une profonde compréhension envers les êtres humains.

Ses énergies curatives sont abondantes. Si, abattu, on a l'impression d'être un bon à rien, cette fée permettra de voir de nouvelles occasions et de « penser positivement », car la vie est somme toute riche en lumière et en nouvelles chances.

Une blague consiste à cueillir un bouton-d'or et à tenir la « coupe » sous le menton d'un enfant (ou d'un adulte !) en lui demandant s'il aime le beurre (jeux de mot intraduisible, en anglais butter cup = bouton d'or, butter = beurre). Si la couleur dorée se reflète sur le menton, la réponse est oui. Bien entendu, tout menton sera jaune ! Cette blague est très réjouissante, car elle rapproche la fée du bouton-d'or du chakra de la gorge, centre spirituel régissant la communication. Le toucher de la fée du bouton-d'or fait se sentir spécial.

Fée du trèfle

La feuille trilobée du trèfle est liée parfois à la Triple Déesse : Jeune fille, Mère et Vieille femme. Le trèfle à trois feuilles est porté comme charme protecteur. La découverte d'un trèfle à quatre feuilles est, toutefois, de par sa rareté, signe de grande chance. On peut considérer qu'il représente les quatre éléments, terre, feu, air et eau, ce qui est magique à l'extrême.

Le trèfle en tant que tel est une plante enchantée, qui pousse souvent près des endroits où on aperçoit des Leprechauns. Les fées du trèfle sont délicates et gracieuses. Elles aiment que les gens montrent du respect pour le monde naturel et offrent des présents de vrai amour et de loyauté à ceux capables de les voir.

Ces fées se présentent sous la forme de minuscules lumières voletant autour de la fleur – il faut regarder au-delà de celle-ci pour les apercevoir. Les fées du trèfle blanc sont très actives à la pleine lune. Le trèfle aide à ouvrir la vision parapsychique. Si la fée accepte qu'on se serve de ses dons, on peut retirer les pétales du trèfle et boire le « miel » qui s'y trouve. On pourra alors voir les esprits – en commençant par elle.

Fée de la pâquerette

Les pâquerettes parsèment souvent les pelouses et repoussent aussitôt l'herbe tondue. Très robuste, la fée de la pâquerette ne s'inquiète pas des hommes et de leurs actions et s'avère donc un guide efficace du Royaume féerique. Elle confère en particulier l'endurance et la créativité.

Une merveilleuse manière d'entrer en contact avec les esprits en tous genres de la nature est de s'asseoir sur une colline et de tresser lentement et tranquillement une guirlande de pâquerettes, en rêvassant. On la portera en méditant – par exemple, en pratiquant les exercices des pages 332 à 335, ce qui invitera les fées à se rapprocher.

La fée de la pâquerette attire aussi l'amour, surtout si on arbore sa fleur. En cas de rupture amoureuse, la sagesse populaire conseille de dormir avec une racine de pâquerette sous son oreiller. La ténacité de la fleur se transférera ainsi à la relation, et les amoureux seront réunis.

Fée de l'ajonc

L'ajonc fleurit toute l'année. Une des fonctions de sa fée est de ragaillardir, même quand la situation semble désespérée. Elle pare au désespoir et montre la lumière au bout du tunnel.

La fée de l'ajonc est aussi très protectrice, repoussant le mal, qu'il soit physique ou spirituel. Des fées de toutes les espèces se rassemblent dans les bouquets d'ajoncs, spécialement à la veille du 1er mai. La fée de l'ajonc aide aussi à attirer l'argent.

Un vieux proverbe dit : « Quand l'ajonc est en fleur, les baisers sont en saison. » L'amour est « en saison » toute l'année. La fée de l'ajonc est associée à la passion, à la fertilité et à la créativité. L'ajonc est sacré pour le dieu celte de la lumière, Lugh, divinité polyvalente. Il offre inspiration et connaissance d'un métier. La fée de l'ajonc enflamme pareillement les collines et le cœur. Les fleurs jaunes de l'ajonc lient cette plante au soleil, alors que ses feuilles toujours vertes symbolisent la vie présente en permanence dans le cycle des saisons. Cette fée est fougueuse et puissante. Elle incite à écouter les intuitions créatives et à suivre les caprices de l'imagination.

Fée du chèvrefeuille

L'odorat est le plus primitif des sens, connectant au cerveau reptilien. Le parfum a le grand pouvoir d'évoquer les souvenirs anciens et les sentiments refoulés, ce que comprend parfaitement la fée du chèvrefeuille.

Elle peut ramener le passé dans le présent, aider à laisser aller les vieilles habitudes susceptibles de devenir destructrices, intensifier les pouvoirs paranormaux. On doit lui demander la permission d'écraser ses fleurs et les tenir sur son front pour ouvrir le troisième œil.

La fée du chèvrefeuille confère des dons cachés donnant un air de mystère et de sensualité, si bien que les gens sont attirés. Elle offre aussi la chance, surtout si du chèvrefeuille pousse près de la maison. Des facultés plus primordiales sont toutefois associées à la fée du chèvrefeuille, car elle propose l'initiation aux mystères de la nature. Comme tous les vrais « mystères », celui-ci est un mystère ouvert – visible à tous ceux qui ont des yeux pour voir. La sagesse du chèvrefeuille dit que le Divin demeure dans ce qui provient des sens : idée simple, et pourtant difficile à saisir. En laissant le chèvrefeuille montrer la voie, on profitera de chaque minute !

Fée de la campanule

Les campanules tapissent les bois à la fin du printemps, dégageant une brume bleuté chatoyante dans laquelle dansent des milliers de fées, similaire à la teinte du corps « éthérique » humain, la partie de l'aura la plus facile à voir.

Les fées de la campanule ont une affinité avec cette énergie, stimulant la force vitale de la terre lorsque l'été approche. Ce sont des fleurs magiques. Jadis, leur présence dans un jardin était signe de sorcellerie. Elles sont aussi censées pousser là où demeurent les Oakmen (voir page 348).

La fée de la campanule offre un enchantement particulier, ouvrant les portes du monde féerique pour que tous puissent y jeter un coup d'œil. Être enchanté ne veut par dire perdre le contact avec la réalité, mais voir la vie comme elle est réellement : une merveilleuse vibration où la beauté et l'émotion, l'intérieur et l'extérieur, ne font qu'un. La campanule a la forme d'une clochette, et sa fée « sonne juste ». On dit que celui qui arbore une campanule ne peut pas mentir. En fait, une telle personne doit être sincère envers elle-même, « vérité » la plus importante entre toutes.

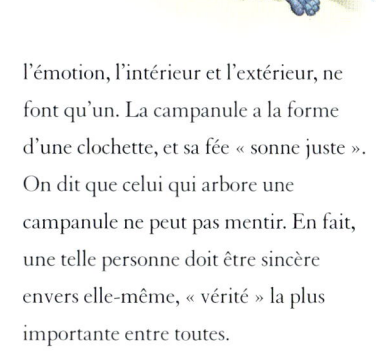

Fée de la primevère

La primevère ouvre un portail spécial vers le monde des fées. Un talus parsemé de primevères à l'époque de l'équinoxe de printemps est un très bon endroit pour apercevoir toutes sortes de fées. Les primevères bleues et rouges poussant dans le jardin attirent les fées et protègent la maison de tout mal.

La fée de la primevère est innocente, délicate et fraîche. Elle offre des perspectives claires sur la vie et un sentiment de renouvellement. Autrefois, les primevères étaient censées soigner la folie grâce à ces qualités. Si on regarde la corolle délicate d'une primevère, l'ensemble de l'univers semble être à sa juste place. La pureté de cette fée apporte aussi loyauté et amour. Jadis, on cousait des primevères dans les oreillers des enfants pour qu'ils soient affectueux et loyaux. Comme tant de fées, celle-ci attire l'amour, spécialement vers les femmes qui arborent sa fleur.

La fée de la primevère permet de voir les mondes invisibles, car elle montre tout, avec franchise et pureté. On pense que manger des primevères permet aussi de voir les fées.

Frapper sur une pierre des fées avec un petit bouquet de primevères, ouvre la porte de Faërie – mais il doit comporter le bon nombre de fleurs pour que la magie opère.

Fée de la fleur de coucou

Le coucou est une variété de primevère, fleurissant plus tardivement au printemps. C'est une puissante indication d'activité féerique. Comme celle de la primevère, la fée de la fleur de coucou a une innocence juvénile et aidera tout porteur de sa fleur à rester jeune.

Si on a l'impression d'être vieux et blasé, si on pense que les meilleures années sont derrière soi, cette fleur rétablira le goût de la vie et la conviction que tout peut arriver. Elle fera aussi paraître plus jeune, en partie parce que la jeunesse est un éclat dans le regard et un pas bondissant.

Les fleurs de coucou ont une senteur douce et magique tout à fait subtile, exhalant l'essence même de la terre et du printemps. Cet arôme guérit tous les maux, spécialement ceux suscités par la fatigue et le découragement. Sa fée connaît aussi les secrets des trésors cachés. Les traditions affirment que si on porte un bouquet de fleurs de coucou, les fées aident à trouver l'or caché.

Cette fée préserve par ailleurs l'intimité. Si on ne veut pas être dérangé et si on veut rester seul il faut placer cette fleur sous le paillasson.

Fée du lys

La fée du lys confère grande pureté et spiritualité. Elle a des liens avec les anges, messagers cosmiques. Elle est associée en particulier à l'archange Gabriel, souvent représenté tenant un lys.

Gabriel est l'ange de la lune, lié à de nombreuses facultés associées à cet astre aux capacités paranormales, car la pleine lune stimule l'intuition. Il confère entre autres la fertilité en raison de son association au cycle féminin et de l'association de la lune croissante à la grossesse.

La fée du lys susurre à l'oreille les rêves et toutes les choses particulières qu'on doit savoir au plus profond du cœur. La fragrance capiteuse du lys est érotique – cette fleur rappelle, comme bien d'autres, que l'amour charnel est innocent et pur et que l'homme seul souille et complique les choses. Le lys est fortement connecté au solstice d'hiver, quand selon certaines traditions le dieu soleil renaît – la fée du lys régit l'émergence d'une nouvelle vie. On peut lui demander de connecter aux mystères de la renaissance et de rendre capable de comprendre le cycle de la vie.

Fée de la bruyère

La fée de la bruyère est censée offrir sa fleur pour que les autres fées puissent s'en nourrir. Les fées ne consomment pas littéralement la plante, bien entendu, mais elles absorbent son essence vibrante et protectrice.

Cette plante a été utilisée pour invoquer les esprits, de par l'affinité de sa fée avec l'ensemble des autres habitants des mondes cachés. La bruyère est tenue pour très propice – on la vend en petits bouquets de bon augure. La bruyère blanche est censée porter le plus de chance de toutes les espèces.

La fée de la bruyère est très protectrice. Arborer sa fleur, c'est tenir à distance toute forme de violence. Les personnes introverties et silencieuses sont un aimant pour cette fée, qui les encouragera à s'exprimer d'une manière convenant à leur nature. Grâce à l'aide de la fée de la bruyère, on peut se découvrir des capacités dont on n'a jamais rêvé ! En demandant la permission de cueillir ses fleurs, le petit bouquet ainsi obtenu est à porter à la boutonnière, attaché par une ficelle bleue. La fée de la bruyère incitera à être plus ouvert.

Fée du lilas

L'arôme nostalgique du lilas rappelle le passé et les émotions depuis longtemps oubliées. Certaines de ces émotions peuvent être associées aux vies antérieures. La fée du lilas éveille des souvenirs lointains et permet de réaliser qu'on a déjà vécu, qu'on a déjà aimé et qu'on a déjà compris.

Le lilas est en fait un arbre, mais ses inflorescences comportent tellement de petites fleurs qu'il suscite beaucoup d'activité féerique. La fée du lilas présente quelques similarités avec la fée de la campanule – les deux sont liées aux vibrations subtiles qui peuvent être tenues pour musicales. L'harmonie est le grand don de la fée du lilas.

Bien que le lilas attire de nombreux esprits, le pouvoir de sa présence refoule ceux malveillants. Si on pense sa maison hantée, on doit décorer son intérieur de lilas, dont les fleurs éloigneront les fantômes. Le lilas protège aussi contre le mal lorsqu'il est planté à proximité d'une clôture ou quand ses fleurs jonchent les planchers. L'influence de la fée du lilas est durable, car il s'agit d'un arbre.

Fée du souci

La fée du souci fortifie et confère du courage. Ses puissants dons de guérison véhiculent la chaleur du soleil qui renouvellera la vie et rétablira la vigueur. Selon la tradition, les soucis cueillis à midi réconfortent le mieux, car à ce moment-là leurs fées sont capables de refléter la puissance du soleil.

La fée du souci aide par ailleurs à gagner admiration et respect. En demandant la permission, on peut ajouter dans son bain quelques fleurs de souci – le rayonnement du soleil s'attachera alors à soi. Il faut toutefois s'assurer qu'il s'agit bien de *Calendula officinalis*, pas du souci africain *Tagetes* qui est très toxique, souvent vendu pour les parterres.

Si on regarde les fleurs brillantes de souci, la vision sera fortifiée, et l'ouïe bénéficiera aussi. Toucher la fleur de ses pieds nus fera comprendre le langage des oiseaux. La fée du souci confère le don de clairaudience – la capacité d'entendre les esprits et les fées. Les soucis placés sous le lit stimulent les rêves prophétiques. Arborer un souci aide à obtenir le traitement approprié.

Fée du coquelicot

La fée du coquelicot est la grande porteuse de rêves et de visions. Pour utiliser ceux-ci avec sagesse, il faut faire preuve de discernement – ils peuvent susciter la confusion et même la folie ou être correctement interprétés, comme étant une perspective différente sur la vie. Toutes ces perspectives ne sont pas accessibles à l'état mortel, mais elles peuvent fournir inspiration et créativité.

La fée du coquelicot favorise le sommeil. Comme l'imagination est étroitement liée à la fertilité de l'esprit, peu surprenant qu'elle soit aussi associée à la fertilité du corps. Pour la favoriser, de même qu'attirer la richesse, on mangera des fleurs et des graines du coquelicot.

La fée du coquelicot est plus active en été à Lammas (voir page 70), lorsque les récoltes sont moissonnées et les coquelicots rouges marquent l'or des blés. Cette fée apporte le triste message que la vie doit être sacrifiée pour permettre à une autre vie de s'épanouir. Elle parle aussi de la vie qui continue dans l'au-delà, renaissant sans fin dans un cycle éternel. Éphémère et pourtant vivace, le coquelicot dit de profiter du présent – car tout est là.

Fée de la gueule-de-loup

La gueule-de-loup a une fée volcanique, qui aide à refouler toute énergie négative. En portant sur soi une gueule-de-loup, on ne sera jamais dupé, car sa fée est bien trop ingénieuse et détruira les scories pour révéler la vérité.

S i on a l'impression d'avoir été soumis à des influences négatives, on doit placer quelques gueules-de-loup dans un vase, posé devant un miroir, et demander à leur fée de renvoyer le mal à sa source.

La fée de la gueule-de-loup a des liens avec les fées du feu et les dragons. Lorsqu'on cueille une gueule-de-loup, il faut presser la base de la fleur avec conscience et respect pour invoquer les énergies de l'esprit du dragon qui la garde. Cet être aide à acquérir une grande force personnelle et un grand pouvoir, permettant de s'exprimer avec conviction et autorité. Tout comme on écoute sa voix intérieure, la fée de la gueule-de-loup favorisera l'écoute des habitants du monde des esprits.

Fée de la jonquille

La fée de la jonquille fait retentir la sonnerie annonçant le printemps. À mesure que les vents frais agitent les jonquilles, leurs fées apportent un message de clarté et de nouveaux commencements. La fée de la jonquille aidera à révéler au monde le véritable potentiel, en plus de le comprendre. Pour elle, tous les gens sont beaux, et elle les incite à se voir eux-mêmes ainsi.

La jonquille appartient à la famille du narcisse. Le personnage qui a donné son nom à cette famille, Narcisse, était un beau jeune homme, dont la nymphe Écho était amoureuse. Trop préoccupé par sa personne pour la remarquer, Narcisse restait assis toute la journée au bord de l'eau, à admirer son propre reflet. La pauvre Écho s'estompa peu à peu, jusqu'à ce ne plus répéter que les paroles des autres. En punition, les dieux transformèrent Narcisse en fleur.

Cette histoire met en garde : on risque de perdre son pouvoir en aimant mal et on perd son humanité quand on n'aime que soi-même, comme Narcisse. La fée de la jonquille encourage à méditer sur l'amour.

Fée de la tulipe

Comme tant de fées, la fée de la tulipe est associée à l'amour. Le calice de la tulipe est la « coupe d'amour » d'où sa fée encourage à boire pour percevoir les bienfaits de la nature. L'un de ses messages concerne le courage d'être vulnérable, car c'est seulement ainsi que chacun pourra connaître l'intimité et la satisfaction.

Le terme « tulipe » vient du mot turc signifiant turban, car on pensait que la forme de la fleur y ressemblait. L'un des dons de la fée de la tulipe est la capacité de clarifier le mental et de trier les priorités. Elle aide à voir ce que signifient réellement les choses, ce qui compte, quelles personnes sont vraiment importantes dans sa vie.

La fée de la tulipe préserve du malheur. La chance qu'elle apporte vient de la clarté de vision, ce qui permet de bien choisir et de distinguer ce qui est bénéfique de ce qui est nuisible. Les tulipes disposées sur la coiffeuse ou dans les endroits notables de la maison attireront l'amour, la protection et la chance.

Fée de la violette

Le modeste esprit de la violette personnifie les qualités nécessaires pour attirer les fées, comme la modestie et la simplicité. Dans la Grèce antique, on arborait des violettes pour favoriser la tranquillité et faciliter le sommeil.

La fée de la violette (comme tant d'autres fées des fleurs) offre protection contre les esprits malicieux et porte chance. Regardée de près, la violette discrète a une beauté exquise – sa fée est alliée à la déesse Vénus, ce qui la rend très érotique. Mélangée à de la lavande en sachets, la violette stimule l'amour et le désir sexuel. Elle est aussi d'extrêmement bon augure. On dit que cueillir la première violette du printemps exauce le désir le plus cher, car toutes les fées participent à cette action.

De par ses liens avec Vénus, la fée de la violette alliée de près à la Reine des fées. Les relations sont d'ordinaire le domaine du féminin. La fée de la violette aide à comprendre où on se trouve, et à quel groupe on appartient, ainsi qu'à mieux s'adapter. Elle intensifie par ailleurs les pouvoirs paranormaux et clarifie le mental sur le plan physique : une guirlande de violettes est censée guérir le mal de tête.

Rencontrer les fées des fleurs

Les fées des fleurs sont parmi les plus faciles à rencontrer. Si on aime les fleurs, on est certain de trouver une connexion avec ces êtres. Chaque frisson de délice ou de paix ressenti lorsqu'on s'occupe de choses qui poussent, est une perception de leur influence.

Entretenir le jardin est la méthode évidente de rencontrer ces fées. Il faut le faire en se délectant de la sensation de la terre, sans se concentrer sur les résultats. Les fées des fleurs seront tout près pour aider. Bien que les couleurs des fleurs cultivées soient éblouissantes, les plus puissants esprits demeurant souvent dans les fleurs sauvages, qui véhiculent l'essence de la terre et le mystère d'innombrables saisons de croissance et de décomposition.

En se concentrant sur une plante donnée, on doit noter le moindre détail : la forme délicate de la fleur, les variations de couleur et de texture, sensations ressenties, car c'est ainsi que la fée communique.

Se connecter aux fées des fleurs

En se concentrant sur une fleur particulière, on invite sa fée à venir dans sa vie. On s'entoure de ces fleurs, soit en tant que plantes d'intérieur, soit en les cultivant dans le jardin. Des images de la fleur ornent les murs, sa couleur est présente autant que possible dans les vêtements et la décoration de la maison, dans les bouquets, sur les coussins et les tapis.

Il faut connaître les traditions quant à la fleur respective et tout mythe la concernant. Quels dieux et déesses sont associés à elle ? Si un autel a été installé comme décrit aux sections précédentes, on peut poser les fleurs dessus.

L'essence de nombreuses fleurs est disponible sous forme d'huile essentielle. On peut soit porter le parfum choisi, soit vaporiser l'huile dans un brûleur d'huile pour attirer la fée de la fleur respective. La fleur est toujours présente, soit vivante, soit en amulette – broche ou badge. Une collection de symboles des déités associées, une musique appropriée, le souhait de rêver de la fée de sa fleur en allant dormir la fera revenir et offrir sa bénédiction.

Charmes des fées des fleurs

Chaque fleur est un « charme » en soi, car elle est accompagnée d'une qualité et d'un pouvoir particuliers. Pour décider ce qu'on aimerait attirer dans sa vie, il faut étudier la signification de chaque fleur. Les fleurs choisies seront placées autour d'une bougie de la même couleur, pour intensifier leur influence.

Par exemple, pour attirer l'amour, on allume une bougie rose foncé, entourée d'un cercle de roses fraîches, à l'intérieur duquel on place un morceau de quartz rose, en imaginant l'exaucement de son désir. Le quartz rose doit être gardé sur soi afin d'attirer un amoureux. Pour la clarté mentale, une bougie blanche ceinte de trèfle convient le mieux. Pour attirer l'argent, on entrelace du chèvrefeuille autour d'une bougie verte, en réfléchissant à toutes les richesses qui arriveront et à leur utilisation, sans oublier de rendre à la terre un peu de cette abondance.

Les fleurs séchées préservent un peu de leur essence magique et gardent à proximité la fée de la fleur ou aident à s'accorder à la fleur concernée. La fleur est placée entre deux feuilles de papier de soie, sur une surface ferme, un poids posé dessus. Après quelques jours, la fleur sera séchée et prête à l'usage.

Méditation pour rencontrer les fées des fleurs

Cette méditation est effectuée au grand air, par un jour calme, près de la fleur à laquelle on veut se connecter. On peut aussi la pratiquer à l'intérieur, avec une plante en pot ou une fleur séchée. Si on arrive à imaginer très clairement la fleur, le pouvoir du mental conduira dans le monde de sa fée.

MÉTHODE

1 Relaxez-vous totalement, comme décrit dans l'Introduction (voir pages 34 et 35), et concentrez-vous sur la fleur.

2 Celle-ci semble grandir de plus en plus – ou c'est vous qui diminuez ? Vos alentours s'estompent dans le brouillard, qui semble aussi vous envelopper. Vous êtes conscient de la merveilleuse fragrance de la fleur, qui vous imprègne. Tout est indistinct, comme si vous étiez un peu grisé.

3 Le brouillard se lève peu à peu et vous constatez que la scène a changé. Vous êtes dans un jardin entouré d'une épaisse haie verte. Vous voyez des sentiers partant du jardin : l'un descend vers une rivière serpentant entre les champs verdoyants, un autre se dirige vers un bois ombragé où chantent plein d'oiseaux, un autre encore vers un château situé sur la colline, dont les tourelles sont ornées d'oriflammes claquant dans le vent. Vous réalisez que vous êtes dans un monde féerique, où la notion de temps n'a plus de sens.

4 Le jardin est rempli de fleurs de toutes les formes et les couleurs, mais votre fleur préférée prédomine. Il est éclatant, vibrant, toutes ses inflorescences épanouies. En contemplant le jardin, vous entendez dans les airs un rire argenté.

5 Un être sort de derrière la haie. C'est la fée de la fleur, vêtue des couleurs mêmes de celle-ci, la créature la plus exquise que vous avez jamais vue. En riant, elle vous fait signe. Vous la suivez, en effleurant les plantes et en vous arrêtant sous les branches des arbres. Elle vous conduit dans une partie du jardin où sa fleur pousse à profusion. Elle cueille fleur après fleur, et à chaque fois une autre repousse sur-le-champ. Elle tresse une guirlande, puis un chapelet pour vous, en plus de jeter plein de fleurs sous vos pieds. Leur fragrance vous entoure et une musique merveilleuse semble jaillir d'elles.

6 La fée de la fleur vous invite à danser, et vous vous sentez aussi gracieux que votre compagne magique. Les fleurs vous ont affranchi des confins de votre humanité et vous êtes une partie du ciel et de la terre, comme la fée. Vous dansez, vous chantez et vous conversez avec la fée de la fleur. Ne soyez pas surpris si la joie vous fait éclater de rire.

7 Le moment est venu de quitter la fée. Remerciez-la pour sa compagnie et revenez dans la partie du jardin où vous l'avez vue la première fois. Le brouillard coloré vous entoure de nouveau, à mesure qu'il se dissipe doucement, vous vous retrouvez dans le monde ordinaire.

Méditation pour le don de la fée des fleurs

Cette méditation est effectuée pour recevoir un don de la fée de la fleur. On doit le garder précieusement, même si sa signification n'est pas certaine, car elle se précisera au fil du temps.

MÉTHODE

1 Commencez cette méditation comme précédemment (voir page 332). Laissez monter autour de vous le brouillard enchanté et retrouvez-vous une fois de plus dans le jardin magique.

2 La fée apparaît et vous conduit là où les fleurs sont luxuriantes et superbes. Elle vous attife d'une guirlande et d'une couronne, cette fois-ci plus solennelle, puis vous conduit dans une partie du jardin envahie par les herbes, au bord d'une mare.

3 Vous vous agenouillez et souriez à votre reflet recouvert de fleurs. La fée s'agenouille à côté de vous et, en prenant une fleur, trouble la surface de l'eau. La scène change. Vous voyez maintenant des images du monde d'où vous êtes arrivé : étendues de terre trop arides pour soutenir une quelconque vie, sols empoisonnés par les pesticides, d'innombrables fleurs, dans les champs, les parcs et les jardins, florissant et bénissant chaque personne qui passe – sans que la plupart les remarquent. Visage fermé, les gens sont plongés dans leurs pensées. Une personne se presse pour voir le directeur de sa banque, sa tête pleine de chiffres, une autre serre son téléphone, planifiant quels mensonges dire pour pouvoir être libre de rencontrer un amant, un autre encore pense à un futur entretien d'embauche. Vous réalisez à quel point leurs préoccupations sont futiles – dans une année ou deux, leurs problèmes ne signifieront plus rien. Ils auraient pu s'épargner le chagrin et s'arrêter quelques instants, car face à la simple beauté des fleurs quelle importance a tout cela ? Vous prenez note mentalement de profiter des miracles de la vie qui vous entoure. La fée de la fleur vous fait signe de la tête et sourit – elle sait ce qui vous passe par la tête.

4 Elle prend une fleur, touche l'eau et la scène disparaît, si bien que vous distinguez de nouveau votre reflet. Elle se tourne vers un bouquet de fleurs et passe la main sur l'une. La fleur pousse jusqu'à devenir aussi grosse que votre tête. Vous vous émerveillez de son éclat. Vous réalisez que cette jolie plante véhicule un pouvoir sauvage – le pouvoir de la Mère Terre.

5 La fée se penche sur la fleur et en extrait un cadeau pour vous : objet, message écrit, sensation, mélodie, voix. Remerciez la fée et faites vos adieux. Revenez à votre place initiale dans le jardin. Revenez lentement dans le monde quotidien et gardez précieusement votre cadeau, quel qu'il soit.

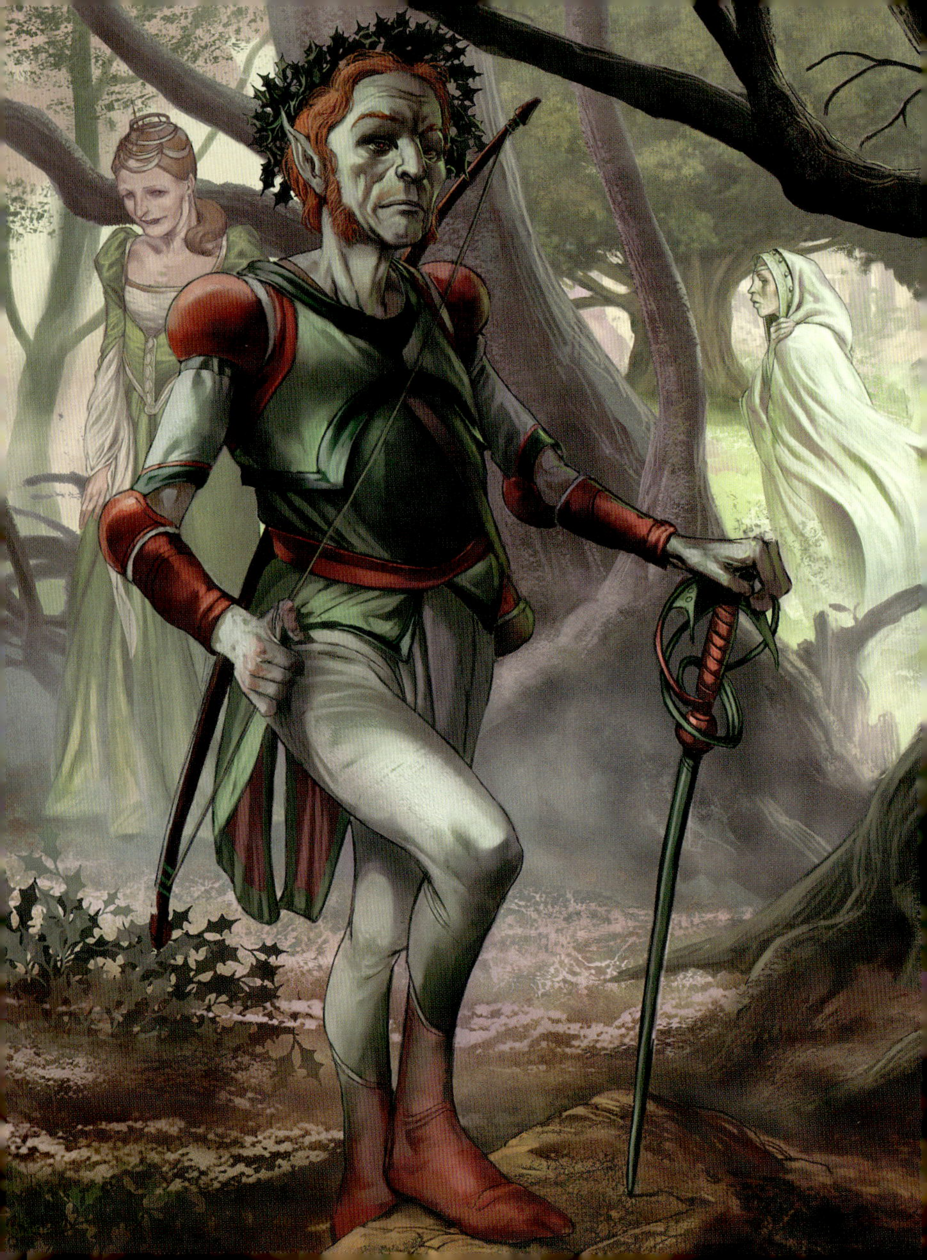

Fées des arbres

La magie des arbres

Bien des poèmes ont été écrits sur la beauté et le miracle des arbres. Ils inspirent la créativité et évoquent un sentiment de paix et de révérence. Les arbres, toujours vitaux pour la survie, personnifient les mystères de la vie et de la mort.

En plus d'être les poumons de la planète, produisant de l'oxygène enrichissant l'air, les arbres fournissent du bois pour les maisons, les bateaux, les meubles, le feu. Ils offrent un habitat à de milliers de créatures, visibles et invisibles, et renferment d'innombrables remèdes.

Avec leurs racines plongeant dans la terre, leur tronc et leurs branches se tendant vers le ciel, les arbres sont très symboliques. Jadis, lorsque les chamanes voyageaient dans le monde des esprits pour trouver des informations et combattre pour leur tribu, l'arbre était une « carte » des mondes subtils. Les racines se trouvent dans le monde souterrain des esprits ancestraux, le tronc, dans le Monde du milieu (poche de ce monde-ci, mais incluant des esprits et des fées et existant dans un cadre temporel différent), les branches, dans le Monde supérieur, domaine des dieux et des anges. L'Arbre du monde scandinave, Yggdrasil, auquel Odin était resté pendu tête en bas pour acquérir le savoir des runes, en est l'exemple le plus puissant. Les arbres sont à l'arrière-plan de bien des inspirations et transformations : l'Arbre de la connaissance du bien et du mal du Paradis, l'arbre sous lequel Bouddha avait atteint l'illumination, la pomme qui en tombant sur Newton lui a révélé l'existence de la gravité !

Les Amérindiens appellent les arbres « Le Peuple debout », conscients qu'il ne s'agit pas uniquement de bâtons sur pied, dépourvus d'esprit sortant de la terre. Les arbres sont extrêmement sages et originaux. Chaque arbre forme un portail vers l'Autre monde et offre une demeure à de nombreuses fées, en plus de son esprit individuel, la dryade. Les arbres aiment les enfants, qui sont à leur tour attirés par les arbres – ils jouent à leur pied et grimpent dans leurs branches. Le rêve de tout enfant est d'avoir une maison dans l'arbre où se cacher. Le caractère joueur des enfants est un aimant pour les fées, car leurs énergies sont éclatantes, pures et scintillantes. Les arbres font un merveilleux abri et un point focal pour cette interface entre les mondes.

La manière la plus facile d'approcher l'Autre monde est de côtoyer un arbre à chaque fois que possible. L'intuition est ainsi subtilement renforcée et on devient conscient des autres plans de réalité.

La Dame en blanc

Voici un récit concernant la plus féminine des fées des arbres, la Dame du bouleau. Elle incarne les vertus de la beauté, de la grâce et des arts domestiques, tout en enseignant que les femmes sont libres de se montrer créatives et spontanées. Elle récompense généreusement et magiquement celles désireuses de briser le moule, comme le montre cette histoire.

Il y a longtemps, dans l'ancienne Tchécoslovaquie, vivait une jeune fille appelée Bethushka. Depuis l'époque où les fleuves se gonflaient des eaux de fonte des neiges jusqu'à ce que les feuilles se teintent d'ambre, elle faisait paître ses moutons sous les bouleaux. Elle emmenait son fuseau pour filer le lin, mais ne pouvait pas s'empêcher d'errer parmi les arbres. Comme ils étaient gracieux, et avec quelle douceur le vent faisait bruire leurs feuilles ! Souvent, elle dansait, passant d'un arbre à un autre, en fredonnant doucement.

Un jour, en dansant, elle se rendit compte qu'il y avait quelqu'un dans le bosquet de bouleaux. Devant elle se tenait une belle dame vêtue de dentelle blanche et de satin, une longue chevelure couleur platine cascadant sur son dos. Ses yeux étaient d'un vert vif et elle portait une couronne de fleurs. Elle souriait à Bethushka.

« Je vois que tu aimes danser ! dit-elle, sa voix aussi douce que le vent dans les arbres.

— Oui, j'aime beaucoup, répondit Bethushka, qui n'avait pas honte de ses cabrioles. Mais je ne devrais pas danser, je devrais filer.

— Il y a assez de temps pour cela,

dit la dame. Danse avec moi, mon enfant, et je t'enseignerai de nouveaux pas. »

Bethushka n'avait pas besoin de persuasion. Elle tourna et pirouetta avec la dame, tout autour des arbres et dans les champs. Lorsqu'elles dansaient, aucune trace de pas ne marquait l'herbe tendre. Elles riaient et chantaient en bondissant et en se balançant. Seuls quelques instants semblaient avoir passé avant que les

« Viens, dansons, lui dit-elle, en tendant sa main pâle et mince vers Bethushka.

— Je ne peux pas danser avec vous, répondit tristement celle-ci. J'ai promis à ma mère de filer le lin, et si je ne le fais pas, elle sera fâchée. Nous sommes pauvres et elle a besoin de l'argent de mon filage. La dame blanche tendait toujours la main. Si tu danses avec moi, je m'assurerai que ce soit fait. »

ombres s'allongent et le soleil se couche. Bethushka regarda anxieusement le ciel, et quand elle abaissa le regard, la dame avait disparu.

Elle rassembla ses moutons et se mit en chemin pour rentrer. Sa mère lui demanda où en était son filage et Bethushka dut admettre qu'elle avait perdu sa bobine. La mère la réprimanda, et Bethushka promit de la rechercher le lendemain. Elle ne parla pas de la dame en blanc et de la danse.

Le matin, Bethushka conduisit de nouveau ses moutons dans le champ proche du bosquet de bouleaux. Elle retrouva son fuseau, mais quand elle se mit à filer, la Dame en blanc apparut.

C'était tout l'encouragement dont Bethushka avait besoin. Elle laissa tomber son fuseau, prit la main de la dame et se mit à tournoyer une fois de plus parmi les arbres. Lorsque le soleil commença sa descente, la dame conduisit Bethushka à son fuseau et fit un signe de ses bras – la bobine était miraculeusement remplie d'un fil blanc fin. Bethushka courut la ramasser et, émerveillée, se tourna vers la Dame, mais celle-ci avait disparu. Fatiguée mais heureuse, elle ramena les moutons à la maison et donna la bobine à sa mère, ravie.

Bethushka se leva de bonne heure le lendemain et conduisit ses moutons avec impatience dans le bosquet de bouleaux. De nouveau, la Dame en blanc apparut, et elles dansèrent comme jamais auparavant. Leurs pas étaient comme la brise qui agite légèrement l'herbe, ou comme les vagues qui arrivent sur le rivage. Le soir venu, d'un mouvement de sa main d'ivoire, la dame remplit la bobine. Bethushka essaya de la remercier, mais la Dame rit et lui dit que cela lui faisait plaisir. « Tu danses très bien, ma chère, et j'ai passé un moment merveilleux ! »

Elle offrit à Bethushka un sachet brodé de symboles runiques inconnus. « Garde-le bien », dit la Dame en disparaissant. En regardant dans le sachet, Bethushka constata qu'il était plein de feuilles sèches de bouleau.

Quand la mère vit la seconde bobine parfaite, elle devint méfiante.

« Tu n'as certainement pas fait cela toute seule, dit-elle à Bethushka. Quand elle entendit l'histoire de la Dame en blanc et de la danse, elle dit que ce devait être la Dame du bosquet de bouleaux, très propice pour ceux ayant eu la chance de la voir.

— C'était merveilleux de danser avec elle, répondit Bethushka, et elle m'a fait un cadeau. » Elle montra à sa mère le sachet brodé et l'ouvrit pour voir les feuilles. Quand elle le vida, les deux femmes s'exclamèrent de joie et d'émerveillement – toutes les feuilles de bouleau étaient en or pur, qui scintillait et étincelait.

SIGNIFICATION DU RÉCIT

Le message de la Dame du bosquet de bouleaux est simple, mais profond. On doit profiter du présent et se laisser conduire par son cœur – mieux vaut être ouvert aux occasions de réjouissance et d'expression personnelle, pratiquer la danse de la vie avec joie et suivre la voie appropriée pour que son monde se remplisse de richesses.

Fée du saule

La fée du saule peut être grognonne et retorse. Les Hobbits du Seigneur des anneaux *ont été endormis et presque tués par le Vieil Homme Saule. Bien que les fées soient rarement malfaisantes, la fée du saule n'est pas toujours gentille.*

E lle quitte son arbre la nuit et suit les voyageurs, en grommelant et en marmottant, chose assez effrayante.

Le saule peut offrir une profonde sagesse, que les hommes apprécient rarement. Cet arbre très mystique est en accord avec la musique des eaux du monde entier. L'acide salicylique, composant de base de l'aspirine, vient du saule. Les elfes du saule sont associés à la connaissance des plantes médicinales et de la guérison.

Approché avec respect, le saule est un maître merveilleux qui murmure ses enseignements à ceux qui l'écoutent. Il est important de rester immobile et de comprendre que les perceptions humaines sont superficielles. On imagine les racines du saule en quête des cours d'eau souterrains qui viennent des océans et se dirigent vers eux. La nuit est le moment le plus approprié pour communier avec cet esprit à travers des rêves significatifs.

Fée du sorbier

La fée du sorbier est forte et protectrice, pourtant féminine et magique. Les mythes scandinaves racontent que la première femme avait été façonnée en bois de sorbier, le premier homme, en frêne. Le sorbier est censé avoir sauvé la vie du dieu Thor en se penchant au-dessus d'une rivière rapide où celui-ci était en train de se noyer, lui permettant ainsi d'en sortir.

Les druides se servaient d'encens de bois de sorbier pour conjurer les esprits, pourtant cette fée a une telle influence ancrante qu'elle peut connecter l'homme avec l'Autre monde tout en le maintenant fermement dans ce monde-ci. Le sorbier protège contre la superstition et favorise une attitude positive. Il est planté près des maisons pour obtenir protection et intuition.

Cette fée est parmi les plus utiles, car elle apprécie les choses de ce monde et cherche à établir une connexion avec les domaines subtils. Repoussant fermement les intrus, elle favorise pourtant les échanges entre les plans d'existence. Le sorbier est très puissant près des cercles de pierre et des tumulus, car ses capacités sont intensifiées dans ces lieux. Si on porte des baies de sorbier dans ses poches, le pouvoir de cet arbre conduira à l'endroit où l'eau rencontre la terre – ce qui inspire à écrire de la poésie.

Fée du pommier

La fée du pommier est extrêmement belle et fréquemment séduisante. La tradition celte tenait les pommes pour le fruit des dieux – le pommier a de nombreuses associations avec les créatures magiques. La licorne vit sous un pommier, au printemps ses délicates inflorescences abritent de nombreuses fées des fleurs, suscitant une atmosphère d'amour et de bonheur.

Les dons de la fée du pommier sont la jeunesse et la beauté éternelles, bien que parfois celles-ci fassent naître des dissensions. Par exemple, la guerre de Troie a été déclenchée par une compétition entre les déesses de l'Olympe pour une pomme d'or récompensant la plus belle. Pâris, prince de Troie, avait été institué juge. Aphrodite, qui lui avait promis la plus belle femme du monde comme épouse, avait remporté la pomme d'or. Pâris a eu la main d'Hélène – le seul problème étant qu'elle était déjà mariée à Ménélas – d'où la guerre.

La fée du pommier invite à profiter des plaisirs sensuels en tous genres, en sachant qu'ils sont suffisants et qu'on ne sera privé de rien de ce qui est à soi. Si l'homme oublie cela, il est fautif.

Fée de l'aubépine

En compagnie du chêne et du frêne, l'aubépine forme la « triade féerique » particulièrement attirante pour les fées. D'une certaine façon, l'aubépine est l'arbre des fées par excellence*, portail vers leur monde et porteur d'une puissante magie.*

La fée de l'aubépine donne accès à l'Autre monde, mais protège aussi les étourdis – il est important d'être patient avec cet esprit. Il enchante la vie, apportant croissance et fertilité dans tous les domaines. Quand l'aubépine fleurit au printemps, elle incarne la robe de mariée de la jeune Déesse.

L'aubépine est sacrée pour la déesse galloise du soleil, Olwen, la « Dame blanche du jour ». En marchant, elle laissait des traces blanches d'aubépine. Son père, Yspaddaden Pencawr, le « Géant aubépine », avait assigné treize tâches à son prétendant, Culhwych, avant qu'il puisse épouser sa fille. Le nombre 13 est associé à la lune, qui effectue 13 tours du zodiaque pour un tour du soleil. Ainsi, l'aubépine suggère l'union : soleil et lune, mâle et femelle.

La fée de l'aubépine promet purification, satisfaction, tutelle et fertilité. Rester ancré et pratique est la meilleure manière d'accéder à cette fée et d'utiliser ses dons.

Fée du chêne

Le chêne est l'un des arbres les plus sacrés, traditionnellement tenu en haute estime par les Celtes et les druides. Très puissante, la fée du chêne confère force et endurance à tous ceux qui se tiennent dans son aura.

Chaque chêne est une véritable métropole des fées, et chaque gland a son propre esprit. Apporter un gland dans la maison accroît le contact avec le domaine féerique. Les planches de chêne servent souvent à la fabrication des portes, l'arbre même est un portail imposant vers d'autres mondes.

Le chêne est associé à plusieurs dieux du monde entier, notamment à Zeus et à Thor. Dans les chênaies sacrées, la Déesse était censée conférer sa sagesse à travers les oracles. Le chêne a abrité plus d'un roi et d'un héros mythique ou réel – par exemple, Charles II et Robin Hood – et est associé à Herne le chasseur ou à Cernunnos (voir page 256). L'esprit du chêne n'est pas un Oakman, lutin demeurant dans les boqueteaux de chêne. Il se fâche tout rouge si les arbres sont abattus ou la vie sauvage, endommagée.

Il offre courage et un cœur et une robustesse émotionnelle, les deux nécessaires pour faire face aux défis de ce monde et voyager dans l'Autre monde. Tirant sa force du cœur de la terre, cet esprit apporte la stabilité et la joie profonde qui résiste à tout.

Fée du gui

Le gui pousse le plus fréquemment sur les pommiers, mais les druides tenaient le plus en estime le gui poussant sur les chênes. Les baies de gui étaient tenues pour la semence du dieu venu fertiliser la terre – un mariage sacré était censé prendre place.

Le gui est récolté avec une faucille d'or, dont la forme rend hommage à la lune, alors que son métal salue le soleil. Poussant sans toucher le sol, le gui symbolise le moment de l'incarnation, l'entrée dans le temps réel. C'est une source de sagesse hautement appréciée, la « fertilité de l'esprit ».

Malgré ses connotations masculines, l'esprit du gui est plutôt féminin. Il protège les enfants, manifestation de fertilité et promesse d'avenir (les fées *aiment* l'enjouement enfantin !). De telles fées sont très sages et enseignent comment rester invisible, comment se fondre dans le paysage pour observer plus attentivement ce qui se passe.

Ensemble, le gui et le chêne offrent des images de l'avenir et la connaissance de la véritable demeure de l'âme, ainsi que de l'objectif de celle-ci.

Fée du coudrier

Le coudrier est un esprit changeant, très sage, porteur d'intuitions et d'éclairs d'inspiration. Il aide à trouver le savoir de façon très individualisée et à développer l'intuition permettant de voir l'essence d'innombrables choses.

Le coudrier détient les secrets de la terre, et peut offrir des aperçus quant à la radiesthésie et aux courants souterrains, les lignes ley. Sa fée encourage la méditation et confère l'éloquence à ceux qui la respectent et l'honorent.

Les druides portent des bâtons en coudrier, accroissant leur savoir, utilisés comme « bâtons de parole ». La tradition irlandaise affirme que le saumon de sagesse nage dans la fontaine de Connla, se nourrissant des noisettes tombées de neuf coudriers qui l'entourent. La légende raconte que le héros farceur Fion mac Cumhail était allé à cette fontaine pour apprendre la sagesse du poète Finegas. En faisant griller un saumon et en avalant une goutte de son jus tombée sur son pouce, il avait acquis une sagesse illicite.

L'histoire de Fion signale que l'inspiration et l'intuition peuvent être acquises de manières détournées. La fée du coudrier le comprend, car elle sait qu'il y a un type de « détournement » intrépide et un autre, plus proche de la duperie. Les fées apprécient le premier, alors que le dernier est traité sans ménagement !

Fée du houx

Traditionnellement, le houx est le roi de la moitié de l'année allant du milieu de l'été au milieu de l'hiver. Le chêne est le roi de l'autre moitié de l'année allant du milieu de l'hiver au milieu de l'été. Ces « rois » peuvent être vus comme des aspects différents du même Dieu, bataillant pour la main de la Déesse, la Terre en personne.

Le houx est par ailleurs un arbre sacré pour les druides, qui l'amenaient dans la maison en hiver pour offrir un abri aux fées. Comme le chêne, le houx est la demeure de nombreux esprits. Son propre esprit est un gardien et un guerrier. La fée du houx confère courage et agressivité. Elle aide lors des conflits intestins ou des batailles spirituelles, et peut susciter de puissantes facultés curatives.

Le houx est particulièrement sacré au moment du solstice d'hiver, où il annonce la nouvelle vie du Dieu soleil. Ses feuilles toujours vertes sont un signe d'endurance. Si on médite près d'un buisson de houx, on recevra avertissements ou encouragements de la part de sa fée.

Fée du sureau

Le sureau est l'arbre des commencements et des fins, de la naissance et de la mort, si bien que sa fée est un esprit de transformation et de transition. Vue généralement sous la forme de la Vieille femme, la fée du sureau conseille quoi jeter et quoi garder.

Elle fournit un lien puissant avec la Déesse Mère et facilite le contact avec l'esprit d'autres arbres. Dans un sens, elle agit en tant que figure maternelle dans les bois. Véhiculant la sagesse de la Vieille femme, elle est la maîtresse de la magie la plus élaborée.

Plusieurs associations lient le sureau aux sorcières et aux païens. Les sorcières étaient censées pouvoir se transformer en sureaux. Selon les gitans, c'est mal d'abattre un sureau et d'en brûler le bois, car la Mère Sureau se vengera. Cette superstition vient de la réalisation instinctive qu'un manque de respect pour la nature est dangereux en dernière analyse pour la race humaine. La croissance désordonnée du sureau fait allusion à l'aspect indomptable de la nature, le cœur noir de la terre à laquelle on doit l'existence.

La fée du sureau a une antique sagesse féminine, trop longtemps méprisée par la culture moderne. Avec un peu de respect, elle agira en maître.

Fée du frêne

La fée du frêne est androgyne et ambiguë, véhiculant un grand mysticisme et pouvoir et établissant de nombreuses connexions : entre ce monde-ci et l'Autre monde, entre masculin et féminin, entre des idées différentes. Cette fée comprend que les problèmes sont rarement réglés sur le plan où ils apparaissent.

Le plus célèbre frêne est l'Arbre du monde scandinave, Yggdrasil, auquel Odin est resté pendu tête en bas pour acquérir la connaissance des runes. Le frêne possède un savoir indescriptible – choses qu'on peut connaître seulement par l'élargissement de la conscience. La fée du frêne confère le don de la poésie, évocatrice d'idées et d'associations échappant au mental conscient.

Le frêne est lié à tous les genres de communication. Les sorcières volaient en chevauchant des balais à manche de frêne, les navires vikings étaient faits en frêne. Beaucoup de cultures anciennes considéraient que les hommes étaient sortis du frêne – par exemple, les âmes étaient nées dans les branches d'Yggdrasil. La déesse Némésis portait un rameau de frêne. La fée du frêne enseigne l'équilibre et l'unité dans la diversité. Pour voyager dans l'Autre monde, un cœur ouvert et une grande âme sont nécessaires !

Fée du bouleau

Cette fée est appelée la « Dame des bois » pour sa présence gracieuse. Comme d'autres fées, la fée du bouleau ouvre les portails vers les mondes subtils. Le bouleau est associé au nettoyage et à la fraîcheur. La déesse Arianrod (voir pages 166 à 168) est invoquée en utilisant du bouleau, pour attirer la fertilité et favoriser la créativité.

La proximité de la fée du bouleau clarifie le mental. Elle aide à laisser aller le stress et à avoir confiance en soi, en sachant qu'on trouvera un moyen de gérer les choses. Le bouleau a une puissante énergie féminine conférant foi et contentement. Toutefois, la fée du bouleau se fâchera si les arbres proches d'elles sont endommagés – elle renferme une partie de l'énergie refoulée du principe féminin dénigré pendant des siècles, et peut se montrer féroce.

Si un mental clair est nécessaire pour une nouvelle entreprise ou si on doit dépasser tout ce qui est négatif, la fée du bouleau s'avérera très utile et enverra une brise fraîche qui revitalisera. Plus que toutes les autres fées, elle apprécie recevoir en retour un peu de soin pour la forêt.

Fée du hêtre

Comme la fée du bouleau, la fée du hêtre est une présence fortement féminine, mais alors que celle du bouleau est une « dame », celle du hêtre est une reine. Parfois appelée la Mère des Bois, elle se tient majestueusement, homologue féminine du chêne royal. Elle offre la prospérité, mais aussi la sagesse, exauce les vœux de ceux qui sont conscients de sa présence, aide à abandonner les idées rigides et à avancer avec foi et ouverture d'esprit.

Le hêtre est assurément le plus gracieux des grands arbres, formant de belles forêts. Les hêtraies sont parfaites pour des rituels, offrant ombrage et isolement, mais aussi clairières où travailler. La fée du hêtre encourage la redécouverte du savoir ancien et engendre une atmosphère douce et magique.

Si on a l'impression d'être entravé par des idées et des habitudes obsolètes, incapable de voir un chemin pour avancer, il faut se relaxer en présence de hêtres. La fée du hêtre révélera le chemin. Les hêtres favoriseront la connexion avec le passé, ce qui signifie apprendre d'eux et retenir ce qui est utile sans se sentir confiné.

Fée de l'if

La fée de l'if est un être vénérable. C'est le plus ancien des esprits des arbres, possédant une vigueur et un pouvoir difficiles à comprendre. L'if est un arbre antique à feuilles persistantes qui vivait déjà dans les forêts primitives recouvrant la planète avant l'apparition des arbres à feuilles caduques.

Capables de faire pousser des racines sur leurs branches, les ifs sont pratiquement éternels. Un if écossais, le Foutingall du Perthshire, est censé avoir dans les 9 000 ans. Souvent plantés dans la cour des églises, les ifs sont liés à la mort, à la renaissance et à l'initiation aux mystères.

La fée de l'if véhicule le souffle d'une ancienneté indicible, des grottes et des tombes, de la forêt obscure où le soleil ne pénètre jamais. La sagesse de la fée de l'if ne peut être exprimée en paroles, elle vient dans des visions. Celles-ci ne doivent pas être analysées, car il est peu probable que le mental conscient puisse les comprendre.

La fée de l'if établit une connexion avec le savoir éternel ancestral, tout en ouvrant la porte aux générations futures. Elle rapproche des parents disparus et offre par ailleurs un sens de perspective, car tous les problèmes sont amoindris par le passage du temps.

Fée du prunellier

La fée du prunellier n'est pas la plus gentille de ses semblables. Ce petit arbre noueux est parfois confondu avec l'aubépine, mais sa floraison est plus précoce. Il forme souvent des haies. Associé à la Déesse sombre, le prunellier était tenu pour néfaste. Toutefois, la fée du prunellier a quelques dons utiles, car elle aide à laisser aller les émotions fortes. L'expérience purifiante ouvre la voie à de nouvelles perspectives.

Le prunellier lie l'individu à son karma, mettant en lumière les obstacles à surmonter et apportant en même temps « malédictions » et protection. Les malédictions sont les choses négatives nécessaires à la croissance dans la vie. Si la haie de prunelliers qui entourait la Belle au bois dormant ne l'avait pas emprisonnée, elle n'aurait jamais connu son prince.

La fée du prunellier véhicule la sagesse de l'aspect obscur de la Déesse, en sachant que certaines choses doivent être détruites pour que d'autres, nouvelles, puissent prendre racine. Elle est la Vieille femme, chaleureuse et protectrice sous son extérieur grognon. Si on est malheureux, elle aidera à tout dire, transpercer la « haie » et trouver la joie.

Fée de l'aulne

D'apparence délicate, l'aulne est extraordinairement fort. Il est lié, comme bien des arbres, à la création des êtres humains. La légende irlandaise dit que le premier homme était fait d'aulne, la première femme, de sorbier. De telles histoires signalent que l'essence la plus profonde est liée à celle des arbres – physiquement, karmiquement et spirituellement.

Le bois d'aulne ne pourrit pas dans l'eau, si bien qu'il est utilisé pour construire des ponts. Il se peut que cette propriété l'associe au géant gallois Bran, qui avait fait de son corps un pont au-dessus du fleuve Shannon afin que son armée envahisse l'Irlande et vienne en aide à sa sœur Branwen. Les Gallois l'avaient emporté, mais Bran avait été tué. Sa tête – encore vivante et possédant des dons oraculaires – avait été enterrée sur la White Hill de Londres. Les corbeaux de la Tour de Londres sont les oiseaux sacrés de Bran. Il est dit que l'Angleterre ne sera pas vaincue tant qu'ils vivent là.

En endossant la forme d'un corbeau, la fée de l'aulne peut voler loin. Elle enseigne les secrets d'une bonne défense, la découverte des présages dans le vol des oiseaux et la manière de développer le don de prophétie.

Fée du pin

La fée du pin est un esprit ancien, car ce conifère est parmi les végétaux les plus primitifs, apparus juste après la période glaciaire, avant la naissance des arbres à feuilles caduques. Le pin écossais est le seul arbre du nord de l'Europe à avoir survécu à la glaciation. Les bouquets de pins sont censés marquer les lignes ley.

Le pin est associé à Attis, amant de la déesse Cybèle, qu'elle avait transformé en cet arbre pour le punir de son infidélité. Son fils, Zeus, voyant ses regrets, avait décidé que le pin resterait vert toute l'année, pour la consoler. Attis est une espèce de dieu de la nature, mort et ressuscité, conférant au pin (malgré son statut de végétal pérenne) un fort lien avec les cycles de la vie.

La fée du pin est solitaire et quelque peu mélancolique, mais sa présence curative bannit la négativité. Elle a vu arriver et s'en aller tellement de choses ! L'une des choses qu'elle aime voir *disparaître* est le manque de confiance. Le vent passant dans les pins apporte un nouvel avenir susceptible d'aider à dépasser les erreurs, car le passé est vraiment le passé.

Se rapprocher des fées des arbres

Le meilleur endroit pour approcher les esprits des arbres est au grand air, à proximité de ceux-ci. Il y a cependant des choses à faire dans la maison pour les attirer.

Il est intéressant de savoir de quel bois sont faits les meubles de la maison et connaître les traditions et les coutumes le concernant. Quel sentiment laisse la texture du bois lorsqu'on tente de se rapprocher de l'essence de l'arbre dont il provient ? Ces faits connecteront aux arbres de l'essence respective et à leurs esprits associés, qu'on doit remercier pour le don de ce bois.

On peut souvent acheter de petits objets façonnés dans un bois particulier, éventuellement se constituer une collection, en connaissant la signification de ce matériel. Par exemple, l'if est souvent façonné en champignons ornementaux, car son bois blanc est très beau. Les ornements en if disposés autour des photos des parents décédés honorent les ancêtres et le bois même. Un bâton de coudrier peut servir de « bâton de parole » lors des événements familiaux (le coudrier est lié à la sagesse et à la communication claire). L'idée est que la personne qui tient le « bâton de parole » s'exprime et que tous les autres l'écoutent. Cette coutume druidique est adaptable à la vie familiale, pour que chacun puisse s'exprimer.

dans toutes sortes de figurines. Ce faisant, elle imagine communier avec l'esprit du bois et constate parfois que l'inspiration arrive. Les rameaux attachés pour former une étoile à cinq branches, un bâton marqué de ses initiales ou d'autres symboles, offrent l'empathie avec les esprits du bois.

Souvent, on « touche du bois » pour invoquer la chance. Ce n'est pas là une superstition, mais un vestige d'une coutume celte. À une époque de besoin, un arbre amical peut être approché pour réconfort et guérison – ce que tout le monde peut faire.

Lorsqu'on achète de nouveaux meubles, il est préférable de s'enquérir de l'origine du bois et s'assurer que la ressource est renouvelable. Les meubles d'occasion sont à préférer, car le bois se doit d'être utile. Le domaine végétal est généreux avec ses richesses. Toutefois, il est important d'être respectueux et d'éviter dès que possible le gâchis.

La personne créative peut aimer travailler le bois, le façonner au couteau

Se rapprocher des esprits des arbres dans la nature

Pour s'accorder aux esprits des arbres en pleine nature, il est de nouveau important d'étudier les traditions et les mythes associés à ceux-ci, ce qui permettra d'élargir son mental. Cependant, comme toujours, l'intuition sera le meilleur guide, et la proximité des esprits des arbres aidera à resserrer le contact.

Inutile de le préciser, on doit passer du temps parmi les arbres, se promener dans les parcs ou dans les bois, pas spécialement pour rencontrer des dryades, mais pour la joie d'être là. La présence des arbres est très apaisante. Si possible, on doit camper près des arbres, pour les observer à tout moment de la journée et rêver en s'endormant à côté de leur tronc. Les esprits de nombreux arbres sont plus enclins à quitter leur demeure et à errer après la tombée de la nuit, période plus « calme » après les activités du jour. Les gens craignaient jadis de se retrouver parmi les arbres après le crépuscule, expérience surnaturelle. Pourtant, il n'y a rien à craindre de ces êtres.

On doit passer du temps à bien connaître un arbre particulier, découvrir son histoire et tout événement le concernant, le toucher, s'asseoir contre son tronc et laisser son mental vagabonder, en se sentant entouré par son aura. Quelles sont les sensations ? Réalise-t-on que des êtres sont tout autour ? L'arbre communique-t-il d'une quelconque manière ? Quels animaux, oiseaux et papillons sont visibles ? Quelles pensées émergent et quels souvenirs remontent à l'esprit ? Si possible, il faut grimper dans l'arbre et s'asseoir sur ses branches.

En approchant un arbre particulier, il est intéressant de déterminer où commence son aura : on marche lentement, mains tendues devant soi pour « toucher » celle-ci. Le contact avec la limite de l'aura suscitera une légère résistance, une sorte de « coussin » d'air. La perception de l'aura de l'arbre connecte avec le monde des dryades.

Assis à distance de l'arbre dans un état de rêve, yeux légèrement dans le vide, on peut distinguer des formes ou des visages dans le feuillage ou l'écorce. Ce sont les esprits des arbres se faisant connaître.

Charme de l'esprit des arbres pour la guérison

Les propriétés curatives des arbres sont connues depuis la nuit des temps. Jadis, avant que les hommes soient enracinés dans la perspective logique, positiviste, ils faisaient régulièrement appel à ces dons. Beaucoup de puits et de sources sont sacrés pour la Déesse Mère. Les gens attachaient des bandes de tissu aux branches des arbres les entourant, pour attirer la guérison. Ces morceaux de tissu étaient aussi des offrandes – la reconnaissance des dons de la nature.

MÉTHODE

Il vous faut un mouchoir ou une écharpe vous appartenant. Si l'objet a des associations spécifiques – un mouchoir pour les larmes versées, un bandana pour les migraines – tant mieux. Les tissus naturels sont les plus appropriés, car ils se dégraderont et reviendront à la terre. Bien entendu, vous devez faire attention à ne pas polluer le bois.

1 Pour la guérison (physique ou émotionnelle), choisissez un arbre qui semble très gentil. Prenez le mouchoir et consacrez-le à la guérison, puis placez-le dans les branches de l'arbre.

2 Demandez à l'esprit de l'arbre d'éliminer votre mal et de garder vos problèmes dans ses branches.

Charme de l'esprit des arbres pour l'amour durable

La pratique de ce charme en compagnie d'un amoureux est une expérience réellement sensuelle et attachante. Toutefois, si ce n'est pas possible, il faut parler au partenaire de la signification de la pomme, car c'est une mauvaise idée d'influencer une autre personne par magie sans sa permission.

MÉTHODE

1 Asseyez-vous près d'un pommier au début de l'automne, quand il est chargé de fruits, et détendez-vous. Sentez-vous une partie de l'arbre et de son abondance. Percevez la présence de sa fée – douce, séduisante, généreuse.

2 Touchez l'écorce du pommier et demandez que tous ses dons fassent partie de vous. Demandez une pomme, qui a poussé juste pour vous et votre objectif. Voyez vers quelle pomme vous êtes attiré : elle peut être sur l'arbre ou tombée sur le sol. Tant qu'elle est en bon état, elle convient à ce charme.

3 Remerciez la fée du pommier pour son don. Coupez la pomme en deux dans le sens de la longueur, révélant l'étoile à cinq branches de son centre. Mangez une moitié et offre l'autre au partenaire.

Méditation pour attirer les esprits des arbres

Pour cette méditation, on doit choisir un arbre avec lequel on se sent une affinité parce qu'on le voit tous les jours ou qu'il est dans son jardin. La connaissance de quelques mythes, de quelques informations botaniques, de quelques usages de son bois rapprochera de l'esprit de l'arbre.

MÉTHODE

1 Asseyez-vous dos contre l'arbre et assurez-vous de ne pas être dérangé. Dans un lieu public, demandez à un ami de vous surveiller pour que vous vous sentiez en sécurité. Relaxez-vous complètement, comme décrit dans l'Introduction (voir pages 34 et 35), et fermez les yeux.

2 Imaginez l'aura de l'arbre vous entourer. Voyez-la s'étendre au-delà de son ombre et de ses branches. Sentez l'essence de l'arbre vous envelopper, soyez conscient des bruissements dans ses branches, de la brise sur votre visage et de toute fragrance.

3 Regardez mentalement dans les branches. La vision intérieure vous permet de distinguer là de nombreux êtres. Vous voyez des visages, des mouvements, des yeux doux vous fixant. Un murmure léger, comme le vent dans les feuilles, donne l'impression que quelqu'un a chuchoté votre nom.

4 Vous ressentez une sensation électrique dans le corps. Vous devenez conscient de la vitalité de l'arbre, de son essence unique, de sa magie montant puissamment de la terre, de ses racines pénétrant dans le sol sombre et fertile, du soutien rugueux du tronc, de la liberté exaltante des branches s'élevant haut dans les airs. L'aura de l'arbre semble devenir plus forte et l'air chatoie autour de vous.

5 Vous êtes conscient d'une sensation vous traversant à partir du tronc de l'arbre : un picotement agréable, comme si l'énergie se déplaçait en vous. À côté de vous, un être prend forme – élancé et beau, entouré de lumières vertes vacillantes. C'est l'esprit de l'arbre. Vous entendez de nouveau votre nom murmuré doucement, mais plus distinctement.

6 Parlez à l'esprit de l'arbre, lui posant toutes les questions désirées. Apprenez l'objectif de l'arbre, la sagesse qu'il renferme, les histoires qu'il a à dire. Quels messages son esprit a-t-il pour vous, que pouvez-vous faire pour aider les arbres ? Les arbres renferment de la joie, mais aussi de la tristesse, car tant d'entre eux ont été sacrifiés sans aucun respect. Devenez une partie de ces sentiments et comprenez leur importance.

7 Le moment approprié, l'esprit réintégrera son arbre. Revenez lentement à la normale, en sachant que votre lien avec l'arbre a été fortifié.

Méditation pour le don des esprits des arbres

Cette méditation est pratiquée pour recevoir le don symbolique de guérison de la part des esprits des arbres.

MÉTHODE

1 Commencez comme précédemment (voir page 366), vous appuyant contre l'arbre jusqu'à ce que son esprit se montre. Demandez à connaître la sagesse des arbres et percevez la sérénité des dryades. Demandez toute guérison dont vous (ou une autre personne) avez besoin.

2 L'esprit de l'arbre vous fait signe de vous lever et va vers le tronc. Une porte s'y trouve, qui s'ouvre, révélant une entrée obscure et un escalier descendant en spirale. Vous suivez l'esprit, vous émerveillant de la dimension de l'espace intérieur de l'arbre – vous avez effectivement pénétré dans une autre dimension. Vous descendez, entouré par un doux éclat vert.

3 Au pied de l'escalier, vous vous retrouvez dans une grande salle verte, aux murs comme de l'écorce et le plancher en terre battue. À une extrémité se trouve un lutrin solide, soutenant un livre très lourd. Bien entendu, le papier des livres est fait à partir du bois. Pendant des siècles sans nombre, les arbres ont été les gardiens de la sagesse et ses maîtres.

4 L'être ouvre le livre. Les scènes qu'il renferme sont animées : forêts primitives où les arbres étaient épais et luxuriants, bois magnifiques, bosquets d'arbres au sommet des collines, arbres fruitiers et à fleurs, vieux arbres rapetissés, arbres solitaires sur la lande et les flancs des collines – jamais vous n'avez été si conscient de leur vitalité.

5 La scène change et vous voyez des arbres abattus et transformés en bateaux, en portes et en meubles, ou brûlés dans le feu. Pourtant, les arbres sont dignes et sereins. Vous voyez ensuite des forêts abattues par des machines, détruites par simple cupidité. Vous éprouvez de la culpabilité, de la mortification et de l'outrage, mais l'esprit de l'arbre met la main sur votre front et vous êtes de nouveau calme. La scène du livre montre maintenant un bois paisible.

6 Demandez à l'être ce que vous pouvez faire pour aider les arbres. Écoutez sa réponse, qui pourra vous surprendre. Engagez-vous à faire quelque chose (même si ce n'est pas beaucoup).

7 Demandez à votre tour de l'aide. Expliquez de quelle manière vous (ou l'un de vos proches) avez besoin de guérison. L'esprit tourne les pages du grand livre. On place dans vos mains un cadeau curatif spécial : message écrit sur un morceau de papier, herbe, cristal, etc.

8 Remerciez l'esprit de l'arbre, dites au revoir et gardez soigneusement le cadeau. Montez l'escalier et sortez à l'ombre de l'arbre. Asseyez-vous contre son tronc et revenez la conscience normale. N'oubliez pas votre cadeau ou votre engagement.

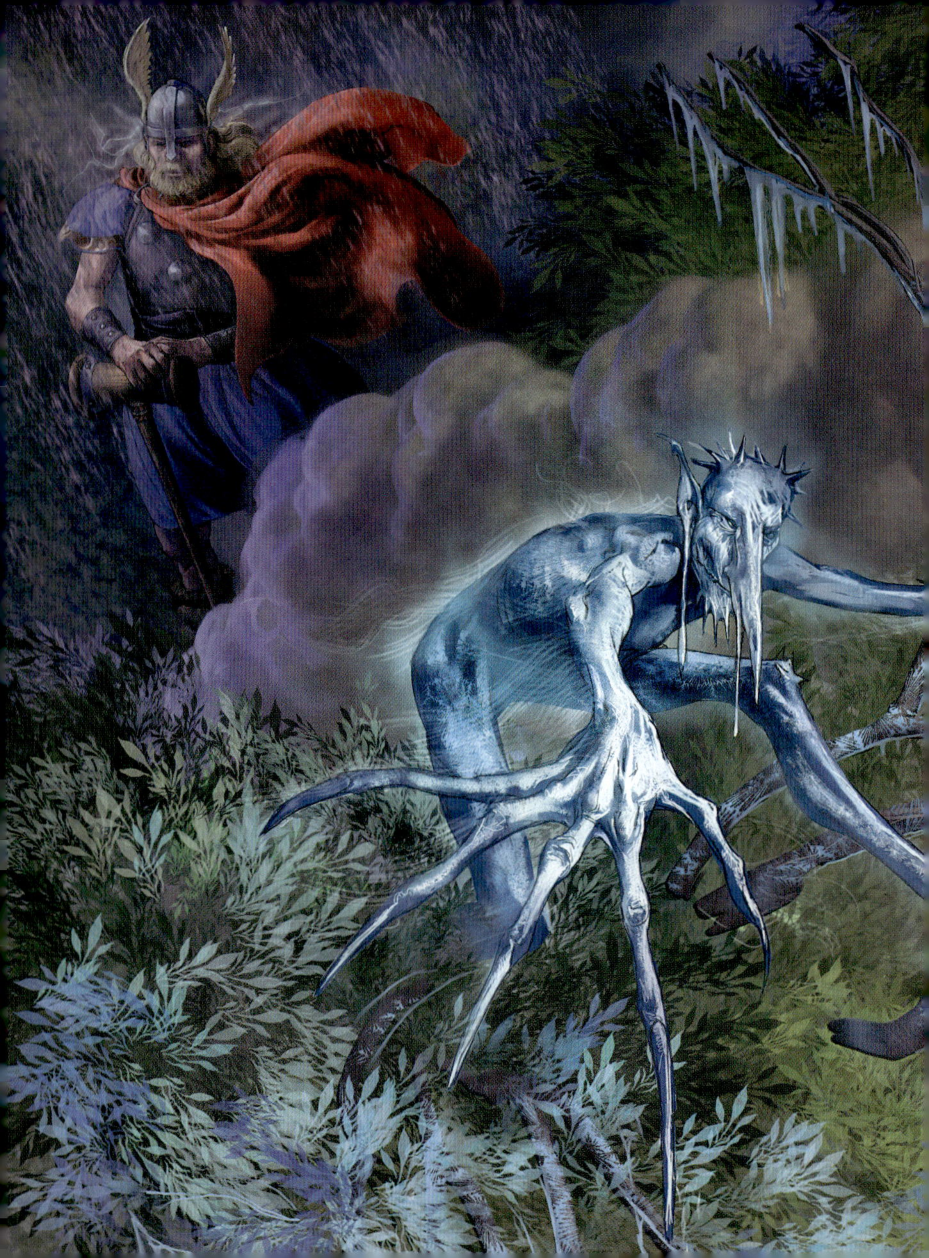

Fées du climat

Les pouvoirs des fées du climat

De nombreuses fées influencent le climat. Chaque esprit élémental – terre, feu, air ou eau – peut prêter ses énergies à la tempête, à la tornade, au tonnerre ou à la pluie torrentielle. Le climat est un aspect de la nature sur lequel l'homme n'a aucun contrôle.

Les tentatives de prédire le climat ne sont pas toujours justes, car des facteurs complexes sont impliqués, susceptibles de changer les choses d'une minute sur l'autre. On dit que le battement des ailes d'un papillon dans une partie du monde peut changer le climat de l'autre côté du globe, si subtiles et délicates sont les forces à l'œuvre. Les fées du climat sont derrière ces forces, montrant que malgré les réalisations scientifiques modernes, bien des choses restent mystérieuses.

Beaucoup d'esprits « bénéfiques », comme Robin Goodfellow, Robin Bon

LES POUVOIRS DES FÉES DU CLIMAT

Diable, sont plus actifs en été, alors que les esprits « néfastes » le sont davantage en hiver, incarnation de la pourriture nécessaire, vitale pour la nouvelle croissance et partie du cycle naturel. Cela s'applique manifestement aux esprits du climat – un soleil éternel sonne bien, mais il rendrait la vie impossible !

L'histoire de la reine des neiges

La neige est fascinante, et pour les hommes vivant dans des maisons munies de chauffage central, elle est d'ordinaire belle, au pire une gêne. Toutefois, il n'y a pas si longtemps, les êtres humains étaient davantage à la merci des éléments – la neige peut être en même temps exquise et terrible. La reine des neiges personnifie les forces faisant partie de l'ordre naturel, susceptibles d'être inamicales pour les hommes. Il est tentant de diaboliser ces énergies, qui exigent le respect.

L'histoire suivante raconte comment la passion pour la reine des neiges a fait ressortir le pire chez un garçon et la manière dont une jeune fille l'a ramené à la chaleur et à l'humanité.

Kay et Gerda étaient voisins depuis leur petite enfance. Grands amis, ils jouaient toujours ensemble. En été, ils tressaient des guirlandes de pâquerettes et gambadaient dans les bois, en hiver, ils regardaient tomber la neige depuis leurs maisons chaudes. Kay pensait que les flocons ressemblaient à des abeilles blanches dirigées par une reine. Un jour, pendant une tempête de neige, quand il se tenait devant sa porte, un énorme flocon atterrit sur sa main. Il se transforma en une minuscule femme, très belle, qui grandit pour le dépasser en taille. Enveloppée de fourrures blanches, son visage était pâle comme la lune et ses yeux d'un bleu de glace. Elle lui sourit, toucha son cœur d'une main très froide, et disparut.

Après cet incident, Kay changea. Il se moquait de Gerda, piétinait les fleurs et donnait des coups de pieds aux animaux de la ferme. Le printemps arriva, puis l'été, et Gerda ne reconnaissait plus le garçon avec lequel elle était jadis heureuse. L'hiver revenu, Kay sembla préoccupé. Il regardait les cieux austraux, en attendant la neige, et s'était fabriqué un traîneau solide. La neige finit par tomber, et Kay se rendit sur la place du marché. Il s'accrocha à un carrosse de nacre dans lequel voyageait une femme élancée, enveloppée de fourrures blanches. On ne le revit jamais.

Gerda avait le cœur brisé. Elle interrogea tous les garçons, mais nul ne put l'aider. Elle demanda même aux plantes et aux animaux (car Gerda était une jeune femme sage, qui connaissait le langage de la nature), mais ils ne savaient rien. À la longue, elle réalisa que si elle voulait revoir Kay, ce ne serait que dans les étendues glacées du nord. La brave Gerda entreprit un voyage long et périlleux, affronta des animaux dangereux et des voleurs de grand chemin, car son cœur était plein d'amour pour Kay, malgré la cruauté de celui-ci. Elle ne pouvait pas supporter l'idée de le savoir seul dans le froid.

Kay, bien entendu, vivait dans le palais de la reine des neiges, qui lui était apparue dans le flocon et l'avait enlevé sur la place du marché. Il était bleu de froid et, à chaque fois que la reine des neiges l'embrassait, il devenait encore plus bleu. Le palais de la reine des neiges était bâti en neige flottante, ses salles vides se suivant sur des kilomètres, éclairées par l'éclat froid de l'aurore boréale. Kay construisait un puzzle de morceaux de glace. Il paraissait très important que les morceaux s'assemblent parfaitement, et Kay, astucieux, était décidé de réussir.

La reine des neiges quitta son trône de glace et, en disant à Kay qu'elle allait porter la neige vers le sud, s'envola dans un tourbillon glacial. Peu de temps après, Gerda trouva le palais, ainsi que Kay. Pleurant de joie, elle courut l'embrasser. Ses larmes réchauffèrent la peau glacée du garçon et firent fondre son cœur – il réalisa que son puzzle de glace n'avait aucun sens. Plus heureux que jamais, les deux enfants s'enfuirent du palais de la reine des neiges pour ne jamais revenir.

SIGNIFICATION DU RÉCIT

La neige représente la froideur du mental logique, qui cherche à tout contrôler et à ranger chaque chose à sa place, comme le puzzle de glace, même si cela n'a pas de sens. Comme la reine des neiges, l'idée semble belle à première vue, mais est en fait stérile. La reine des neiges tue le cœur.

Pourtant, la neige a une beauté éblouissante. Les hommes l'admirent, mais n'en sont pas absorbés. Le mental et l'objectif des fées sont étrangers aux hommes – peu étonnant que le prix de l'entrée dans le palais de la reine des neiges soit la perte de son cœur.

Les Venteux

Certains esprits malins du climat sont appelés Folletti en Italie. Ces Venteux sont des créatures gracieuses pareilles aux elfes, qui aiment susciter des orages afin de chevaucher sur les vents. Ils peuvent être cruels, provoquer des orages destructeurs ruinant les cultures, faire déborder les rivières, lever des tempêtes de neige ou des tornades de poussière.

Certains Folletti ressemblent à de petits garçons portant des chapeaux de soie et jouant des castagnettes. Ils chevauchent les tourbillons et pénètrent à travers les fissures dans les maisons, où ils causent toutes sortes de cliquetis. Beaucoup ont de bonnes intentions (ou sont inoffensifs), d'autres sont plus terrifiants. Par exemple, les Mazzamarieddu sont excités seulement par le sang de la victime d'un meurtre et causent des orages et des tremblements de terre. De nombreux Folletti ont un côté très sexuel, certains sont capables de violer les femmes. Les plus inoffensifs se délectent à soulever la jupe des filles. Les Grandinili, apportent la grêle, et sont éloignés par le son des cloches d'église.

Les Venteux sont des esprits diabolisés – ne pas aimer les orages ne signifie pas qu'ils sont malfaisants ! Ils sont vitaux dans l'ordre des choses où les humains n'occupent pas la première place.

Le Père Hiver

En Russie, le Père Hiver incarne cette saison. C'est un puissant esprit dans un pays où, quand la température descend beaucoup, le souffle gèle sur les lèvres et tombe aux pieds de l'homme en une douche de minuscules éclats de glace.

Le Père Hiver était censé tuer les voyageurs en les serrant de ses bras glacés. Il saute de branche en branche, claquant des doigts avec malice et, ce faisant, peignant chaque rameau de givre blanc.

Certains considèrent le Père Hiver comme un dieu forgeron, car il soude la terre et l'eau et forge des chaînes de glace dans le sol. Toutefois, là-dessus il diffère de bien des elfes forgerons, dont les activités causent des transformations positives. Néanmoins, le Père Hiver a une facette bienveillante, car il est impressionné par les bonnes manières, comme bon nombre d'autres esprits. Une légende raconte qu'il était sur le point de tuer une fillette, trop polie pour dire qu'il faisait trop froid. Impressionné par cette retenue, il lui avait laissé la vie sauve.

Le Père Hiver a des similitudes avec le Père Noël. Le jour de la Nouvelle année, sa fille et lui traversent la Russie dans leur traîneau chargé de cadeaux pour les enfants sages.

Thor

Thor est un esprit puissant, dieu du ciel et du tonnerre des peuples scandinaves, préféré des fermiers et des classes laborieuses. Thor possédait un marteau magique, Mjolnir, avec lequel il brisait la glace chaque printemps.

Très fort, Thor à la barbe rouge était le fils d'Odin (voir page 154) et de Joud, la géante déesse de la Terre. Thor était un dieu très important, équivalent scandinave de Jupiter, maître des éclairs – le marteau de Thor étant assimilé à l'éclair.

Thor était censé dominer les airs, gouverner le tonnerre, l'éclair, la pluie, les vents, le temps clair, ainsi que la fertilité. Quand les gens craignaient une épidémie ou la famine ; ils offraient des sacrifices à Thor.

Thor incarne l'extraordinaire pouvoir de la nature. Malgré sa force et son tempérament ardent, il est ami des humains. En cas de besoin d'encouragement particulier face à un défi, on invoque Thor – quel que soit le climat, mais spécialement quand le tonnerre gronde, son message de courage.

Fées du brouillard

Les fées du brouillard apportent des images du passé et de l'avenir. Lorsqu'on marche dans le brouillard, on perd facilement contact avec ce monde-ci. Un voile étrange de brouillard entoure souvent les tumulus et les cercles de pierres. Si un interstice se forme dans ce voile, c'est une entrée de l'Autre monde.

Le Tiddy Mun des marais de l'est de l'Angleterre est un esprit du brouillard. Avant qu'elles soient drainées, ces terres étaient en grande partie recouvertes d'eau. Tiddy Mun contrôlait cette eau et toutes maladies qu'elle colportait, ainsi que le brouillard. Il émergeait lors de la montée du brouillard à l'aube ou au crépuscule, arborant une longue robe grise. Lorsque les eaux s'élevaient, les gens invoquaient le Tiddy Mun pour les calmer. Bien qu'il soit généralement gentil, le Tiddy Mun pouvait se fâcher. Lors de l'assèchement des marais, sa colère a été si grande que les enfants et les vaches sont tombés malades et les gens ont dû implorer son pardon.

En marchant dans le brouillard, les esprits offrent des idées sur les autres mondes.

Fées de la pluie

Szepasszony est une belle fée hongroise, vêtue d'une robe blanche, à la chevelure dorée. Elle danse sous la pluie torrentielle et la grêle, lançant des charmes à travers les gouttes de pluies tombant des avant-toits pour former des flaques sur le sol – elle contrôlera quiconque marche dans la flaque. Séduisante, Szepasszony n'est pas toujours bienveillante.

Puissant esprit, elle se délecte des énergies des orages. Toutefois, chaque pluie torrentielle attire une foule d'esprits élémentaux dans les airs, autour de l'orage et en son centre. C'est honteux de s'éloigner du contact de la pluie, car ses gouttes éveillent l'esprit et rafraîchissent l'âme.

Les arcs-en-ciel sont fortement associés aux fées. C'est à l'extrémité de l'arc-en-ciel que le Leprechaun cache le plus souvent son pot d'or. L'arc-en-ciel est un pont vers l'Autre monde, d'où viennent les fées de la pluie. Les peuples scandinaves l'appelaient Bifröst, et affirmaient qu'il était une route vers Asgard, la demeure des dieux.

En plus de faire pousser les plantes, la pluie offre des avantages plus subtils. En faisant bon accueil aux fées de la pluie, on doit les laisser purifier sa propre vie.

Contacter les fées du climat

L'homme fait généralement de son mieux pour éviter les aléas du temps, mais pour contacter l'énergie électrifiante des fées du climat, il doit sortir de son abri, danser sous la pluie d'été, suivre les motifs du givre, attraper les flocons de neige et regarder l'éclair zébrant le ciel. Les fées du climat offrent une « magie ordinaire » – il faut les rencontrer !

Peu de lignes droites existent dans la nature, à l'exception des rayons de soleil transperçant les nuages pour atteindre la terre. Un type particulier de fée chevauche ces rayons, apportant des messages d'espoir et de nouvelles perspectives. Ces fées sont analogues aux anges et gardent de vastes étendues de terre. Lorsqu'on voit apparaître de tels rayons de soleil, on peut formuler un vœu – pas seulement pour soi, mais pour l'humanité dans son ensemble.

Charme pour attirer un esprit du vent

Les esprits du vent sont les nomades insouciants du Pays des fées. Chevauchant les orages, murmurant et faisant des espiègleries, ils apportent le baume de la brise fragrante et le rugissement entraînant de la tempête. Ils enseignent que tout est léger et modifiable, en apportant en même temps clarté et agilité mentale. On peut les inviter dans sa vie, mais sans tenter de se les attacher – cela détruira les dons qu'ils offrent.

MÉTHODE

Il vous faut un carillon éolien et un ruban. Le carillon en bambou invite un esprit doux et prévenant, qui encourage la réflexion. Celui en cristal attire un esprit hautement évolué qui aide à atteindre le détachement. Celui en métal attire un esprit créatif qui favorise le changement.

1 Choisissez une journée où souffle la brise et accrochez le carillon éolien à la fenêtre ouverte. Fermez les yeux et visualisez les dons que vous désirez recevoir de votre esprit.

2 Penchez-vous par la fenêtre pour sentir la brise sur votre visage et dites :

*« Esprit du vent volant haut dans les airs
Je t'appelle, approche-toi, approche-toi.
Mon carillon sera ta demeure
Toujours bienvenu, toujours libre. »*

3 Écoutez le tintement spécial du carillon éolien annonçant l'arrivée de l'esprit. Accueillez-le en nouant le ruban sur le fil le plus haut du carillon, sans gêner son mouvement. Remerciez l'esprit d'être venu. À chaque fois que vous avez besoin de dons des esprits du vent, bougez le carillon et laissez une brise fraîche souffler dans votre cœur et votre mental.

CHARME POUR ATTIRER UN ESPRIT DU VENT

Dictionnaire des fées

ESPRITS GÉNÉRAUX

Abbey lubber: Esprit malicieux qui hantait les abbayes, tentant les moines par la luxure et le dévergondage. Il demeurait surtout dans la cave à vin.

Black Dog (Chien noir): Apparaît dans de nombreux endroits. A des pouvoirs surnaturels et peut être un fantôme humain.

Boggart: Brownie de type poltergeist.

Bogie, bogle, bug, bug-a-boo: Esprits tourmenteurs.

Bons voisins/Bon peuple: Désignations polies des fées.

Co-walker: Le Double qui marché, le *Doppelgänger* allemand. Voir un porte malheur et peut annoncer la mort. Toutefois, Robert Kirk (voir page 18) le tenait pour le compagnon de la fée.

Fetch: Identique au co-walker (voir ci-dessus).

Ganconer: Apparaît dans les vallées isolées, fait l'amour aux jeunes filles puis disparaît, les laissant se languir.

Gobelin: Esprit petit, laid et malicieux.

Joint-eater: Esprit assis près de la victime, absorbant l'essence de sa nourriture. Celui-ci reste mince et s'étiole, n'importe combien elle mange.

Mab: Minuscule reine des fées, variante probablement plus ordinaire de personnages divins plus remarquables.

Nimüe: Nom donné à la Dame du Lac.

Oberon: Nom que le roi des fées porte dans de nombreuses histoires.

Seelie Court: Assemblée féerique qui aide les pauvres et apporte la chance.

Tam Lin ou Tamlane: Jeune chevalier enlevé par la reine des fées et ramené dans le monde humain grâce à la bravoure de la blonde Janet, qui l'aimait et l'avait serré fortement dans ses bras durant quelques métamorphoses féeriques terrifiantes.

Titania: La reine des fées du *Songe d'une nuit d'été* de Shakespeare. Variante de Diana.

ESPRITS ALLEMANDS

Alp: Esprit suscitant des cauchemars en s'asseyant sur la poitrine du dormeur.

Berchte (L'Éclatante): Fée avec de nombreuses caractéristiques: Vieille femme ou porteuse de présents lors de l'Épiphanie.

ESPRITS AMÉRINDIENS

Kachinas: Esprits de la nature des Hopi et des

Pueblos. On compte parmi eux les Êtres des nuages, les Esprits des étoiles, les Jeunes filles du maïs, les Esprits de l'aube et les Esprits de l'éclair. Les morts peuvent devenir des esprits des nuages. Les Kachinas enseignent beaucoup de savoir-faire aux humains. Ils sont présents depuis le milieu de l'hiver au milieu de l'été, et retournent dans l'Autre monde pendant les six mois suivants. Ils viennent toujours lorsqu'ils sont invoqués par les danseurs arborant des masques Kachina.

Manitou : Esprit cornu de la nature qui fait des farces aux humains. « Manitou » est aussi le terme générique pour la force de vie.

Sasquatch : Le Bigfoot de l'Amérique du Nord, haut de 2 à 3 m, hirsute. Des comptes rendus de créatures similaires existent dans le monde entier.

ESPRITS ANGLAIS

Apple-tree Man : Esprit du Somerset demeurant dans le plus vieux pommier du verger.

Asraï : Délicate fée aquatique du Shropshire, qui se dissout lorsqu'elle est capturée.

Black Annis : Ogresse du Leicestershire, probablement une déesse diabolisée.

Brag : Gobelin malicieux des comtés du nord de l'Angleterre, qui se change souvent en cheval.

Brown man des muirs : Esprit gardien des bêtes sauvages des confins écossais.

Bucca : Esprit des Cornouailles, auquel on offre du pain et de la bière pour la chance.

Colt-pixy : Esprit prenant la forme d'un cheval. Dans le Hampshire, il jette le chaos parmi les chevaux réels, mais garde les vergers dans le Somerset (sous la forme d'un poney).

Derrick : Nain du Devon, assez malveillant.

Dobby : Hobgobelin malin du Yorkshire et du Lancashire – manifestement l'inspiration du Dobby des histoires de *Harry Potter* !

Fenoderee/Phynnodderee : Brownie mannois, grand, laid et hirsute. Selon certains, c'était jadis un bel esprit tombé amoureux d'une jeune mortelle. Il avait quitté la fête de l'automne pour danser avec elle, comportement qui le fit bannir du Pays des fées.

Grindylow : Démon aquatique du Yorkshire, qui rôde dans les mares stagnantes pour noyer les enfants.

Padfoot : Démon de la campagne autour de Leeds, apparaissant parfois sous la forme d'un chien blanc. C'est l'alter ego de Sirius, le nain de *Harry Potter*.

Skillywidden : Petit esprit capturé par un fermier à Treridge, en Cornouailles. Haut de 30 cm, il avait été découvert endormi dans l'âtre. Il avait joué avec les enfants jusqu'à ce que ses parents viennent le chercher.

Spriggan : Esprit laid du sud-ouest de l'Angleterre agissant comme garde du corps pour d'autres esprits de son espèce, demeurant dans les ruines où sont enterrés des trésors.

Tryamour : Fille du roi des fées, elle avait épousé l'un des chevaliers du roi Arthur, sir Launfal. En plus d'être merveilleusement belle, elle avait une immense dot – le tout offert à condition que sir Launfal ne révèle pas leur union. Insulté par Guenièvre, Launfal fit l'erreur de parler de son amour. Tryamour disparut, avec tous ces dons. Launfal était sur le point d'être banni, quand son amour féerique se montra pour prouver qu'elle était plus belle que Guenièvre et l'emmena au Pays des fées.

Yallery Brown : Esprit maléfique des Fens, découvert en larmes sous une pierre par un laboureur, Tom Tiver. Au début, Yallery Brown fit le travail de Tom, mais comme il abîmait le travail des autres, Tom devint impopulaire. Il remercia sarcastiquement l'esprit, après quoi il ne connut plus que la malchance jusqu'à la fin de ses jours.

ESPRIT AUSTRALIEN

Alcheringa : Esprit des tribus Arunta du centre de l'Australie – mince, spectral, juvénile. Il doit être apaisé. Parfois, esprit gardien.

ESPRIT BELGE

Kludde : Métamorphe qui attaque à l'aube et au crépuscule. Peut prendre la forme d'un chat noir, d'un chien noir ou d'un serpent.

ESPRITS CELTES/IRLANDAIS

Angus mac Og : Dieu celte de la beauté et de la jeunesse, le Cupidon irlandais, appartenant à la tribu des Tuatha dé Danann, vaincue par les Milésiens, devenue le peuple des Sidhe installé dans les tumulus. Angus était le fils de Dagda, le « Dieu Bon », et vivait à Brug na Boinne.

Bean Sidhe (« banshee ») : Esprit irlandais de la mort, qui gémit lorsqu'un Irlandais est à l'agonie. Ses yeux sont rouges à force de pleurer, sa chevelure longue, ses vêtements gris et verts.

Cailleach Bera : Géante irlandaise ayant les traits d'une vieille femme.

Cuchullain : Héros mythologique de l'Ulster, fils de Lugh, dieu de la lumière, des Tuatha dé Danann. Sa force était immense, mais il était aussi doué en magie, poésie et musique.

Dagda : Le Haut roi des Tuatha dé Danann. Il possède quatre palais magnifiques dans les Collines creuses.

Dana/Danu : Grande Déesse Mère, ancêtre des Tuatha dé Danann.

Daoine Sidhe : Autre nom des Tuatha dé Danann.

Etain : Héroïne de l'idylle avec Midhir, des Tuatha dé Danann. Cette histoire a été racontée dans la pièce de théâtre *The Immortal Hour* de Fiona MacCleod.

Fin Bheara (« fin-vara ») : Le roi des fées de l'Ulster, parfois tenu pour le roi des morts. Il monte un cheval noir et demeure dans son tumulus de Knockma.

Fion mac Cumhail (« fin ma-cool ») : Héros descendant des Tuatha dé Danann, sujet de beaucoup de récits. Chef des puissants Fianna, célèbre armée de guerriers.

Firbolgs (Hommes Bolg) : Premiers habitants de l'Irlande, géants et grotesques, conquis par les Tuatha dé Danann.

Fomoré : Démons qui s'opposaient aux races féeriques irlandaises. Ils ont fini par être vaincus par les Tuatha dé Danann à Moytura.

Lugh : Dieu solaire rayonnant, patron des artisanats et des arts en tous genres, appartenant aux Tuatha dé Danann. Fils de Dagda (voir ci-contre), il avait tué Balor, chef des Fomoré, et mis fin à une longue guerre.

Macha : Déesse irlandaise de la guerre, se montrant parmi les morts sur les champs de bataille.

Manannan mac Lir : Chef irlandais, dieu de la mer, protecteur de l'île de Man et propriétaire de la truie magique qui avait nourri les Tuatha dé Danann.

Morrigan : Forme de la déesse irlandaise de la guerre, qui a donné à Cuchulain sa force prodigieuse.

Oonagh : L'une des épouses de Fin Bheara, vêtue d'argent arachnéen. Sa chevelure d'or balaye le sol.

Phooka : Démon irlandais, apparaissant souvent sous la forme d'un cheval laid.

Tom Cockle : Esprit irlandais ayant servi une famille pendant des générations. Lorsque la famille était devenue pauvre et avait dû quitter l'Irlande, elle fit de tristes adieux à Tom Cockle. Arrivée de l'autre côté de la mer, près de sa nouvelle maison, un feu y brûlait déjà et les plats étaient sur la table, car Tom Cockle l'avait accompagnée.

ESPRIT CHINOIS

Hu Hsien : Renard malicieux, capable de changer de forme. Le terme Hsian désigne un esprit immortel.

ESPRITS ÉCOSSAIS

Bean-Nighe (La « laveuse du gué ») : Équivalent écossais de la Banshee.

Blue men des Minch: Esprits hantant le détroit entre Long Island et les îles Shiant et provoquant des naufrages.

Cailleach Bheur (Sorcière bleue): Version écossaise de Cailleach Bera (voir page 387), associée à l'hiver et aux bêtes sauvages (en Ulster, elle est appelée Cally Berry).

Ceasg: Sirène des Highlands, qui exaucera trois vœux si elle est attrapée. Parfois, peut être persuadée d'épouser un humain, un peu comme la Selkie (voir page 106).

Crodhe Mara: Bête féerique des Highlands, susceptible de conduire le vrai bétail dans un tumulus de fée, si bien qu'il disparaît à tout jamais. Toutefois, si un taureau de mer s'accouple avec une vache ordinaire, les gènes du troupeau sont grandement améliorés.

Each Uisge: Cheval d'eau des Highlands du type le plus malfaisant, hantant les lochs et la mer.

Fachan: Esprit des Highlands très laid, ne possédant qu'une main, une jambe et un œil.

Habetrot: Esprit du sud-est de l'Écosse, patron du filage.

Homme de paix: Équivalents des Highlands des Daoine Sidhe irlandais (voir page 387), mais sans leur hiérarchie. Vivent dans les Collines creuses. « Hommes de paix » ou « Peuple des collines » est aussi un euphémisme général désignant les fées, pour les garder heureuses !

Red cap: Gobelin malicieux du sud-est de l'Écosse, vivant dans les ruines des châteaux où des actions malfaisantes ont eu lieu, teignant son bonnet de sang humain.

Silky: Fée du sud-est de l'Écosse, portant des soies froufroutantes lorsqu'elle effectue les corvées dans la maison et qui terrorise les domestiques paresseux.

Sluagh: Hôte écossais des Unforgiven Dead – perçu d'habitude dans l'air, vers minuit, le plus sinistre des esprits.

Unseelie Court: Esprits malfaisants écossais, dont les Sluagh, les Red caps et d'autres esprits solitaires.

ESPRIT ESPAGNOL

Duendes: Esprits domestiques ayant l'apparence d'une femme d'âge moyen, aux doigts longs. Sortent la nuit pour nettoyer et réparer et se montreront méchants avec tous ceux qui mettent le désordre.

ESPRITS D'EUROPE CENTRALE (ITALIE/ AUTRICHE/SUISSE)

Aguana: Métamorphe féminine d'Italie et d'Autriche, belle, dotée d'une jolie voix, mais avec des pattes de chèvre. Elle garde les ruisseaux et noie ceux qui lui font du mal.

Erdluittle: Son nom signifie « esprit de la

terre ». Originaire de Suisse et du nord de l'Italie, elle confère la fertilité, mais vole parfois les bébés humains. D'un aspect très foncé, elle a des pattes de canard.

ESPRITS FRANÇAIS

Abundia: Reine à chevelure noire des esprits normands, front ceint d'un bandeau orné d'une étoile.

Dames vertes: Fées vivant dans les forêts et les grottes, près des cascades et des sources. Elles sont majestueuses, belles et vêtues de vert. Bien qu'elles bénissent les cultures et aident parfois dans la maison, elles peuvent s'avérer très dangereuses, surtout pour les hommes qui les aiment.

ESPRITS GALLOIS

Gwyllion: Esprit des montagnes malveillant, femme laide qui égare les voyageurs la nuit.

Morgan: Fée de l'eau. Morgan le Fay était la mauvaise fée du roi Arthur, bien qu'elle fît partie de celles l'ayant conduit à Avalon.

Plant Annwn: Fée demeurant dans l'Autre monde, dont l'entrée passe par les lacs. Gwyn Ap Nudd est le seigneur de leur espèce.

Plant Rhys Dwfen: Littéralement « Famille de Rhys le profond », nom de la tribu féerique demeurant sur une terre invisible (grâce à une herbe indigène). Ces fées venaient au marché de Cardigan et payaient des prix élevés.

ESPRIT HAWAÏEN

Menahune: Esprits munis de petits arcs et de flèches qui transpercent le cœur des personnes fâchées et les poussent à aimer. Peuvent aussi agir comme esprits de maison, spécialement pour ceux ayant du sang menahune.

ESPRIT INDIEN

Indra: Dieu suprême du panthéon hindou, devenu par la suite roi des fées. Très amoureux, il vit à Koh Qaf, le Pays des fées.

ESPRIT INUIT

Nuliarksak: Fée amoureuse, qui peut épouser un humain et porter ses enfants, mais qui reste invisible.

ESPRIT JUIF

Mazziqim: Esprits métamorphes capables de prédire l'avenir, de pratiquer la magie et d'épouser à l'occasion des humains.

ESPRITS MAORI

Patu-paiarehe : Esprits dont les chants peuvent être entendus, bien qu'ils restent invisibles. Ils vivent dans des buissons placés dans la fourche des branches d'un arbre. Peuvent jouer des tours aux humains. Les fruits rouges sont sacrés pour eux.

ESPRIT PERSE

Péries : Bonnes fées faites de feu. Elles peuvent prendre la forme de colombes, laissant leur plumage au bord de l'eau pour se baigner. L'homme qui s'empare de son vêtement peut épouser une Péri, d'une manière analogue à la Selkie (voir page 106), avec les mêmes conséquences tragiques.

ESPRIT POLYNÉSIEN

Atua (Aitu) : Fée demeurant dans les arbres, mais aidant dans la maison et épousant des humains. Ces esprits de la nature sont très respectés.

ESPRITS RUSSES

Baba Yaga : Vieille vivant dans une maison magique à pattes de poule. Récompense les bons et dévore ceux qui lui déplaisent.
Bannik : Esprit domestique de la maison de bains russe, aperçu parfois à travers la vapeur. Bien traité, apporte la chance. On lui offre des rameaux de bouleau et du savon.
Leshy : Fée des arbres, souvent trouvée près des amanites tue-mouches. Cette gardienne des forêts russes peut se montrer capricieuse.
Roussalki : Nymphes des bois ou de l'eau. Apportent la fertilité et ont du pouvoir sur l'eau. Probablement réminiscence du culte d'une déesse ancienne, elles sont très puissantes et parfois dangereuses.

ESPRITS SCANDINAVES

Alf : Forme scandinave d'« elfe », esprit de la nature qui apporte parfois la maladie.
Ellefolk : Esprits danois de la nature, qui possèdent le savoir ancien et le pouvoir de prédire l'avenir. Les femelles sont belles, mais leur dos est creux et elles sont munies d'une queue de vache. Aiment séduire les jeunes hommes. Les mâles sont âgés et susceptibles d'apporter la peste.

ESPRIT TURC

Cin : Esprit métamorphe – d'habitude invisible, parfois amical, parfois malfaisant. Peut apparaître comme animal, humain ou géant. Gouvernés par un roi.

Lectures conseillées

Histoires… de fées : invitation à communiquer avec les fées, Doreen Virtue, éditeur : Le Courrier du livre, 2007

La Grande Encyclopédie des fées, Pierre Dubois et Roland Sabatier, éditeur : Lionel Hoebeke, 2004

Le livre des fées, Béatrice Phillpotts, éditeur : Hors Collection

Index

abbey lubber 386
Abominable Homme des neiges 258
Abundia 389
achèvement, charme pour 267
Achille 127
Adam 169, 212
« A.E. » (G.W. Russell) 19
Aelf 391
Afagddu 246-247
Aguana 388
ailes 93
Air 11, 46-48, 146-147, 153
Alcheringa 386
aliments et boissons 54-55
Allemagne 389
Alp 389
Alvit 158
amanite tue-mouches 58, 81
Amérindiens 78, 81, 172, 256, 338-339, 390
anges 11
Angus mac Og 387
animaux 82-5, 282
animaux aux sabots fourchus 82-84
Anthemoessa 119
Aphrodite 130, 346
Apollon 160, 208
Apple tree Man 388
Arabes 212
Arbre du monde 338, 353
arbres 76, 78-79
arc-en-ciel 308, 382
Arianrod 166-168
Asgard 157, 382
Asraï 388
Athéna 168
Attis 359
Atua 391

aubépine 79
Aubrey, John 60-61
Australie 386
autel 36
   pour les fées de l'air 186-187
   honorer les fées de la maison 292
   pour les fées de la terre 262-263
   pour les fées du feu 220-221
   pour les fées de l'eau 132-133
Autre monde 11
Autriche 388
Azazel 212

Baba Yaga 391
Babylone 208
Bannik 391
banshee 387, 391
Barker, Cicely Mary 80
Basford, Kathleen 254
Bean-nighe 391
Bean Sidhe 387
Belgique 387
Belle et la Bête, La 101
Beltaine 66-67
Berchte 389
Bertalda 112
Bethuska 340-343
Bifrost 382
Bigfoot 258, 259, 390
bison 172-173
Black Annis 388
Blodeuwydd 167-168
Blue men des Minch 391
boggart 290-291, 386
bogies 386
bogles 386
bois 360-361
Bons voisins/Bon peuple 386

Borée 177, 181
bottes 36
Bouddha 338
Brag 388
Bran 358
Bride 63, 216
Bridget, St 63, 216-217
Brighid 216-217
Brown man des muirs 388
Brownies 55, 57, 71, 284-285
Bucca 388
bug-a-boo 386

Caddy, Eileen et Peter 14
cadeaux 95-97
Caer Arianrod 166, 168
Cailleach Bera 387
Cailleach Bheur 391
Carlow Hill 290
Ceasg 391
Celtes 11, 387-388
   fêtes 66, 74
   animaux sacrés 84, 85
   Tir-nan-og 44, 46, 87-88
Celtes milésiens 66
centaures 208-209
cerfs 84
Cernunnos 256, 348
Cerridwen 75, 246-247
chamanes 58, 81, 260, 338
champignons 58, 81
Chandeleur 63
changelings 38
Charles II, roi d'Angleterre 348
charme de l'esprit de la terre pour l'argent 266
charme de la sirène pour la beauté 140-141
charmes
   de la fées des fleurs 331

pour l'accomplissement 267
pour l'amour durable 365
pour l'argent 266
pour attirer un esprit du vent 384
pour la communication 191
pour la créativité 222
pour les fées de la maison 294
pour la guérison 364
pour protéger votre maison 295
pour la réussite 223
pour le succès aux examens 190
Chasse sauvage 85, 91-92, 154, 252
chats 82
chêne 79
Cheval blanc d'Uffington 206, 215
chevaux 84, 208
chèvres 84
chien noir 85, 386
chiens 84-85
Chine 206, 388
Chiron 208, 209, 210
Cin 392
cités, féeriques 47-50
Collen, saint 253
Collines creuses 44, 66, 68, 84
Connla 350
Coran 212
corbeaux 85, 154-156, 174-175, 358
corps astral 46
Cottingley, fées de 12-13
coudrier 360
couleurs des habits des fées 57-58
co-walkers 283, 386
créativité 30
    charme pour l'esprit du feu 222
Crieddyled 252
Creirwy 246
Crodhe Mara 391-392

Cuchullain 387
Culhwych 347
Cybele 359

Dagda 216, 387
Dalswinton 284-285
Dame du bouleau 340-343
Dame du Lac 69, 117, 386
Dame en blanc 340-343
dames vertes 389
Dana/Danu 387
Daoine Sidhe 387
Davies, W.H. 20
Démon du vent 302-305
Déesse, La 72, 166, 348, 357
Déesse Mère 82, 94, 287, 352
Déesse noire 63, 357
Derrick 388
devas 15, 307
Diable 39, 40, 84, 212, 289
diables 11
Diana 386
Dieu cornu 84
Dionysos 208
Djinn 212-213, 228-231
Dobby 388
Domoviyr 64
Doppelgänger 386
Doyle, Sir Arthur Conan 12
dracs 129
dragons 200, 202-207, 325
drogues 81, 260
Druides 79, 349, 350, 351, 360
dryades 255, 339
Duendes 392
Dun Che Loa 77

Each Uisge 392
Eau 11, 46-47, 49-50, 104-105
Écho 326
Éclatante, L' 389
Écosse 391-392
Eddas 242
Egil 158-159
Église 40

élémentaux 104
éléments 11, 46-50
    air 11, 46-48, 146-147, 153
    eau 11, 46-47, 49-50, 104-105
    feu 11, 46-47, 49, 200-201
    terre 11, 46-47, 50, 234-235
elfes 95-96, 300
Ellefolk 391
Ellyll 95-96
Emmerick 124
Empire romain 286-287
enlever 38-9
Enfers
    arbres et 338
    Gwyn ap Nudd 252-3
    Hermès et 161
    Osiris et 171, 307
« époques de transition » 26
équinoxe d'automne 26, 72-73
équinoxe de printemps 64-65
équinoxes 64-65, 72-73
Erdluittle 388
Espagne 392
Esprit du blé 70
Esprit juif 390
Esprit maori 390
esprits 11
esprits anglais 388-389
esprits gardiens 282-283
Esprits héroïques 90-91
esprits du brouillard 381
esprits de la nature 11, 29
Est 47
Etain 387
Europe centrale 388
Euros 176-177, 178
Evans Wentz, W.Y. 19
extraterrestres 11

Fachan 392
Fairy Rade 90, 93
Falias 50
Familiers 282-283
fantômes 53, 276
fée de l'aubépine 347

fée de l'aulne 358
fée de l'ajonc 315
fée du bouleau 354
fée du bouton-d'or 312
fée de la bruyère 321
fée de la campanule 317
fée du chêne 348
fée du chèvrefeuille 316
fée du coquelicot 324
fée du coudrier 350
fée du frêne 353
fée de la gueule-de-loup 325
fée du gui 349
fée du hêtre 355
fée du houx 351
fée de l'if 356
fée de la jonquille 326
fée de la lavande 310-311
fée du lilas 322
fée du lys 320
fée de la pâquerette 314
fée du pin 359
fée du pommier 346
  charme pour amour durable 365
fée du populage 319
fée de la primevère 318
fée du prunellier 357
fée de la rose 306-7
fée du sorbier 345
fée du souci 323
fée du sureau 352
fée du trèfle 313
Fée sombre 63
fée du saule 344
fée de la tulipe 327
fée de la violette 328
fées
  air 144-197
  aliments et boissons 54-55
  animaux 82-85
  arbres 336-369
  arbres 78-79
  atteindre 28-31
  bonnes 96-97

cercles 52-53
climat 370-385
« crainte » 39, 41
domaines des 43-101
eau 102-143
fêtes 62-77
feu 198-231
fleurs 298-335
fleurs et plantes 80-81
inviter dans la vie 20-23
maison et âtre 274-297
musique et langage 60-61
noms 98
or 98
percevoir la présence 24-27
protection contre les fées
  maléfiques 38-41
protocole 98-101
sentiers 53, 92
terre 232-273
traditions 16-19
vêtements 56-59
fées de l'air 144-197
  attirer 186-189
  charme pour la communication 191
  charme pour le succès aux examens 190
  méditations 192-197
  trouver 184-185
fées des arbres 336-369
  charme pour l'amour durable 365
  charme pour la guérison 364
  méditations 366-369
  se rapprocher des 360-363
fées de l'âtre 286-287, 290-291
fées du climat 370-385
  contacter 383
  pouvoirs des 372-373
  charme pour attirer un esprit du vent 384
fées de l'eau 69, 102-143
  attirer 132-135
  charme de la sirène pour la

  beauté 140-141
  méditations 136-143
  trouver 130-131
fées du feu 198-231
  un autel pour 220-221
  charme pour la créativité 222
  charme pour le succès 223
  méditations 224-231
  trouver 218-219
fées des fleurs 298-335
  charmes 331
  se connecter avec 330
  méditations 332-335
  rencontrer 329
fées de la maison 29-30, 57, 71, 274-297
  charme de protection 295
  honorer 292-293
  méditation 296-297
  se rapprocher des 294
fées maléfiques, protection contre les 38-41
fées de la pluie 382
fées de la terre 232-273
  un autel pour 262-263
  charme pour l'achèvement 267
  charme pour l'argent 266
  se rapprocher des 260-261
  méditations 268-273
  trouver 264-265
femme-phoque 106-111
Femme verte 255
Fenoderee 389
Fens 381
fertilité, symboles 293
fetch 386
fêtes 62-77
Feu 11, 46-7, 49, 200-1
feu follet 211
feux d'artifices 218
feux de joie 218
Fin Bheara 91, 387
Findhorn 14-15
Finegas 350
Finias 49

Fion mac Cumhail 87, 350, 387
Firbolgs 387
fleurs 41, 80
Folletti 378
Fomoré 387
Fontainebleau 154
Fontaine de Mimir 156
forgeron 214-215
formations d'anneaux 52-53
Frappeurs 242, 244-245
frêne 79, 157
France 389
Freki 156
Freya 158
Frigga 157

Gabriel, archange 320
Ganconer 386
Geb 170
géants 258-259
Génies 212-213
Georges, saint 202-205
Gerda 374-377
Geri 156
Gervase de Tilbury 129
gitans 321, 352
Glastonbury Tor 92, 252, 253
gnomes 181, 235, 260-261, 300
gobelins 39, 386
Gorias 47
Graham de Morphie 121
Grande Mère 216
Grandinili 378
Grégoire le Grand, pape 217
grenouilles 85
griffon 182
Griffiths, Frances 12
Grimm, frères 174-175
Grindylow 389
Gronw 167-168
guérison
    charme pour les esprits des arbres 364
    méditation pour 142-143
guerre de Troie 346

Gunlod 157
Gwargedd Annwn 116-117
Gwion 246-247
Gwydion 166
Gwyllion 392
Gwyn ap Nudd 85, 91-92, 252-253
Gwythyr 252-253

Habetrot 392
Hadès 161
Halloween 74
Harry Potter 57, 148, 182
Hawaï 390
Hélène de Troie 346
Hercule 208
Hermès 160-1
Herne le chasseur 256, 348
hibou 85, 168
Hobbits 344
Hobgobelins 39, 290-291
Homme vert 65, 254-255
Hommes de paix 392
Horus 171, 307
Hu Hsien 388
Hugin 154-156
Huldebrand 112

if 360
If de Fortingall 356
Île des bienheureux 180
Imbolc 62-63
Inde 390
Indra 390
« intermédiaires » 24-25
intuition 27
Inuit 390
Irlande 44, 57, 387-388
Isis 171, 306-307
Islande 242, 283
Italie 89, 388

Jack Frost 76
Janet 386

jardins 64-65, 277
Joint-eaters 386
Jord 380
Jupiter 380

Kachinas 390
karma 357
Kay 374-377
Kelpies 39, 84, 120-121
Kildare 217
Kirk, Robert 18, 94
Kludde 387
Kris Kringle 77

Laibach 122
Lakotas 177, 302-305
Lammas 70-71, 324
Lancelot, Sir 117
langage 61
Lares 286-287, 288
Launval, Sir 98-100
Leanan Sidhe/Leanna 162-165
légendes arthuriennes 117
Légion féerique 11
Leprechauns 57, 236-241, 313, 382
Leshy 391
Lethbridge, T.C. 104
Lettonie 278-280
lignes ley 92, 206, 276, 350, 359
Lilith 169
Lleu 166-168
Loki 242-243
Longridge 291
Lorelei 128
Lugh 70-71, 315, 387
Lughnasad 70-71
Lune 72-73, 125, 170, 174, 320, 347

Macha 387
Maclean, Dorothy 14-15
mai, 1ᵉʳ 66-67, 252, 254
Manannan mac Lir 387
Manitou 390

Mardouk 202
Marta 278-280
Mazzikim 390
Mazzamarieddu 378
méditation 30-31
   pour le don de la fée des fleurs 334-335
   pour le don des trois fées 368-369
   pour entrer en contact avec les fées de la terre 268-271
   pour entrer dans le monde des fées de l'air 192-195
   pour la guérison féerique et autres dons 142-143
   pour se rapprocher des fées des arbres 366-367
   pour se rapprocher des fées de l'eau 136-139
   pour se rapprocher des fées du feu 224-227
   pour rencontrer les fées des fleurs 332-333
   pour se rapprocher des fées de la maison 296-297
   pour recevoir les dons des fées du feu 228-231
   pour recevoir les dons des sylphes 196-197
   pour recevoir les dons des fées de la terre 272-273
Mélusine 124-5
Menahune 390
Mercure 160
merrows 118
Mère Terre 126, 172, 255, 258, 302-5
meubles 360, 361
monde chrétien 40, 84, 87-88, 244
moralité 101
Morgan 392
Morrigan 85, 387
Mots proches 75
Munin 156
mûres 72

Murias 49-50
musique 60-61
mythes scandinaves 154-159, 338, 345, 353, 380

nains 94, 242-243
naïades 126
Narcisse 326
Némésis 353
Nephthys 171
néréides 127
Newton, Sir Isaac 338
Niamh à la chevelure dorée 87
Nidud, roi de Suède 214
Nimue 117, 386
Ningyo 114-115
Niniane 117
Nix 122-3
noms 98
Noël 76-77, 154
Noggle 121
noter les expériences des fées 37
Notus 177, 179
Nout 170-171
Nouvelle année 62-63, 76
Nuliarksak 390
nymphes marines 119

Oakmen 348
Obéron 386
Odin 79, 154-157, 158, 338, 353, 380
odorat, sens de l' 146
« œuf », talisman protecteur 41
offrandes 100-101
offrandes de remerciement 55
oiseau 85
Oisin 86-89
Olrun 158
Olwen 347
Olympe, mont 210, 346
Ondine 112-113
ondines 69, 104, 180
Oonagh 388
or 94-95, 98

Osiris 171, 307
Ouest 49-50
oursins 123

Padfoot 389
Pan 84, 248-249
Paradis 11, 338
Pâris 346
Patrick, St 88
Patu-paiarehe 390
Pénates 288-9
percevoir la présence des fées 24-27
Père Hiver 76, 379
Père Noël 77, 379
Péri 56-57, 390-391
Perse 390-391
Phooka 39, 75, 388
photographies de fées 12-13
Phynnodderee 389
piskies 250
pixies 250-251
plan astral 46, 47
Plant Annwn 392
Plant Rhys Dwfen 392
plantes 80, 276-277
Polevik 70
poltergeists 276
Polynésie 391
Pucelles de la mousse 154
processions 90-92
Prométhée 208, 210
protocole 98-101
Pwll 67

Quatre vents 176-81

Ragnarok 158
Ransom, mine 244-245
Raymond, comte 124
Rê 170, 171
Red-cap 392
Reine des fées 60, 67, 328, 386
Reine Mab, 72-73, 386
Reine des neiges 374-377

relaxation 34-35
Rhiannon 67
Robin Bon Diable 257, 372
Robin Hood 257, 348
Roi des chats 82
Roi des fées 84, 386
Roi Gnome 271, 272-273
rose sauvage 302-305
roses 68-69
Roue de la vie 71
Rowli Pugh 95-6
Rowling, J.K. 57
Royaume des fées 11
    cités 47-50
    emplacement 44-45
    temps 86-89
runes 156, 353
Rusalki 64, 391
Russell, George William («A.E.») 19
Russie 391

Sadb 87
Sagittaire 208
salamandres 179, 200-201, 218-219
Samhain 74-75
Sasquatch 390
Satan 282
Scandinavie 391
Seamus 236-241
saisons 26, 89
Sébastien 162-165
Seigneur des anneaux, Le 344
sel 288
Selkie 106-111
Seth 171
Sept corbeaux 174-175
Shakespeare, William 386
Sheytan 212
Shu 170
Sidhe 19, 44, 66, 84, 94-95, 162, 250
Sif 242-243
Silky 392

sirènes 60, 118-119
    charme pour la beauté 140-141
sirènes 119
Skillywidden 389
Slagfinn 158-159
Sleipnir 154
Sluagh 392
Soleil 174
Soliman 212
Solstice d'été 76-77
Solstice d'hiver 351
solstices 68, 76-77
sorcières 58, 82, 95, 282, 352, 353
sphinx 183
Spriggan 389
sud 49
Sumériens 202
Svanhit 158
Suisse 388
sylphes *voir fées de l'air*
Syrinx 248
Szepasszony 382

talismans 41
Talliesin 247
Tamlane 92-93, 386
temps 86-89
Terre 11, 46-47, 50, 234-235
têtes de flèche en silex 39, 84, 257
Thétis 127
Thomas le Rimeur 17-18, 60, 61
Thor 243, 348, 380
Thot le Sage 170-171
Tiamat 202
Tiddy Mun 381
Tir-nan-og 44, 46, 87-8
Titania 386
Tom Cockle 388
trèfle à quatre feuilles 80
Triade des fées 79
Tryamour 100, 389
Tuatha dé Danann 44, 90
Turquie 392
Tylwyth Teg 252

Ugunsmate 278-81
Urashima Taro 114
Ulysse 119

vaches 82-84
Valhalla 158
Vent de l'est 177, 178
Vent du nord 166, 177, 181
Vent de l'ouest 177, 180
Vent du sud 177, 179
Vents 176-181
Ventueux 378
Vénus 55, 328
Vesta 288
vêtements 56-59
Vieille femme 352, 357
Vikings 159, 353
Vila 148-53
Vivienne 117
Volund 158-159
voyage 90-93

Walkyries 158-9
Wayland le Forgeron 158-159, 214-215
White Buffalo Woman 172-173
Wildwood 256, 354
Wordsworth, William 22
Wright, Elsie 12

Yallery Brown 389
Yeats, W.B. 16, 90, 91
Yeti 258
Yggdrasil 156-157, 338, 353
Ymir 242
Yspaddaden Pencawr 347
Yule 76-77

Zéphyr 177, 180
Zeus 208, 210, 348, 359

DANS LA MÊME COLLECTION, CHEZ LE MÊME ÉDITEUR :

La bible du Yoga, Christina Brown
La bible des cristaux, Judy Hall
La bible de l'homéopathie, Brenda Mallon
La bible des charmes et enchantements, Ann-Marie Gallagher
La bible du Feng-shui, Simon Brown
La bible de l'astrologie, Judy Hall
La bible de la méditation, Madonna Gauding
La bible de l'aromathérapie, Gill Farrer-Halls
La bible de la magie naturelle, Ann-Marie Gallagher
La bible de la chiromancie, Jane Struthers
La bible des anges, Hazel Raven
La bible du tarot, Sarah Bartlett
La bible des rêves, Brenda Mallon
La bible des chakras, Patricia Mercier